蔡英文著

韓非的法治思想及其歷史意義

文史哲學集成

文史哲出版社印行

文史哲學集成 ⑬⑨

韓非的法治思想及其歷史意義

著者：蔡英文
出版者：文史哲出版社
登記證字號：行政院新聞局局版臺業字〇七五五號
發行所：文史哲出版社
印刷者：文史哲出版社
臺北市羅斯福路一段七十二巷四號
郵撥〇五一二八八一二彭正雄帳戶
電話：三五一一〇二八
定價新台幣三八〇元
中華民國七十五年二月初版

韓非的法治思想及其歷史意義　目次

自序

這篇研究是以韓非的法治思想作爲探討的中心，希望因之而能夠瞭解韓非所提出來的政治主張和觀念的義涵；另一方面也希望能夠說明他的思想得以在戰國時期形成的歷史與觀念上的理由。有關韓非思想之研究，已經有了豐富的學術研究的成果，個人從這些研究的成果當中，獲益良多，這篇研究是以它們作爲基礎的。

韓非的政治思想深刻地影響了秦王朝的政治意識形態及其政治的作爲與政策；到西漢，當時的知識階層是深切體會到秦帝國快速覆亡的歷史教訓，而嘗試運用儒家的政治觀念來修正秦帝國的政治意識形態，以轉化專制王朝的反知識、反文化的性格；在這種思潮的推動下，武帝一朝遂有了「獨尊儒術」的文化政策，儒家成爲專制王朝的政治意識形態。但是，從實際的政治運作的層面來看，專制王朝並沒有因爲儒家政治觀念的運用而徹底改變其反知識、反文化的性格，專制王朝依舊以嚴刑峻法控制人民，依舊箝制知識階層的言論、依舊要求思想定於一。韓非與法家的政治觀念依然滋養著專制王朝的生命。由此觀之，祇要傳統中國的政治體制依舊循就著秦王朝的中央集權一人專制的格局，那麼，這個政治結構的性格與精神還是由韓非與法家的政治觀念所塑造。從這種歷史的觀點來看，瞭解韓非的政治思想，在某種程度上，對於探討傳統中國的政治性格，是重要的。這也是本書再探討韓非的政治思想的理由之一。

這篇研究是從韓非思想裏所含蘊的價值觀點，去探討韓非政治思想的意義。先秦時期的重要思想學派都講求「致用」的實踐，也就是說，它們並不空談理論，而要求思想能從現實的生活出發，而落實到人生活層面上的道德與政治的實踐。這種理性可以說是實踐的理性。它所關切的、所思辯的問題是：人能夠做甚麼？有意義、有價值的行爲是甚麼？根本地來說，人生活的終極目標是甚麼？因爲思考的重心是擺在人的行動上，因此，如果人的行動不是反射性的自動自發的行爲，那麼，在思考人行動的意義時，必然牽涉到價值的問題。循就這種探究的途徑，瞭解先秦諸子對人生活與行動的價值取向所抱持的態度或觀點，並以此作爲基點，去說明它們的政治觀念的涵義，是可以切適地說明它們預期實現的社會政治的秩序。

據此，在闡釋韓非的政治思想上，首先是探究他對人生活與行動的價值取向所採取的原則，關於這一點，本書提出了「價值一元論」的解釋觀點。並且，依韓非的「價值一元論」的思想原則，去剖析他發展極權統治之思想的理路。

關於韓非的政治思想得以在戰國時期形成的歷史根源，這篇研究是循就兩條途徑加以探討：首先，說明韓非所處的特殊的歷史處境，以及說明他對此歷史境況所提出的歷史闡釋觀。在韓非之前，申不害於韓國，李悝於魏國，愼到於趙國，商鞅於秦國都分別推行如何集權中央，如何使國家富强的「新政」。這些實際的政治經驗都是韓非政治思想的資源。韓非反省這些經驗並批判其利弊得失，同時，依據他本人對當時整個民族的歷史發展所提出的解釋觀點，以及對人之行爲的實證式的考察，而規劃出如何建立起富强之國家的計劃藍圖。依循此研究的路徑，個人是盡可能扣緊當時的客觀的歷史環境，去解釋韓非之政治觀念的外在根源。

其次，韓非的政治思想亦有其觀念上的根源，關於這一點，一般的論者都强調韓非與荀子在「人性論」上的觀念關聯。但是，荀子的思想畢竟是以孔子的觀念爲取向的，他尚且主張「德治」，而且告誡當時的國君不能與其臣民爲敵，要求他們必須尊重知識與文化傳統。因此，片面地從「人性論」的角度去說明韓非與荀子思想的關聯，是不足的。基於這樣的看法，本書在說明韓非政治思想的觀念的根源時，特別着重於分析先秦儒家和墨家的秩序觀念的義涵，剖析它們思考如何建立一合理之群體秩序所提出的主張，並且說明這些主張所衍生的政治觀念的困境，依此，闡明韓非會發展出極權統治之觀念的思想內在理路的緣由。同時，在解釋荀子與韓非的觀念的關係時，强調的不是有關「人性論」的承繼關係，而是尋究韓非從荀子思想中接引過來的思想論證的模式，即是：「以心爲身體之主宰」的「一元論式」的思惟模式，以及以人「官天地役萬物」的行動支配力，或者工匠製造工藝成品的營構事物的行動，來闡明人政治行動的義蘊的論證模式。荀子與韓非思想上的關聯即是這種思惟模式與論證模式的關係，因這樣的論證模式，他們相信人性像是彎曲的木材，可以憑藉規矩方圓，透過烝矯，鍛鍊的過程，使之變成合乎一定尺度的標準成品。

以上說明這篇研究在剖析與闡述韓非政治思想時，着重的論析主題以及採取的研究路徑。

關於韓非政治思想的觀念上的根源，還有一項問題：韓非的思想是否跟老子的思想有關聯？如果有，這種關係是如何成立的？學者會提出這椿問題，大概是因為太史公對韓非思想的根源的一種解釋論點，他說：「韓子引繩墨，切事情，明是非，其極慘礉少恩，皆原於道德之意，而老子深遠矣。」（〔史記〕「老子韓非列傳」）在這裏。對於韓非思想「皆原於道德之意」的論題，太史公並沒有提出論證；所以無法知曉太史公基於甚麼理由說明韓非與老子思想的關聯。關於這一點，基於闡釋的理由，我們或許可以提出一些看法。但是，就解釋的途徑來看，韓非與老子思想的關係是表現於他們共同主張國君治國時，要「無為」、不逞一己之智能，以韓非的話來說，即是「智慮不用而國治」（〔陳奇猷〔韓非子集釋〕「八說」），或者，「身雖處佚樂之地，又致帝王之功也」（同上，「外儲說右下」）。然而，要如何才能達成這種治國的境界呢？老子並沒有提出實際的策略，他祇是要求國君以「不干涉」作為治理的原則。在這個地方，講求統治手段或策略的韓非提出了「術」的理論。在說明韓非的「術」的義涵上，就有一椿問題必須釐清；「術」，依韓非，是國君「潛御群臣」的一套手段，它的運用是藏之於胸中，而不公諸於世的，既然如此，韓非如何向國君闡述「術」的意義，以及說明要有甚麼樣的條件方能夠得當地運用「術」？

闡清這些問題，必然牽涉到國君的人格修養的問題，因為「術」的運用是訴諸國君個人的，因此，國君就必須具備某種人格修養的條件，才能得當地運用「術」。就此，韓非的思想理路又從「法治」走向「人治」的途徑。這是否意謂著韓非的政治思想裏內含著矛盾？

另外，要比較圓融地解決上面的問題，有必要從「道德」的層面上着手，但是，韓非是很明白地主張「君不仁、臣不忠」的政治治理的原則，他把人的道德情感或行爲從政治治理的領域中，分離了出來。職是之故，假設韓非還是重踏「人治」的思想理路，在解決國君一人之治的人格修養方面的問題時，他必然對「道德」的概念有一番新的闡釋。關於這一點，我們祇能從今本的《韓非子》的「解老」、「主道」與「楊權」等篇章，找到有關「道」與「德」的解釋論點。就此，也牽涉到韓非的政治思想跟老子的「道」之思想的關聯。然而，講求「有用」的以及反對「微妙之言」的韓非是否會把老子的「道」的觀念運用到他的政治思想裏？同時，也有學者考證《韓非子》的「解老」、「主道」與「楊權」等篇章並非出自於韓非之手，因此，在考證上是有問題的。

基於這樣的考慮，在闡明韓非與老子思想的關聯上，我祇在論析了韓非的「法」的觀念之後，附帶闡述韓非政治思想中有關「道」、「法」與「術」的觀念，並且，就此，對於韓非跟老子思想的關聯，提出個人的一點淺見。

本書初稿寫成於民國七十三年，寫成後曾提交該年在中央研究院舉辦的「中國思想史研討會」宣讀，承蒙余英時、林毓生、杜正勝與劉紀曜諸位先生提出寶貴的意見，讓我修正了不少論證和思想理路方面的不當與錯誤，在此，特別表示感謝之意。本書的第二章與第四章曾發表於《東海學報》

第二十五卷（民國七十三年六月）與第二十六卷（民國七十四年六月）。前一篇文章並得七十三年度國家科學委員會的獎助，在此誌謝。爲了成書而求論證與思路的連貫，也大幅度修整了這兩篇文章的論述與文字，更增添了一些論析的主題。

在撰寫這篇研究論著時，感謝東海大學歷史系的師長的鼓勵：呂士明老師的提携與愛護，陳錦忠學長在上古史之研究上的啟發。也感謝東海大學的好友陳榮灼、羅曉南與黃瑞祺三位先生以不同學科的角度激發我的觀念。

這篇研究是個人近幾年來探索先秦思想所得的一隅之見。一位思想家與一個時代的思想是極爲複雜，而個人學力與識見都有限，這篇研究也必然有許多觀點與論證的錯誤，請學界的先進與朋友不吝指教。

民國七十五年一月五日

著者誌於台中大度山東海大學

第一章　緒　論

韓非的政治思想，就學派成立之先後來說，「是為先秦四大家之殿」（註一），是故，依思想發展之歷史論之，我們可以說：韓非的法治的思想因偏向於政治原則與政治治理之策略的建立，而必然吸收戰國時代（西元前第六世紀至西元前第三世紀）整個民族所經歷的實際的政治經驗；同時也部份地融會了先前各學派或思想家——尤其是荀子與老子——的觀念。或者說，在韓非的法治的思想體系裏，一方面反映了歷史的實際經驗，另一方面也基於某種思想立場融會了以前的某些思想觀念，而顯照了整個時代的思想問題及當時思想論證形態的某些層面。是故，就思想史的角度來說，韓非思想的內容與包含的問題是極為豐富，也極複雜。

對於這樣的一政治理論，歷代的學者大都依循西漢時期司馬談與司馬遷的觀點，強調韓非與法家所揭櫫的法治學說在於：肯定正確有效的政治治理原則是不循就私人之情感與社會階層的關係，而應該以秉具平等性與脅迫性的「法令」為基準；同時嚴格確立「君臣上下之分」與官僚行政系統中的名位與職稱，使之「尊主卑臣」、「分職不得相踰越」（註二）這樣的解釋觀點雖然可以指陳韓非與法家政治思想的主旨，但並未能窮盡其思想的內容和歷史的義蘊。

近代學者，在探究韓非和法家的思想時，較精詳地從各種角度去剖析和解釋其思想的內涵和歷史意義，舉其要者，有下列幾種研究的取向：一是以「社會秩序之建立」的觀點，比較儒家和法家思想的異同，而肯斷這兩個學派的政治思想的大方向是朝向「社會秩序的建立」，祇是憑藉的手段有分歧而已，也就此解釋儒法兩家之所以在西漢時期會互相融合的思想內在理路（註三）。另一則以中國政治傳統中「反智論」的趨向來論究韓非與法家思想揭櫫的「君尊臣卑」與「反知識」和「反知識份子」這觀念的歷史義蘊（註四）。有的則把韓非與法家的思想擺在自先秦到秦統一以迄於西漢時期的歷史發展的脈絡，論析其思想的社會基礎，而肯斷這一思想體系是代表「私田主上抗封建的井田主，下壓人民」所形成的（註五），同時也剖析其思想的基本設定——變古論的歷史觀、「自為心」的人性論和「參驗」的認識論——進而說明法家的意識形態在秦一朝的政治實踐及其限制（註六）。或者把研究的取向放置於理解韓非思想的哲學基礎上，從分析先秦各思想學派的哲學論旨中去說明韓非思想的內容，並且分辨其思想的源流（註七）。

歸結這些研究的成果，大致可以得出下列的幾個解釋觀點：㈠在剖析與說明韓非與法家的思想內涵上，均強調這一套政治理論所主張的尊君、集權、法術之治、重農戰和反智的甚至是反文化的觀念，並且從歷史的客觀環境以及從韓非和法家思想中所蘊涵的歷史哲學、人性論、認識論的思想基設，而去解釋這些政治主張的理論基礎。

㈡在闡釋韓非與法家的思想得以形成的思想內在理路時，一般論者都認爲韓非政治理論的思想基礎是承受了荀子的「性惡論」與老子所揭櫫的具形上意義的「道」，這種思想的承受當然不是一成不變地移植，而是經過韓非思想本身的轉化。關於韓非與老子思想彼此之間的關係，有的學者因認爲「韓非子」裏「解老」、「喻老」與「主道」和「揚權」等篇在考證上有問題，而不强調韓非與老子思想的關係（註八）；但部份學者還是認爲韓非與老子的思想有密切的關係（註九）。在闡釋兩者思想彼此間的關係時，有的學者以「思想立論之歸趨」之相互符應的觀點而剖析兩者的關係，認爲先秦時期各思想學派在思想立論的取向上均是講求「君王南面之術」，因而將老子所揭櫫的「道」解釋成爲「君王之治術的根本」，以此滙通老子與韓非的思想（註一〇）。或者以韓非在「解老」和「喻老」所呈現的觀念，把「道」解釋爲「事物的客觀規律」和「裁量各種事物的標準或尺度」。而依此闡釋老子的「道」與韓非的「治術」彼此之間的關係（註一一）。或者把「道」解釋成爲「客觀的規律」；因而韓非强調一位聖王，必須要能以理智把握這客觀規律而反作用於具決定性的、機械式的「勢」，即反逆「自然之勢」而造成「人設之勢」，就此貫通老子所揭櫫的「道」與韓非所主張的「勢」、「法」和「術」的政治理念（註一二）。有的則從老子思想體系的一根本的缺陷來解釋，認爲老子的思想捨棄人的價值論不談，因此他所揭櫫的「價值中立」的「道」很容易造成負面的影響，滑落到講求集權和尊君的韓非的政治理論時，遂轉變成爲君王的極權控制與要弄群臣的「術」（註一三）。

關於荀子與韓非思想彼此的關係，究論韓非思想的學者都承認荀子的思想深刻影響了韓非法治思想的形成，在「人性論」方面，韓非承受荀子「性惡論」的人性理論，肯定人均有自爲自得的傾向——即所謂的「自爲心」——因而强調聖明之君不能以「仁義」這道德的原則來作爲政治治理的原則，必須因人的「自爲心」之情性，以賞罰利誘之法與術威嚇之，俾能達成鞏固自己的政治權位的這目標（註一四）。在思想的承受與轉化方面，有的學者認爲儒家思想到荀子的思想體系中有一轉折，舉其最顯著者，則在於因應「人性爲惡」的觀念，而揭櫫具脅迫性與權威主義特色的「禮治」的觀念，或者因提出「虛壹而靜」的認知心，而使人無法立下「生命的價值」，簡要言之，在荀子的思想體系中，孔孟强調的「人之道德自主性」喪失殆盡，是故，韓非纔有可能發展出極權控制的政治理論（註一五）。

㈢在評價韓非政治理論的歷史意義方面，一般的學者大都持之否定的論斷，儘管蕭公權先生認爲「儒家混道德政治爲一談，不脫古代思想之色彩。韓非論勢，乃劃道德於政治領域之外，而建立含有近代意味純政治之政治哲學。無論其內容是否正確，其歷史上之地位則甚重要」（註一六），然而，以韓非爲宗的法家思想立下中國政治傳統中「君尊臣卑」與壓制言論自由的「反智」的要素（註一七），則是不辯的事實。或者，有學者認爲韓非儘管洞察出客觀制度之治理的必要性，但由於韓非本人口吃而導致的自卑心理與懷才不遇，「故滿懷孤絕之感與悲憤之情」，致使他的哲學思想「不免偏狹而趨向極端」而主張刻薄寡恩的刑罰之治（註一八）。或者，認爲韓非是希望透過理論的建立，而發展出一套客觀有效的官僚制度來保證任職者具備相關的智能和相當的行政效率，來規範其行動的目標和軌道，但其整個理論中有一極大的漏洞，都是「對居於統治最後關鍵地位的君主」卻沒有設計出一套客觀有效的制度來制衡之，遂使天下的治亂維繫在君主一身，「依賴君王來進行人治」，因而「其（政治）實踐就失去了必然的保證」（註一九）。

或者，以戰國整個時期的歷史——尤其是政治層面上的——發展，認爲商鞅、李悝等「前期」法家在整個民族從「封建制」轉型到「集權制」的大變動的時代裏，負起部份的合乎「理性精神」的轉化工作，例如，建立起土地的私產制與「法」的公平精神，但降至申不害、韓非與李斯等「後期」法家的手中，建立起一套尊君卑臣的「意識形態」，合理化了極權政治體制，而且使國君成爲運用權術與法令的「黑暗的秘窟」，法家就墮落了（註二〇）。或者，認爲韓非的政治理論承襲了傳統的「民本思想」，也講求「利民」，但韓非因處於戰國的特殊的歷史條件下，爲反對壓迫人民的封建井田主，而提出「尊君」的觀念，致使他的思想理論中產生本質上是相矛盾的兩個觀念，「尊君」與「民本主義」的觀念；同時肯斷「這個民生與統治的問題並不是韓非所能解決的」，也是「人類政治上需要長期追求答案的開放的問題」（註二一）。

這些研究的成果使我們對韓非與法家的思想可以有相當程度的瞭解。這篇研究是以這些成果做爲基礎的，而希能進一步地深入探索韓非法治思想的義蘊。

在研究的途徑上，個人嘗試探討韓非思想立論的意向及其所要解決的問題，就此，瞭解韓非在建立其理論上所表現的思想理路。除了探討韓非思想理論本身之外，就思想史研究的角度來看，要深入瞭解一思想理論的義涵，也必須探究它之所以形成的「脈絡」（context）。這脈絡是牽涉到韓非所處的特殊的歷史處境，以及韓非對這歷史處境的瞭解和解釋。從歷史處境（社會與政治）的脈絡去瞭解韓非的政治理論，並非把韓非的政治思想看成是完全受外在環境所決定，或者，把它解釋成爲一種意識形態，爲某一階級服務；或者，依此，判定它是「進步的」或「保守退步的」（註二二）。扣緊歷史的處境去瞭解韓非的思想，主要是避免以一不適當的或先入爲主的參考架構去瞭解它，而能眞實地重新顯現韓非思想的面貌。就這一方面來說，西方一位思想史家有這樣的言論：「如果說要瞭解任何觀念是眞地需要理解一位思想家所置身的情況與活動，以看出他以何種相關的文字形式來表達其觀念，那麼，很明顯地，這種瞭解有部份至少有賴於去理解這位思想家是爲著哪一種社會著書立說，以及他嘗試以思想言論說服哪一種社會。」（註二三）依此來看，這種角度，對瞭解韓非的思想而言，或許祇是一種輔助性的途徑，但它可以幫助我們免除對韓非思想的過度的或不相應的解釋。

另外，韓非著書立說的時期正是戰國時期的末期，因此，從先秦時期的思想發展來看，韓非在建立其思想理論上，他的理論依據與思惟模式是跟先秦時期思想的趨向有著密切的關係。這種關係一方面是承受，一方面是批判與否定。我們從韓非思想理論的本文（text），可以看出他思想所回應的對象是當時墨家、儒家與道家的某些觀念，對於這些觀念，韓非依自己理論的立場批判、反駁，而在批判與反駁上，韓非跟這些思想學派的觀念彼此之間必定有所交涉。同時，依一般的理解，韓非政治思想的一些基設是承繼荀子和老子的有關「人性」和「道」的觀念。職是之故，把韓非的思想放置在先秦時期思想整體中來分析他所關切的「秩序」、「法治」、「公民之性格」與「價値論」等思想主題，以瞭解他如何消化先秦各思想學派的觀念，這對於理解韓非政治理論的義蘊，是有所幫助的。

這篇研究雖然是以韓非的法治思想作爲探討的中心，但也牽涉到先秦時期的歷史環境與當時重要思想學派所揭櫫的政治觀念的分析。因此，在闡述韓非的政治思想時，一方面扣緊韓非身處的社會政治的環境，去剖析韓非的政治觀念的意義及其產生的條件，另一方面，也强調韓非的政治思想有其觀念上的傳承，他除了接受戰國時期的像愼到、申不害等思想家的觀念之外，先秦時期的儒墨道三家的觀念與思想論證的模式也間接對他有影響，就這方面來說，這篇研究是從瞭解儒墨兩家在思考當時政治之問題所提出的觀念與這些觀念所衍生的問題，而去說明這種思想觀念上的影響。依此，探討先秦時期政治思想內蘊的某些難題，並順此闡明韓非會發展其極權的政治思想的緣由。

【附註】

註一　蕭公權《中國政治思想史》上册（臺北，聯經，民國七一年），頁二三八。

註二　張舜徽，「太史公論六家要指述義」，收錄於《周秦道論發微》（臺北，木鐸，民國七二年），頁二九九—三〇九。

註三　瞿同祖，「儒家思想與法家思想」，收錄於《中國法律與中國社會》（臺北，里仁，民國七〇年），頁二六一—四〇八。

註四　余英時「反智論與中國政治傳統」，收錄於《歷史與思想》（臺北，聯經，民國六七年），頁一六—二六。

註五　王曉波《韓非思想的歷史研究》（臺北，聯經，民國七二年），頁一四四。

註六　同上，頁四〇—九八，頁一四七—一九五。

註　七　見王邦雄〈韓非子的哲學〉（臺北，東大，民國七二年）。

註　八　同上，頁三。

註　九　見王曉波，同上引書，頁三三—三九。

註一〇　見張舜徽，同上引書，頁二九—六六。

註一一　蕭璠「韓非政治思想試探」，〈臺大歷史學報〉，第八卷，（民國七〇年一二月），頁一三—一四。

註一二　王曉波，同上引書，頁一一六—一二〇。

註一三　牟宗三〈中國哲學十九講〉（臺灣，學生書局，民國七二年），頁一五七—一七五。

註一四　王曉波，同上引書，頁六七—九九。

註一五　王邦雄，同上引書，頁三九—五二。

註一六　蕭公權，同上引書，頁二四七。

註一七　余英時，同上引書，頁一六—二六。

註一八　王邦雄，同上引書，頁二六—二七。

註一九　蕭璠，同上引論文，頁五一。

註二〇　牟宗三，同上引書，頁一七三。

註二一　王曉波，同上引書，頁一四四—一四五。

註二二　這種歷史解釋的架構（framework），見湯一介等撰寫的〈中國哲學史〉（北京，中華書局，一九八〇年），這種歷史解釋的架構常爲了符合一種教條式的馬列的唯物史觀，而無法客觀地說明某一思想家或思想學說的歷史意義。

註二三　見Quentin Skinner, The Foundations of Modern Political Thought, Vol, I, The Renaissance, (Cambridge University of Press, 1978), PP Xiii-Xiv

第二章　韓非價值理論的確立

韓非的思想着重於建立起能爲當時國君所用的政治理論，這理論包含政治原則的確立與行政策略的提出。由此看來，韓非的思想，就其思想的對象來看，是政治的行動，而不在於對外在事物的客觀理解，其思想可以說是「技術性的」和「實用性」。是故，在探索韓非的政治理論時，必要理解他所揭櫫的政治行動的目標，而分辨他整個政治理論所信奉的價值的性質。當然，韓非信奉的價值，依照他思想的脈絡來看，並不是獨斷的，而是有其特殊的歷史處境爲背景，以及韓非對這歷史處境的瞭解和解釋。這一章節就以韓非執守的「價值論」及其成立的歷史背景爲分析的重心，而藉此瞭解他政治理論的基本原則的義蘊。

一、戰國時期「士」的處境與韓非思想言辯的對象

韓非在「說難」這篇文章裏，提出了思想言辯的困難所在，他這麼說：「凡說之難，非吾知之有

以說之之難也。又非吾辯之能明吾意之難也。又非吾敢橫失而能盡之難也。凡說之難，在知所說之心，可以吾說當之。」（註一）在這段文字裏，韓非說明思想言辯的困難不在於思想理論本身的營構，不在於思想上跟人相互的溝通，也不在於把自己的思想理論毫無阻礙地、清楚地表達出來；思想言辯最大的困難在於：能瞭解言辯對象的心意，而使自己建立的理論符應對方的心意。在這裏，韓非所說的思想言辯的對象到底是誰呢？當我們讀到這篇文章結論的一段文字：「故諫說談論之士不可不察愛憎之主而後說焉。夫龍之爲蟲也，柔可狎而騎也；然其喉下有逆鱗徑尺。若人有嬰之者，則必殺人。人主亦有逆鱗，說者能無嬰人主之逆鱗，則幾矣！」（註二），便豁然明白韓非所指的思想言辯的主要對象並非一般民衆，並非知識份子，也並非思想家本身，而是當時掌握有政治權力與生殺大權的國君，所以他纔警告當時之「士」，對於言辯之困難所在，「不可不察矣！」。

太史公在撰寫韓非的傳記時，曾經把「說難」這篇文章整篇附錄在「韓非列傳」裏面，並且感嘆說：「余獨悲韓子爲說難而不能自脫耳！」（註三）對於這麼一位深知諫說談論之困難的思想家竟不能逃脫言辯所遭受的厄運，太史公是感到悲切的。雖然太史公是因悲嘆韓非一生的遭遇，而附錄「說難」這篇文章，但是，以我們現在對戰國整個時代的理解，太史公把「說難」篇附錄於「韓非列傳」當中，是有其深刻的「史識」，由此一方面可以瞭解戰國時期「士」的社會處境以及他們跟當時政權彼此之間的關係；另外，特別地來看，可以知道韓非思想言辯的對象；同時也可以就此理解他思想立論的取向及其思想形態的性質。

從「說難」這篇文章中可以看出韓非思想言辯的對象是戰國時期的國君；普遍地來看，戰國時期的「士」思想言辯的對象也都是當時的國君，也因此有學者肯斷這個時期的思想家都講求「君王南面之術」（註四）。此種論斷不可不辨，而對此論斷的辨析是牽涉到戰國這個時期「士」階層的社會處境及其跟當時政權的關係而引發出來的一些問題。就這篇文章研究的旨趣來說，也可以依此明瞭韓非思想立論的取向，以及辨析韓非的法家思想與孔孟荀的儒家思想和莊子的道家思想在思想形態上和性質上的差別。

自春秋時代以來，由於社會變動的結果，「士」也產生明顯的變化，這變化的情形，據余英時先生的考察，是這樣：「士已從固定的封建關係中游離了出來而進入一種士無定主的狀態，這時，社會上出現了大批有學問有知識的士人，他們以『仕』爲專業，然而社會上卻沒有固定的職位在等待著他們，在這種情形之下，於是便有了所謂仕的問題」（註五），但是，會產生「仕」的問題，也是因爲在這段時期整個民族在政治生活的層面上，正逐漸走出一個集權中央的政治體制，在這個體制中，一個組織成員多、官職確立並且分層負責的「官僚機構」是需要這批有學識有才幹的「士」來爲國家負起實際政治治理的事務，「入仕」遂成爲「士」階層切身的問題；同時，在這個時期，由於「士」的人數急速增加，以及其政治地位顯得愈來愈重要，致使「士」愈來愈有把自身視之爲一社會階層的自覺，而就此使得「士」開始反省他自身所扮演的社會角色的問題。

早在春秋時期，孔子的學生就甚關切「入仕」和「何如斯可謂之士矣？」的問題；針對這問題，從孔子的言論當中，我們可以瞭解：孔子本人「入仕」以實現自己的政治理念和理想的抱負是相當濃厚，魯國季氏的家臣陽貨詢問他：「懷其寶而迷其邦可謂仁乎？」以及「好從事而亟失時，可謂知乎？」，而孔子被逼得，祇好回答：「諾，吾將仕矣！」（註六）；從這些言論與話語當中很明顯表示出他的這種抱負。然而，在替學生解釋「入仕」與如何成為士的疑惑上，孔子冀望能為學生開啟新士人的生機，讓學生擺脫狹窄的入仕的心胸，而為「知識份子啟發更崇高的理想，揭示更崇高的人格」（註七）。從是觀之，在孔子的言論當中，「士」透過道德的實踐，造就自己成為一位悲天憫人、愛人、寬恕人、具真誠之心意與謙恭、慷慨之胸襟，簡言之，成為一位不惑、不憂、不懼、「坦蕩蕩」之君子，較之於在政治領域中表現政治治理之才能，是更為重要的。他的學生常以政治的才能與政治的操守詢問這是否為「仁」，而孔子以不置可否回答之（註八），以及孔子不輕易以「仁」許人，就其中所透露出來的消息，明顯地表示出孔子是認為就個人成就自己成為人的這實踐的方向來說，「道德價值」是優先於「政治的價值」，但孔子並沒有因之否定「入仕」的「政治的價值」，他是希望士人要能立實踐蘊含著「道德價值」的「道」，而且要「以道事君，不可則止」（註九）。在「士」不可避免於「入仕」的途徑的時代環境中，孔子的這種言論不啻是一種具解放性的啟蒙思想，而且，也使得他所開展出來的思想言論能夠與現實政治保持著一客觀的距離，使之不以政治或國君與國家的利益為唯一的取向，繼而使實踐性的理性不致於滑入為求實現一可欲的目的而不尋思手段之合法與不合法的工具性或技術性的理性，以及不至於滑落成為依效能或成功為行為和言論的唯一判斷設準的實用性的理性。

「把人當作一目的而不當作一手段」以及「爲美德本身內蘊的價值之故而實踐它」的道德實踐原則纔在他的思想言論中顯現了出來。

由孔子對「士」這個階層所持的理念，可以瞭解孔子是有意識地培養其學生——一批所謂「政治的預備軍」（註一〇）——使之能脫離現實政治的利益，一方面成就德行美善的「君子」，一方面因此能成爲站在一客觀的立場來批判與指導現實政治之運作的知識份子。降至戰國，「士」的人數急速增加而逐漸形成一特定的社會階層，然而，這個階層並不具有封建城邦時期的「世卿巨室」所擁有的堅實的經濟和社會的實力，當時的「士」是憑藉個人的學識才幹與際遇，投身於政治的冒險事業當中；戰國時期新興起的國君之所以禮遇與啟用他們也部份是因爲新「士」人的這種社會背景；是故，當國君以顯耀的名位、富厚的利祿來運用新「士」人，使之投身政治而得以幫助國君治理政治時，新「士」人也成爲讓國君指使與任免的「新貴」。在這種情況下，逐漸造就出戰國之「士」追逐功名利祿與政治投機主義的心態。爲國君所用的心意愈來愈强了，「士」也逐漸無法跟現實政治保持一客觀的距離，同時，在思想上講求國君與國家利益的政治取向也愈發明顯。戰國末年李斯所講的「詬莫大於卑賤，而悲莫甚於窮困，久處卑賤之位、困苦之地，非世而惡利，自託於無爲，此非士之情也」（註一一）。這段話，是足以顯現當時之士的一般心態。

在這個時期，能承繼孔子對「士」與「政治」所抱持的理念，同時加以發揚光大與深化者即是孟子。但他所面臨的問題不祇是如何成爲「士」的問題，也是「士」在整個社會所能發揮的社會功能的問題，他的一位學生彭更問及：「（士）從車數十乘，從者數百人，以傳食於諸侯，不以泰乎？」以及論斷「士無事而食，不可也」，對於這個問題，孟子則以「通功易事」的社會分工的論點解釋「士」在社會中所扮演的角色（註一二）。他認爲處在一個已經演化出生活狀態相當複雜的社會當中，職能與勞動的分工是有必要的，於其中，「士」當然不是屬於勞動的階層，而是一群負起政治治理的工作以及擔負起維繫和傳達傳統之工作的所謂「勞心者」（註一三）。他對彭更與許行所提出來的「（士）入則孝，出則悌，守先王之道，以待後之學者」與「勞心者治人」（註一四）的言論，是清楚地表示不能以一純粹是勞動生產和現實利益的立場來劃分社會階層，也表示「士」這個階層在一分工的社會裏是有其社會功能在。

關於「入仕」的問題，孟子雖然强調從事政治是士的職責之一，他說：「士之失位也，猶諸侯之失國家也」，甚至說「士之仕也，猶農夫之耕也」（註一五），但是，他也抱持著孔子所主張的「以道入仕」的原則，他說：「古之人未嘗不欲仕也，又惡不由其道，不由其道而往者，與鑽穴隙之類也」（註一六）。這個「道」即是蘊含著人之「道德價值」的仁義與禮，以及「以人民之福祇而不以國君之利益爲取向」的「貴民」的原則，他批判當時不以「道」入仕的知識份子，無異是殘賊之人，他說：

今之事君者皆曰：我能爲君辟土地，充府庫，今之所謂良臣，古之所謂民賊也。君不鄉道，不志於仁，而求富之，是富桀也。我能爲君約與國，戰必克，今之所謂良臣，古之所謂民賊也。君不鄉道，不志於仁，而求爲之强戰，是輔桀也。由今之道，無變今之俗，雖與之天下，不能

一朝居也。（註一七）

孟子希望入仕之「士」要能選擇一位「鄉道」「志於仁」的君王；也希望在官僚機構從政之士要能做一位「進諫君王之過失」，「格君心之非」，甚至不惜發動「革命」剷除無能、殘暴之君王的「貴戚之卿」，在〔孟子〕，有一段齊宣王與孟子的對話：

齊宣王問卿。孟子曰：王何卿之問也？王曰：卿不同乎？曰：不同；有貴戚之卿，有異姓之卿。王曰：請問貴戚之卿。曰：君有大過則諫；反覆之而不聽，則易位。王勃然變乎色……然後請問異姓之卿。曰：君有過則諫，反覆之而不聽，則去。（註一八）

這段話，「貴戚之卿」儘管指涉與君王同姓之官僚機構的公卿，但從孟子對公卿之士與國君之間的關係所持有的看法來說，孟子是很明白指出從事政治之士有議政、論政的職責，甚至在進諫不成的情況下，可以捨棄君王於不顧。依此言論，孟子是翻轉了「尊君」的一般的觀念，而揭櫫「民與臣貴而君王輕」的政治觀點，繼而發展出「君王政治權力的合法基礎在民意」的政治理論（註一九）。同時，在論究「士」的行為與「入仕與否」的問題上，孟子跟孔子一樣，是強調「道德價值」的優先性，他也認為作一位「居仁由義」志行高尚的「大人」是比取得公卿之位的「人爵」是更重要的事（註二〇）。

關於「士」與政治之間的問題，儒家學派的另一位思想代表荀子也針對秦昭襄王所詢問的：「儒無益於人之國」的問題，提出他的觀點，這個觀點是比較偏向於「儒者」在政治與社會所能發揮的功能作用。首先，他認為所謂的「儒者」是能傳續傳統之「道」的價值——所謂「法先王」——的「知識份子」，他們熟悉治國之道的「仁」與「義」，懂得如何遵守作爲臣子所該執守的禮——所謂「謹乎臣子而致貴其上」——因此，國君如果重用他們的話，他們在官僚機構裏的一切行事將會合乎這機構的理則，若不用他們，他們在社會上也能夠以其學識教養一般民衆，使之尊重國家與國君而不爲勃亂，就此他肯斷「儒者在本朝則美政，在下位則美俗」（註二一）。荀子在此所說的美政與美俗，是指成爲儒者的士在政治與社會所發揮的功能作用，即是「謫德而定次，量能而授官」，使賢不肖皆得其位，能不能皆得其官，萬物得其宜，事變得其應」（註二二）。簡言之，成爲儒之士所能發揮的政治與社會的功能作用在於：替國君與國家安排與維持一種使得上下、貴賤不相踰越的和諧的秩序。

由這樣的言論來看，我們可以說：儘管荀子尙能嚴守著儒家「禮樂教化」的傳統未失，以及主張一種普遍性的士人的政治（註二三），同時，也能執守孔子所主張的士人應該以實現「道德之價値」爲優先，而强調「君子務脩其內而讓之於外，務積德於身而處之以遵道，如是則名起如日月，天下應之如雷霆」（註二四）；然而，孔孟所表現的「士」議政與論政的政治與社會批判的精神，以及他們所揭櫫的「士以道事君，不可則止」與「貴戚之卿」和「貴民」的原則，因荀子求建立與維繫一種政治的秩序的思想前提，而在荀子的政治理論中逐漸淡薄與退卻。爲此，或許，我們可以辯解說：荀子「是爲知識份子的政治功能作有力的辯護」，以及爲反撥「政治上的當權者對知識份子所抱的疑忌」（註二五），但是，就「士」與「政治」的關係這問題來說，孔孟的儒家思想在荀子的政治理論中有一轉折，逐漸轉向强調「君者，民之原也」與「民不爲（君）用，不爲（君）死，而求兵之勁，城之固不可得也」（註二六）的尊君與國家至上的價值取向。

反省地來看，從儒家學派對「士」與「政治」的關係所思考的問題的重點，以及孔孟荀這三位儒家思想之代表對這問題所提出來的思想言論的轉折與改變，我們可以說降至戰國末年，集權政治體制愈來愈鞏固，君權愈來愈强大，而且也逐漸感受到君權的壓力，同時，「士」爲國家與國君所用的心意愈來愈强，「尊君」與「國家至上」的思想立論的取向愈來愈明顯。在這時，戰國時期的另一位重要的思想家莊子，對於「士」與「政治」之間關係的問題也提出他的看法。在「人間世」這篇文章裏的一段文字當中，他以代表儒家思想的顏淵與代表莊子本人思想的孔子對於這個問題展開一場辯論式的對話。顏淵認爲「士」必須有救世救民的抱負，而且對於一位殘暴的國君，「士」有責任進諫批判與開導，讓君德恢復，對於這樣的言論，莊子則以「德厚信矼，未達人氣，名聞不爭，未達人心，而强以仁義繩墨之言，暴人之前者，是以人惡育其美也，命之曰菑人」回應之，而且更進一步說明「德蕩乎名，知出乎爭。名也者，相軋也；知者也，爭之器也。二者凶器，非所以盡行也」（註二七）。在莊子，則是認爲：儒家的淑世與「格君心之非」的作爲都終歸於無效，而之所以無效是因爲批判與道德的感化對於一暴虐的國君而言，是毫無效果的，在「君心不可格」的前提下，「士」之淑世的理想也歸之於虛空。

依莊子的論證來看，他跟當時一般之「士」（包括儒家學派在內）都持有一共通的看法，都認爲：一個國家的治亂全繫之於國君一人身上，「士」欲求在政治上表現與實現治世的才能和理想，唯有透過國君的賞識、提拔與信任這一孔道，因此，君王的德行，尤其是國君持有爲民福祇着想的心意，遂也成爲「士」普遍關心的一主題。如果君王的德行修爲不好，殘暴不仁，那麼，不但「士」實現理想與抱負的途徑無得其門而入；而且國家政治的紛亂與人民的痛苦之隨之而起，先秦諸子——尤其是儒家——的政治言論中，相當關切「國君之德行」的問題，其理由或許在此。

繼而，在莊子的「人間世」中，因「國君之德行」的問題而牽引出來的一樁問題，即是「格君心之非」是否有效的問題，擴大地來說，這也是有關於道德行爲是否可以傳達或感化的問題，對這問題，莊子是持之以否定的言論。因此，當顏淵一再說，要以「端而虛，勉而一」、「內直而外曲，成而上比」的態度去進諫一位殘暴的國君時，代表莊子本人思想的孔子則否定之，而且以「猶師心也」（註二八）來責罵他。論析莊于本人對這種否定的言論所鋪設的論證，可知(1)人的美德的行爲跟人對外物的認識一樣，都是不確定的、令人懷疑的，誠如他所說的：「自我觀之，仁義之端，是非之塗，樊然殽亂」（註二九），因爲人間世的一切美德均是相對有效性的，或者說是含蘊著「約定俗成」的特質在內，另外，人間世的「美德」的成立必然是以某些人的苦難爲證成的條件，譬如，人間世之所以有「孝子」的美德是因有受苦痛所折磨的雙親才被證成的，有「忠臣」的美德是因爲有紛亂的國家才被證成的（註三〇）。因此美德的行爲是否能成爲一種具普遍性的「範例」爲人所效仿，或者教導給他人，是成問題的。(2)由於美德的不確定性與非普遍性，是故，在人公衆的生活領域裏，人們往往會因要確定這本質上無法確定的事物，而引起相傾軋的紛亂。從是觀之，「士」欲以這種未確定的事物强求一位殘暴的國君去除邪惡的行爲而端正自己的品德，無異是以旁人本身的邪行來顯耀自己的美德，不但激昂起因美德之聲名而起的相傾軋，而且，對於國君之邪惡行徑，也無異是「以火救火，以水救水」，終歸於無效，也把自己暴露在一危險的處境當中。

在「臣之事君，義也，無適而非君也，無所逃於天地之間，是之謂大戒」（註三一）的具體歷史處境裏，莊子認爲「士」的出路，不是從政治領域裏全然撤退，而求虛靜靈明之心的消遙、無待的「內在自由」，就是承認君臣的關係是一件無可奈何之事，而「安之若命」，繼而在事君上能「行事之情而忘其身，何暇至於悅生而惡死」（註三二）。

在「士」階層所處的這樣的具體的歷史處境當中，以及對於「士」與「政治」彼此之間的關係在當時思想界所產生的這樣的思想言論的背景下，韓非寫下了他的「說難」篇於其中，當他說：「故諫說談論之士，不可不察愛憎之主而後說焉」時，他的以「尊君」與「求國君之利益」爲思想立論的取向就昭然若揭了。而從秦王政讀了韓非之著作而慨然說：「嗟乎！寡人得見此人與之游，死不恨矣」（註三三），是可以讓我們證成韓非這種思想立論的取向。

對於這樣的思想立論的取向，我們可以從當時「士」的歷史處境，以及思想界對「士」與「政治」之間關係所提出來的言論中，可獲得部份的解釋。然而，尚有一個因素我們也必須理解的是：韓非所來自韓國在戰國末年正是處於一種强敵壓境而國家本身腐敗、積弱的危機境況，太史公在說明韓非著書立說的歷史根源時，有如是的說法：

（韓）非見韓之削弱，數以書諫韓王，韓非不能用，於是韓非疾治國不務脩明其法制，執勢以御其臣下，富國彊兵，而以不仕賢，反擧浮之蠹而加之於功實之上。以爲儒者用文亂法，而俠者以武犯禁，寬則寵名譽之人，急則用介胄之士。今者所養非所用，所用非所養。悲廉直不容於邪枉之臣。觀往者得失之變，故作「孤憤」、「五蠹」、「內外儲」、「說林」、「說難」餘萬言。（註三四）

處於韓國積弱且隨時會被其他國家吞滅的情況下，我們可以說韓非是基於一種熱愛其國家的情感而著書立說的，在政治場合失意的境況下，他透過理性的反省，深切去瞭解一國興衰的道理，他希望看到自己的國家能夠從一積弱不振、百病叢生的狀態回復到一强大壯盛、充滿著健康之活力的境況；由此看來，他的整體思想是爲其國家能振蔽起衰，而透過理性的建構所規劃出來的建國的藍圖，這種思想，就其思考的形態來說，是一種包含著實用性和策略性之實踐思想的形態。它揭櫫一種具體可行的，而且是謂終極的實踐目的，以這個終極的目的爲思考的焦點，尋思可以實現這目的的策略和手段，在此，他的政治理論是「以目的來證成手段」的實踐性的理論。

一套理論如果講求可實行的——尤其是政治的實踐，那麼它必會求理論與實際經驗的配合，因爲實踐的工作儘管有其技術性的實用性的成份在內，它的根源是來自人間世整體實相的資料，要使人依照這套理論的目標來重新塑造生活的群體，非得使人理解這理論的根據不可。韓非的理論是政治性的理論，這理論勢必從歷史的經驗中汲取它得以被建構完成的資源，就好似科學技術必須奠立在自然科學的基礎上一樣。而韓非所建立出來的政治理論，是從歷史經驗的反省與理解中所建立出來的原則。因此，對歷史的理解和解釋則構成它政治理論的重要基礎。

從韓非寫作形式來看，他屢次以他豐富的歷史知識分析與說明國家滅亡的歷史因素；而且就具體的歷史的事例來說明他的政治概念以及向國君提示歷史的教訓，因此他的歷史觀不是一種客觀的歷史的理解和解釋，毋寧是以歷史的例證提供對國君的政治實踐有利的歷史教訓，他並不美化過去，並不敍說偉大的歷史人物或光榮的事蹟來燃起人模仿的熱情，反而是要人記起歷史的教訓，俾能避免與除去當前種種的錯誤。

現在，就依照韓非立論的取向及其蘊含的價值觀，以及他的歷史觀點依次分析韓非所建立的政治理論。

二、政治統治的終極目標及其歷史經驗的根源

韓非在建立其政治理論上，是以國君如何鞏固他的權位以及如何使他統治的國家富庶、強盛而不致淪落成爲其他國家的刀上俎，也就是說，以國家與國君的利益來當作他思想立論的出發點，因此，他的政治理論揭櫫一種相當明確的、可行的且是終極的統治目標，對於這個終極的目標，韓非如此說明：

賢明之爲人臣，北面委質，無有二心。朝廷不敢辭踐，軍旅不敢辭難；順上爲之，從主之法，虛心以待人，而無是非也。故有口不以私言，有目不以私視。而上盡制之，爲人臣者，譬之若乎，上以順頭，下以修足；清暖寒熱，不得不救；鏌鋣傅體，不敢弗博，無私賢哲之臣，無私智能之士。故民不越鄉而交，無百里之慼。貴賤不相踰，愚智提衡而立，治之至也。（註三五）

政治統治的最終極的目標即是：一個國家在君王的統治底下，上從官僚下至平民絕對服從國君與國家的統治權力，嚴守國家的津令，一切的行事以國家與國君的利益爲先，把所有的心力皆投注於國家的建設之上，同時，官僚與人民不敢私自結社而形成朝廷內的朋黨與地方上的社會團體，同時，貴賤、上下維繫一種安定的、和諧的秩序。換言之，政治統治的終極的目標即在於：以國家與國君的政治統治權力強使人民形塑出一個安靜的、穩固的，而且全民凝固成一體的社會與政治的秩序。韓非認爲一個國家一旦建立起這樣的一種秩序出來，這個國家便會既富庶且強大，他說：「法禁明著則官治，必於賞罰則民用，民用官治則國富，國富則兵强，而霸王之業成矣。霸王者，人主之大利也」（註三四）。

韓非肯定政治治理的政治目標即是建立起一個富庶强盛、政治與社會秩序鞏固、穩定的國家。關於這種政治統治之終極目標的提出，我們可以就戰國時代的實際歷史處境來解釋：在一個列國兼併、相侵凌，或者以韓非本人的瞭解來說，在一個「力多則人朝，力寡則朝於人，故明君務力」（註三七）的時代裏，任何一個國家如果不求富强與維繫一穩固的社會與政治秩序的話，是無法在一生存競爭的時代中，生存了下來。或者，以韓非的人性論爲立場，所提出來的解釋觀點，誠如蕭璠先生所說的：

「不求相當的富，想要統治或建立並維護社會的次序是不可能」（註三八），要徹底解決因物質匱乏所引起的爭亂，而確實穩固政治與社會的秩序，非得生產並供應充裕的貨財不可。

這兩種論點是可以合理解釋韓非提出的這政治統治的終極目標的緣由。然而，如果我們深切地探究韓非的政治理論建立的資源時，歷史的經驗是一相當重要的一來源，但我們並不是從廣泛的外緣的歷史處境當中，即可以解析出韓非政治理論得以被建構的歷史經驗的資源。韓非是生活在一個以氣力相爭伐的時代，而且，以韓非這麼樣注重歷史的思想家來說，他是很清楚理解歷史演變的趨向，然而，對於歷史演變之趨向的理解，在韓非的政治理論當中，祇是被應用來理證他所提出來的一項政治的主張，肯定仁義這儒家所講求的道德原則不能成爲有效的政治統治的途徑，因此，韓非對歷史的瞭解無甚關涉於他揭櫫的政治統治的目標。就人性論的解釋觀點來看，韓非是認爲人皆有好利之心，在這好利之心能被滿足的情況下，社會與政治的秩序才得以被確實穩固住。韓非是以人好利之心的觀點來證成國家之富的重要性，是故，韓非是先揭櫫國家的富與强的這終極的目標之後，才以人好利心的觀點來證成這目標。若要理解與解釋韓非所揭櫫的這終極目標的根源，是無法從其人性論的觀點中求得的。同時，就政治社會秩序與國家之富强的關係來說，韓非是肯斷臣民能服從國家與國君的政治統治權力而形成一社會與政治的秩序，臣民就能爲國家與國君所用；繼而能造成國家的富强。

韓非著書立說的背景，特別地來說，是在於韓這個國家內政的腐敗、國勢積弱不振以及强敵之壓境，所謂「甲兵頓、士民病、蓄積索、田疇荒、囷倉虛」（註三九）；在感受自己的國家隨時會被他國——尤其是秦國——吞滅的憂慮下，韓非深切反省著一個國家之所以衰亡的道理所在，這種反省自然不是毫無憑據的空想或玄想，而是本源於人之過去的成敗、得失的實際的經驗；透過這種歷史經驗的反省，韓非希望國君能記取歷史的教訓，而能夠免除政治統治上的種種錯誤。

韓非所思考的並不祇是國家衰亡之道而已，他更希望從歷史經驗的反省中，思考得出使自己的國家振衰起蔽，走向富强的途徑。如何使國家富强遂是他思考的一主題，然而，國家在什麼情況下是富是强？是所謂「治之至」呢？富與强與治之至都是很空泛的名詞，其實際的內容也必須從歷史的實際經驗中得來，在此，我們可以說：韓非在建構其政治理論上，其理論的重要資源是來自於戰國時期一個實際的政治改革的歷史事例，那就是商鞅先後在秦孝公三年與十二年至十四年，於秦國推動的政治改革運動。這新政的重點，依我們現在的瞭解來看，是在於建立起耕戰合一的社會和國家，推行軍功授爵制，以及整頓行政系統，從事土地和兵役改革；而它的精神則在於强調國家與國君之法令的尊嚴及其脅迫性的約束力量，就此建立起一個臣民絕對服從國家與國君的政治和社會秩序。

商鞅所推動的這政治改革運動的成果是如何呢？韓非的老師荀子於西元前第三世紀的中葉入秦，范睢問他「入秦何見？」荀子說：

入境，觀其風俗，其百姓樸，其聲樂不流汙，其服不佻，甚畏有司而順，古之民也，及都邑官府，其百吏肅然，莫不恭儉敦，忠信而不楛，古之吏也。入其國，觀其士大夫，出於其門，入於公門，出於公門，歸於其家，無有私事也，不比周、不朋黨，倜然莫不明通而公也，古之

士大夫也。觀其朝廷，其間聽決百事不留，恬然如無治者，古之朝也，故曰世有勝，非幸也，數也，是所見也。（註四〇）

這段話是對商鞅推行新政的成果，很具體、很詳實客觀的描述與總評。在「韓非子」一書所錄的「初見秦」篇亦有一段描述約在同一時期的秦國內政的情形：

今秦出號令與行賞罰，有功無功相事也。出其父母懷衽之中，生未嘗見寇耳，聞戰，頓足徒裼，犯白刃，蹈鑪炭，斷死於前者，皆是也。夫斷死與斷生也不同，而民爲之者，是貴奮死也。夫一人奮死，可以對十，十可以對百，百可以對千，千可以對萬，萬可以剋天下矣。今秦地折長補短，方數千里，名師數十百萬，秦之號令賞罰，地形利害，天下莫若也（註四一）。

透過這兩段描述，我們可以看到秦在商鞅推行新政後整個國家所展現的新氣象；政治與社會井然有序，臣民絕對服從國家與國君的法令，爲公利而奮不顧身，官僚勤於爲民事，人民樸質不浮華，而且軍事力量强大，因此連儒家思想的代言人荀子都贊嘆：「恬然如無治者」。

對商鞅推行新政的這種評價以及對秦國在西元前第三世紀時政治與軍事情況的這種描述，可能是當時士階層與思想界流行的輿論。韓非在思索如何使韓國振衰起蔽的這問題時，以注重歷史的韓非來論，他必然是以商鞅推行新政的這達到使國家富强的歷史事例，來當作思考的典範。商鞅新政所造成的效果——政治和社會秩序的穩固與國家的强大——也遂成爲韓非所揭櫫的富與强的這政治統治的終極目標的實際內容的經驗來源。對於商鞅的新政，韓非本人亦有這樣的評價：「商君教秦孝公，以連什五設告坐之過，燔詩書而明法令，塞私門之請而遂公家之勞，禁游宦之民，而顯耕戰之士。孝公行之，主以尊安，國以富强」（註四二）。但注重歷史得失的韓非，對於商鞅變法的成敗也有其評論，這評論祇是就商鞅新政所採取的策略來分析，他認爲商鞅在推行新政時祇注重約束與管制人民的法令，祇着重於人也生活秩序的建立，但忽略了國君得以支配官僚的手段，而造成以後國君無法控制大臣的局面，他說：「然而無術以知姦，則以其富强也資人臣而已矣」，因此，

戰勝則大臣尊，益地則非封立，主無術以知姦也。商君雖十飾其法，人臣反用其資，故乘强秦之資，數十年而不至於帝王者，法雖勤飾於官，主無術於上之患也。（註四三）

由韓非所提出來的這種評價與評論，是可以理解他本人是曾深刻反省了商鞅推行新政的這項歷史的事件，儘管他批判了商鞅新政的缺失，然而，毫無疑問，韓非所指的政治統治的終極目標，就其經驗的內容來看，是源自於商鞅的新政及其對秦國造成的新國家的這歷史實相。

由於韓非的思想形態是蘊含著策略性或技術性與實用性的實踐理性的思想形態，因此，在瞭解他的政治理論上，必須首先理解他所揭櫫的政治統治的終極目標，他所提出來的一些重要的政治主張，譬如，注重農戰與重法的極權統治，注重支配官僚之術的集權控制，分離道德與政治等概念，都是求實現這終極目標的策略性或技術性的政治主張。在此，也蘊含著韓非對「政治」的看法，那就是：所謂的「政治」即是以目的來證成手段的一種統治的藝術，其間並不涉及任何的道德規範。

從是觀之，在理解韓非所揭櫫的這政治統治的終極目的時，我們無法從其政治理論當中的某些論

點，譬如，「人有好利之心」的人性論，來解釋其義蘊，因爲一方面，在韓非的思想裏，「人性論」的觀點並不很明顯，另一方面，他所提出來的「人好利心」的概念是爲證成其政治統治之技術或策略——譬如：法治與術治——所衍生出來的概念，一般論者論析韓非的思想時，相當注重韓非從其師荀子所傳承過來的人性論的觀點，然而，從韓非思想的脈絡來看，人性論在他整體的理論中所佔的位置並不特別地重要。

同時，我們也無法從韓非所處的一廣濶的戰國時代的歷史處境，去解釋他所揭櫫的政治統治之終極目標的義蘊。當然，從思想史的角度來看，某思想家或某種思想體系的形成是受到當時歷史處境的影響，思想史家可以從歷史環境的各種政治、社會和經濟的背景——如余英時先生所說的「外緣的解釋」（註四四）——來解釋思想的形成。然而，這種以時代環境背景爲主的「外緣的解釋」是必須扣緊著思想家本身理論的特質與思想家本人對當時歷史處境的反省與瞭解，方得恰當。韓非相當注重歷史的得失，他所揭櫫的政治統治的目標是求國家的政治和社會秩序的穩固建立，以及求國家之富强，然而，政治和社會秩序與富强的實際的內容是甚麼？這內容必然是源自於他對當時一個切實使得國家導致富强的政治改革的事例的反省與理解，因此，我們可以說：商鞅推行新政的歷史經驗是韓非建立起他政治理論的一歷史經驗的資源。以這歷史經驗作爲基礎，韓非透過嚴謹的思想的營構，鋪陳架構出一套以尊君和尊國家爲導向的極權的政治理論。

分析韓非所揭的政治統治的終極目標，韓非是欲求建立起一個以尊從國君的導向的政治和社會秩序以及求得國家之富強，從是觀之，這終極的目標是包含著「尊從國君」與「國家至上論」的成素。在這裏，我們必須釐清的是，依韓非思想的脈絡來看，國君與國家兩者是合而為一的，國家並不是一客觀的存在，爲國君所代表，而是國君私人掌握的私有的一項財產，政治權力遂是由國君所壟斷的私人物品。這也是所有集權專制的意識形態的特質之一。

韓非對於國家的起源與國君權力之合法基礎並沒有像墨子與孟子一樣有較清楚的解釋觀點。然而，我們或許從戰國時期新國家——如韓、趙、魏與齊——的新國君是透過權謀、暴力的政變途徑獲得政權的這一歷史事實，以及韓非所提出的對當時政治環境的歷史解釋觀點：「上古競於道德，中世逐於智謀，當今爭於氣力」（註四五）與「是故，力多則人朝，力寡則朝於人」的這言論中，可以解釋說，在韓非的政治理論中，國家的起源是起源自武力的爭奪，而國君權力的合法基礎是建立於軍事武力的暴力上。因緣於此，我們在韓非的政治理論裏，才看到他對當時的國君強調：「故爲人臣者窺覘其君心也，無須臾之休，而人主怠慠處其上，此也所以有劫君弒主也」（註四六）以及警告當時的國君要防範臣僚結黨循私，以免他們發動宮廷的政變。

從是論之，國君所領導與統御的國家這部大機器，藉用譬喻來說，宛如一個大石磨，由國君一人獨力推動著。全國的人民，上從官僚下至平民，團結凝固成一體，而好似一個單一的個體，一切均以國家的利益與理想爲依準，由國家提供唯一的道德準則，而且它所制定的法令總是合乎正義公理，同時，人民的意志皆以國君的意志爲意志，在這樣的一個國度裏，人民全體均成爲國家這部人機器的小齒輪，他們可以不必有道德良知、美感意識，祇要爲國君所用，這部大機器努力勞動、奮勇殺敵就可以了。這樣的一個國度，眞可以說是「以靜生民之業」（註四七）確實被實現，人民安靜、守法、質樸、勵行齊一，均合乎國家的律令，以至於可以廢棄刑罰，「聖人在上……民不敢犯法，則上內不用刑罰，而外不事利其產業。上內不用刑罰，而外不事利其產業，則民蕃息。民蕃息而畜積盛之謂有德。……上盛畜積，而鬼不亂其精神，則德盡在於民矣！」（註四八）這就是韓非所說的「治之至也」的政治統治的終極目標。

三、價值一元論的政治基本原則

韓非所建構出的這一政治理論是韓非站在國君與國家利益的立場上，向當時候的國君指陳政治統治的終極目標，以及對之提出達成這目標的政治策略或手段。就以上的分析，這終極的目標即是國君憑藉著人爲架構出來的「法」與「潛御群臣」（註四九）的「術」控制或導制官僚與平民，使全體的國民絕對服從國家的政治統治權力，使之絕對服從國君一人獨斷的意志，而形構出一個「貴賤不相踰，愚智提衡而立」的一穩固的政治和社會秩序，韓非並認爲一旦建立起這樣的社會，人民便會爲國君一人使用，爲國家這部大機器努力生產勞動、奮勇殺敵，而造成國家的富强。

韓非認爲這政治統治的終極目標對任何一位國君而言，都是「好的」，是「人主之大利」，是任何國君不惜付出任何代價與透過任何手段所應該達成的目的。韓非對國君揭櫫這可欲求，是謂「人主之大利」的政治實踐的目標，這目標儘管祇是對國君而言的，是特殊性的，但也顯現出人生活於社會群體的所有人共同信奉的一般性的，或普遍性的「價值」；在此，我運用的「價值」這個概念的義蘊是指涉一行動或欲求的目的，但這行動的目的所强調的是擺在人群的關係當中，而不是擺在個人所欲求的各種目標當中來彰顯其義蘊，以溫格爾（Roberto Unger）的話來說：「價值是人之欲求的社會面相」（註五〇）。依此，當我們說韓非爲國君所揭櫫的這特殊的政治統治的終極目標也是人生活於社會群體中的一價值時，是說：生活在一個人之群體中的人誰也不會否認求國家的安全、秩序、富庶與强盛不是人普遍所認可的一價值，尤其生活於一動亂不安、國家積弱不振而隨時會被其他國家呑滅的具體的歷史處境當中，更會感受到這種價值的義蘊，因爲：國家被其他國家滅亡了，那麼，所謂的幸福、自由等也都歸諸於幻影，就普遍平常的情況來說，個人所追求的價值也將受到國家、法律的保護下，纔得以實現。在此，我們就把這項價值稱作爲「政治的價值」。

是謂一位政治理論家的韓非也明白這政治的終極目標不祇是「人主之大利」而已，也是人民之大利，他說：「聖人之治民，度於本，不從其欲，期於利民而已」（註五一），也就是說，這政治統治的目標其根本也在於「有利益於人民」。從是觀之，韓非所揭的政治統治的終極目標不祇是對國君有利的一特殊目標，也是人群共同認定的價值。

關於此，有學者引韓非所說的「聖人之治民…期於利民而已」以及「徭役多則民苦……故曰徭役少則民安，民安則下無重權」（註五二）或者「群臣百姓之所善則君善之，非群臣百姓所善則君不善之」（註五三），而認爲韓非的政治思想亦傳承了傳統的「民本思想」，然而，「君主和民本畢竟在本質上是矛盾的」，在韓非的政治思想中，這兩種相矛盾的思想觀念，卻結合了起來，「之所以會有這種結合，實乃因當時阻礙生產力提高的是井田主，亦即封建主或重人，他們爲了維護自己的利益是上欺其君，下壓其民，而使得私田主與國君在對付這批重人的這點上，利益是共同的，故使得在當時具體的條件下，造成相對的專制與利民的情形」（註五四），同時認定這個「民本與統治的問題不是韓非所能解決的，即使近代歐美民意的政治也不能回答」（註五五）。

如果我們從戰國這個時期的歷史處境來看，此時所逐漸形成的中央集權的國家政治體制，就其經濟與社會的基礎而言，是奠定在以個體小家庭爲社會生活單元的「自耕農」身上，國家的稅與兵源是取自於「自耕農」（註五六）對歷史實相觀察敏銳的韓非是不會忽略這種新的歷史現象的，從是觀之，韓非文章中所用的「民」這個名詞是指稱這個「自耕農」的社會階層，因此，韓非雖然講求君主專制與集權，可是從歷史的實相來看，國家的這部大機器的生命來源是源自於是謂「自耕農」的這「人民」，如果不「利民」，不保護人民，欲求國家的富强，便無憑藉了。在他的政治理論中，更要求國君爲富强之緣故，必要使人民祇往耕戰之途發展，從其中，是可理解「國君的專制統治」與「利民」的「民本思想」本質上並沒有衝突。

此外，就韓非從理論層面上所建構出來的政治體制的特質來看，我們可以將之解釋爲「國君獨裁專制」的政治體制，這個政治體制的特質，綜合地來看，是㈠國君雖然以「法」來控制臣民，但是國君本身並不受到「法」所約束，㈡國君的統治權力是絕對的，但這絕對的統治權並不跟比它更高超的另一權力，如天或上帝，產生任何的關聯，㈢作爲一政府的形式來說，國君壟斷地控制了所有的政治行動的權利，不允許人民有「參政」、「議政」的參與政治之權利，而且強求人民祇關心他們的「本業」，即勞動生產與家務事。依是觀之，韓非所謂的「民利」是意指人民勞動生產與注重家務之事的「利」。而且，從歷史來看，任何國君專制獨裁的政體往往訴諸「爲人民之利益」的宣傳口號而行殘害人民之尊嚴與權利的政治統治，一國人民的利益被剝奪了，這個政體尚可以振振有詞地說：「這是爲全體人民的利益」。

從韓非的政治理論來看，這一套理論最關鍵的一個問題是在於：祇絕對地肯定求國家秩序、安全與富強的這一價值，在這唯一的、基本的價值的前提下，不惜拂逆人民的喜惡，而且全體的人民必須拋棄與否定他們在社會生活層面上所信奉的其他的價值：知識的探索、父子的慈愛與恩情、社交的友誼、表現美感的藝術創作、鬆弛身心的遊藝活動，甚至是可以得致私人聲譽的道德實踐。

從韓非的思想形態來看，這種價值實踐的本身並不關乎於道德性，祇指涉了好處或者利益，關於這一點，蕭璠先生的論點相當正確，他說：「韓子只謂實際上的害利，不論倫理上的是非，他不說性惡，即他不處理應然領域內的事務，而只關心實然世界中的問題，從而他也必須把道德排斥於政治活動範圍之外」（註五七），然而，在這裡，必須再加說明的是，韓非並不是不處理「應然領域內的事務」，相反的，韓非是依據「應然領域」內的一項價值，而建構出他的整個政治理論，他所謂的「行必然之道」，是意指一位國君應該執守這一價值，而且循經任何的手段徹底地實踐這項價值，他關心於「實然世界」中的事務，祇要是緣此來證成他的這一項價值——他認爲最重要的價值。

然而，我們並不能因此而論斷韓非的思想是「反道德」或「無道德」的思想，韓非本人對於儒家所揭櫫的「道德價值」與一般人民的約定俗成的「道德觀」也有相當恰當的理解，在「解老」篇中，韓非把儒家所講求的「仁」解釋爲「仁者，謂其中心欣然愛人也，其善人之有福，而惡人之有禍也。生心之所不能已也，非求其報也」（註五八）。這種解釋觀點很貼切於孔子所說的「仁者，愛人也」以及孟子所說的「惻隱之心，仁之端也」的觀念。對於一般人民的約定俗成的「道德觀」，韓非也有其理解，他說：「夫施與貧困者，此世之所謂仁義，哀憐百姓，不忍誅罰者，此世之所謂惠愛也」（註五九），也說：「仁者，慈惠而輕財也……慈惠則不忍，輕財則好與」（註六〇）或者「以公財分施，謂之仁人」（註六一）。

從是觀之，韓非基本上並沒有全然否定儒家的「道德價值」與一般人民的「道德觀」，這種發自人性以及在人與人交接時所產生的道德行爲的價值，並不是靠著理智的反省或批判所能否定的。在韓非的政治理論中，他祇是肯斷欲求國家的安全、秩序與富强的這一基本的價值是跟儒家的「道德價值」與一般人民的「道德觀」是「不相容之事，不兩立也」（註六二）。他說：

楚有直躬，其父竊羊而謁之吏，令尹曰：殺之，以爲直於君而曲於父，報而罪之，以是觀之，夫君之直臣，父之暴子也。魯人從君戰，三戰三北，仲尼問其故，對曰：吾有老父，身死莫之養也。仲尼以爲孝，舉而上之。以是觀之，夫父之孝子，君之背臣也。（註六三）

孝敬父母，爲父母之故而不忍犧牲自己的性命，依儒家的觀點來看，是實踐了人的「道德價值」，然而，以韓非的觀點來說，卻是「父之孝子，君之背臣也」，是跟他所強調的價值是相衝突的，在這種無法協調的情況底下，韓非捨棄了「道德的價值」。這種價值的取捨與抉擇，是人的存在情境。人在生活層面上的實踐，必然會臨遇價值抉擇的「掙扎」。

然而，韓非卻把這個擺在個人實踐上方成之爲有效性的「價值的抉擇」放置於政治理論的舖陳建構之中，遂使他的整個政治理論產生一種具有危險性的缺陷。

在價值彼此不相容、不兩立的情況下，韓非抉擇了國家之富與强的價值，而且把這價值視之爲絕對的唯一的價值，肯斷唯有徹底實踐與完成這項價值，才可以救贖國家、社會。因此在他的政治理論裏，他透過文字的修辭力量，以雄辯的文字、嚴密的論證去說服當時候的國君，使之相信這是唯一的可以拯救國家與社會的目標，而且要不惜一切去實踐它。

更進一步論之，依我們對「價值」的瞭解看來，人所追求的價值並非同時一樣的，當然，在歷史發展的過程當中，人的價值觀或許時時會改變；然而，廣泛地來看，還是有某些基本的價值爲人以不同的方式共同地去追求著，譬如：幸福、知識、正義、美德、友誼、藝術的創作、體能的運動、遊藝的活動、自由、理性的組織與秩序，或者甚至是政治的權力，或者是宗教的信仰。這些價值對人來說，都是基本的，不能成爲其他價值的手段，也就是說，一個人或許一生祇追求某一種價值，但是，他無法因此視其他的價值爲無意義，甚至排斥它們。

然而，韓非卻把人追求的基本價值化約成一項單一的價值，而且主張剷除會違背或者阻撓這一價值的實現的所有行爲和言論。順著此種「價值一元論」的原則，韓非發展出極權的政治理論。

【附註】

註一 陳奇猷〈韓非子集釋〉（台北，漢京文化事業公司景印，民國七二年）上冊，第四卷，「說難」篇，頁二二一。

註二 同上，頁二二三—二二四。

註三 司馬遷〈史記〉，「老子韓非列傳」。

註四 張舜徽，同上引書，頁二九—六六。

註五 余英時〈中國知識階層史論〉（台北，聯經，民國六九年），頁二二。

註六 〈論語〉，「陽貨」篇，〈四書集註〉（台北，世界書局，民國六二年）頁一一八。

註七 杜正勝〈周代城邦〉（台北，聯經，民國七〇年），頁一五四。

註八 〈論語〉，「公冶長」篇，〈四書集註〉，頁二六，頁二九。頁三〇，關於「不輕易許仁」的義涵見下一章的論析。

註九 同上，「先進」篇，頁七四。

註一〇 徐復觀〈周秦漢政治社會結構之研究〉（台北，學生書局，民國六四年），頁八九。

註一一 〈史記〉，「李斯列傳」。

註一二 〈孟子〉，「滕文公」下，〈四書集註〉，頁八三—八四。

註一三　同上書，「滕文公」下，頁七三。

註一四　同上，頁八四。

註一五　同上書，「滕文公」下，頁八三。

註一六　同上，頁八三。

註一七　同上，「告子」下，頁一八三。

註一八　同上，「萬章」下，頁一五四。

註一九　同上，「萬章」上，頁一三二—一三四。

註二〇　同上，「告子」下，頁一七一。

註二一　王先謙〈荀子集解〉（台北，世界，民國六〇年），「儒效」篇，頁五〇。

註二二　同上，頁五二。

註二三　余英時，「反智論與中國政治傳統」，收錄於〈歷史與思想〉，頁六。

註二四　〈荀子集解〉，「儒效」篇。

註二五　余英時，同上引論文，頁六。

註二六　〈荀子集解〉，「君道」篇，頁七〇。

註二七　郭慶藩，〈莊子集釋〉（台北，河洛圖書公司景印，民國六七年），「人間世」。頁一〇四。

註二八　同上，

註二九　同上，「齊物論」。

註三〇　同上，「天運」篇：「以敬孝易，以愛孝難，以愛孝易，以忘親難，忘親易，使親忘我難」。

註三一　同上，「人間世」。

註三二　同上，

註三三　〈史記〉，「老子韓非列傳」。

註三四　同上。

註三五　陳奇猷，〈韓非子集釋〉，上册，第二卷，「有度」篇，頁八七。關於「有度」篇，胡適與郭鼎堂都認爲篇中記載燕、魏等國的滅亡，而這些國家的滅亡均在韓非之後，故此篇文章並非出自韓非之手。但據陳奇猷的考釋，韓非「係以國家大權旁落爲亡國、亡君，……或釋此亡字爲國家滅亡，誤矣。」由此，胡氏與郭氏的說法有誤。

註三六　同上，下册，第十八卷，「六反」篇，頁九四九。

註三七　同上，下册，第二十卷，「顯學」篇，頁一〇九七。

註三八　蕭璠，同上引論文，頁七四。

註三九　〈韓非子集釋〉，上册，第一卷，「初見秦」篇，頁二。

註四〇　〈荀子集解〉，「彊國」篇，

註四一　〈韓非子集釋〉，上册，第一卷，「初見秦」篇，頁一。

註四二　同上，上册，第四卷，「和氏」篇，頁二三九。

註四三　同上，下册，第十七卷，「定法」篇。頁九〇七。

註四四　余英時，〈歷史與思想〉，頁一二四。

註四五　〈韓非子集釋〉，下册，第二十卷，「顯學」篇，頁一〇九七。

註四六　同上，上册，第五卷「備內」篇，頁二八九。

註四七　同上，上册，第十七卷「詭使」篇，頁九三九。

註四八　同上，上册，第六卷，「解老」篇，頁三二九。

註四九　同上，下冊，第十六卷，「難三」篇，頁八六八。

註五〇　Roberto Unger, Knowledge and Politics (The Free Press, New York, 1975) PP. 67.

註五一　〔韓非子集釋〕，下冊，第二〇卷，「心度」篇，頁一一三四。

註五二　同上，上冊，第五卷「備內」，頁二九〇。

註五三　同上，「備內」篇，頁二九〇。

註五四　王曉波，同上引書，頁一四四。

註五五　同上，頁一四五。

註五六　參見，杜正勝，「編戶齊民的出現及其歷史意義——編戶齊民的研究之一」，（〔史語所集刊〕五四本，三分，民國七二年九月）。

註五七　蕭璠，同上引論文，頁二一一。

註五八　〔韓非子集釋〕，上冊，第六卷，「解老」篇，頁三二九。

註五九　同上，上冊，第四卷，「姦劫弒臣」篇，頁二四九。

註六〇　同上，下冊，第十八卷，「八說」篇，頁九七五。

註六一　同上，下冊，第十八卷，「八說」篇，頁九七二。

註六二　同上，下冊，第十九卷，「五蠹」篇，頁一〇五八。

註六三　同上，下冊，第十九卷，「五蠹」篇，頁一〇五七—一〇五八。

第三章　儒墨兩家的秩序觀念與韓非秩序觀念的形成

從以上的分析，我們可以看出韓非的政治思想，是先確立起政治行動的一終極的目標，這目標卽是實現國家經濟的富庶與軍事的强盛。同時，分析這目標所蘊涵的價值原理，也可以瞭解到韓非政治思想是建立在「價值一元論」的原則上。依此推論，韓非把人羣所信奉的行動的所有價值化約成一單一的、求國家富與强的價值，而激烈的否定其他所有的價值。明瞭韓非此種「價值一元」的基本原理，才可能解釋他爲甚麼會建立起「足以使歐洲文藝復興時代的馬基維利減色」（註一）的政治理論的緣由。

韓非既然肯定整個人羣的政治行動的目標在於建立起一個經濟富庶和軍事强盛的國家，那麼，如何才能達成這目標呢？從實踐的步驟來說，首先必須建立起一個穩固的政治社會秩序，而韓非所企求的秩序，如我們上面所分析的，是以商鞅在秦國推動新政所帶來的「大治」的政治社會實相作爲典範。依據這種歷史實際的行動經驗爲基礎，韓非在其晚年所寫成的「五蠹」篇中，更明確地提出他的秩序的觀念，他說：

故明主之國，無書簡之文，以法爲教；無先王之語，以吏爲師；無私劍之捍，以斬首爲勇。是以境內之民，其言談者必軌於法，動作者歸之於功，爲勇者盡之於軍。是故無事則國富，有事則兵强，此之謂王資。既蓄王資，而承敵國之亹，超五帝，侔三王者，必此法也（註二）。

分析這秩序的觀念，則可以看出它包含幾個要素：⑴統一的法令，⑵無思想言論的自由，⑶全國人民皆爲兵農。簡要言之，韓非秩序的觀念明顯地表現出「集體同一」的特質。在這種秩序下，不容許任何「個別性」的東西存在，而整體的人民共同遵守國家的法令、從事相同的職業、具相同的思想觀念，甚至共同表現出一樣的性格。在韓非的理論裏，這種秩序是統治者憑藉那具巨大的政治脅迫力的「法」的統治而建立起來的。因此，韓非的「秩序」與「法治」是關聯一起的觀念組，「秩序」是政治統治的目標，「法」是這「秩序」內蘊的一規範準則，「法治」則是建立成「秩序」這目標的手段，同時，以「法」整飭人羣的「秩序」之後，才能實現「無事則國富，有事則兵强」的國富兵强的目標。

關於韓非的這一「秩序」的觀念，我們要分析的是：韓非透過甚麼論證去建立起「秩序」的觀念。循經此種分析，希望能瞭解在韓非的政治理論中，「秩序」觀念之所以形成的思想內在理路。同時，從先秦的思想發展來看，我們也可以看出各思想學派都以「秩序」這一主題做爲它們思考的一重心：孔子「恢復周禮」的志向和「正名」的言論，以及墨子講「尚同」與荀子所建立的「禮」的理論，甚至莊子的「齊物」理論，都足以表示出「秩序」觀念在先秦各思想學派中所佔的份量。依當時社會政治的景況，整個民族在這個時期，正是處於一個歷史變遷的轉捩階段，舊有的封建城邦制與氏族社會的結構逐漸在破壞過程當中，過去的通常日用的語言文字的概念義涵與價值系統，也很明顯發生了劇烈的變化，順著此種變遷趨向，當時的各思想學派自然會有需求去界定或釐清概念與實在之關係，以及重新思考人羣之秩序的意義。

以此觀點，我們爲了清楚瞭解韓非之「秩序」觀念的導向及其論證的根源，我們有必要在某種程度上瞭解這個時期各思想學派運用像「尚同」、「禮」、「名分」等有關「秩序」觀念之詞彙的義涵。就這一點來講，我們特別地分析儒家與墨家對「秩序」的問題所提出來的言論。

在先秦時期，墨家與儒家並稱爲「顯學」，這是由於他們强烈表現出淑世的精神，講求思想的實踐性，而吸引了許多的門徒，在當時的思想界造成一股極巨大的勢力，也產生深遠的思想影響力。戰國時期的韓非雖然嚴厲批判這兩個思想學派的觀念，譬如儒家的仁義與墨家的兼愛的觀念（註三）；但是，在論析與解決秩序之問題上，韓非是承受儒墨兩家的某些思想觀念，而建立起他自己的秩序觀念。職是之故，從思想史的角度去分析與說明從儒墨兩家到韓非的有關於秩序之觀念的演化，一方面可以看出韓非的政治理論跟先秦時期思想的關係，繼而深一層地瞭解他秩序觀念的取向及其論證的根源，一方面也可以瞭解先秦時期在思索人羣之秩序的意義時所內含的問題。

儒家與墨家這兩個思想學派在思考人間秩序的問題上，大致都以「羣」的觀念做爲思想的出發點。人能相聚成羣，依儒家的觀點，是人異於禽獸的條件之一。在〔論語〕一書中，孔子答辯當時「離羣索居」之隱士的譏諷時，很清楚表達出這一觀念，他認爲這批隱士跟鳥獸同居，是故不能語以人語（

註四）。但是，「羣」的觀念祇是「秩序」問題之思考的出發點，人相聚一起並不意味就成一「秩序」，人的羣體能形成一秩序必須有一定的條件，這條件是甚麼？現在，以儒墨兩家的思想爲重心，分析於下。

一、墨子的「尚同」與「兼愛」的理論

墨子在思索羣體之秩序得以被建立起來的這問題上，他提出了「尚同」的觀念。在尙未分析此觀念之前，若做一歷史的回顧，則可以看出「同」這個概念名詞在西周末年已出現在人的意識裏，但「同」這一概念名詞的出現是伴隨著「和」的概念。而且它們的意義是偏向宇宙論式的。根據〔國語〕的記載，西周末，史伯對鄭桓公說明宇宙萬物是由金、木、水、火與大五種相異的基本元素所構成，他認爲這五種元素之所以能構成宇宙萬物是在於「和」的原則，所謂「和」，以他的言論來說，即是「以他平他」，此意指「和」即是不同元素的相摻和，不同的元素的相摻和才能產生新的事物，並有了生成變化的發展。而「同」則是「以同裨同」，是指相同元素的相加，既不能生物，也不會有發展（註五）。這種「和／同」的概念義涵彼此相差異的個別元素的相互作用，才能有宇宙萬物的生成和變化。

此種宇宙論式的「和／同」概念到春秋時期，更顯現出政治的義蘊。在〔左傳〕中有一段記載，

魯昭公二十年（西元前五二二年），齊景公到國都，晏嬰於離臨淄不遠的遄臺款待齊景公，當時一位大臣子猶（梁丘據）聽到國君到遄臺，便「馳而造焉」，齊景公見到子猶的這種表現，很稱讚地說：「唯據與我和夫！」晏嬰在旁聽了，向齊景公發表了一篇論析政治上君與臣之和與同的議論。他舉了一些具體的比喻和解釋，他說：如果在水中再加上水，那味道還是水的味道；如果彈琴，相同的音調，也不會產生樂聲，還是單一的音調，這就是「同」。如果在水中加上魚、肉和各種作料，再以烹調，這樣就可以做成一種與水味完全不同的、味道鮮美的湯；音樂也是這樣，只有清揚、大小、短長、疾徐、哀樂、剛柔、高下、出入與周疏等聲音相成相濟，才能成爲一曲動聽的樂曲，這就是「和」。從這裏，可以看出所謂的「同」，就是簡單的重複；所謂的「和」，就是對立的摻和。晏嬰以這樣的比喻向齊景公說明國君與臣民之關係，應該是「君所謂可而有否焉，臣獻其否以成其可。君所謂否而有可焉，臣獻其可以去其否。是以政平而不干，民無爭心。」（註六）也就是，一個國家「和」的秩序並不是强求臣與國君的意見同一，國君必須要能採納不同的意見，才能對偏失的政策有所修正，繼爾才能達成「民無爭心」的秩序。

從以上的分析，至少在西元前第六世紀前後，以「和/同」之觀念表達的「秩序」觀，都承認個別差異性之事物的存在，而從相互差異中形成互動協調的「和」的秩序。

但是，到西元前第五第三世紀，在墨子的思想言論中，先前的「和/同」觀念被導向另一方向發展。依墨子論證「尚同」的理路，他是預設一「自然狀態」，說古代人民相聚成羣時，沒有共同遵守的思想準則（所謂的「不同義」），因此人各代依個別的立場思考事物，而有不同的觀點，「其人數茲衆，其所謂義亦茲衆。」（註七）形成一種觀念意見相當紛亂的生活景況。不但如此，每一個人都依照自己的觀念意見彼此互相攻擊，「是以人是其義，而非人之義，故相交非也。內之父子兄弟作怨讎，皆有離散之心，不能相和合。……天下之亂也，如禽獸然。」（註八）在這裏，墨子有一設定，認為人羣遇到此種觀念的分歧紛亂的困難後，遂有消弭分歧差異，求得「同一」之秩序的共同願望，「是故，天下之欲同一天下義也，是故選擇賢者，立為天子。」（註九）在人羣的這種願望下，統治者與國家的統治機構就產生。從是觀之，統治者與國家的功能作用在於消弭思想意見的個別差異性，一統羣體之秩序。而統一的途徑是以統治者的思想觀念做為唯一的準則，這都是「尚同義其上，而毋有下比之心。」（註一〇）的義涵。

墨子會把羣體秩序的條件安置在羣體選擇出來的統治者，其理證的論據在於：他認為這位統治者必然是「天下賢良聖知辯慧之人」（註一一），因此，由他領導，必能「將以為萬民興利除害，富貴貧寡，安危治亂也。」（註一二）由於有如此的設定，墨子遂認為羣體的領導者在言行上不但不會出差錯，而且足以成為人羣在言行上共同遵守的法則。

但是，依墨子「尚同」理論的推論來看，羣體「尚同」於領導者之後，還是不能免除災難的。在這裏，墨子引進了古代有關「天」與「鬼」的信仰於「尚同」的理論當中，人羣所無法免除的自然災禍——如墨子所說的「天降寒熱不節，雪霜雨露不時，五穀不孰、六畜不遂、飄風苦雨荐臻而至者。」

（註一三）——都歸因於「天」與「鬼」的懲罰。因此，統治者必須「尙同於天」，時常率領其人民「齋戒沐浴，潔爲酒醴粢盛，以祭祀天鬼。其事鬼神也，酒醴粢盛，不敢不蠲潔，犧牲不敢不腯肥，珪璧幣帛，不敢不中度量，春秋祭祀，不敢失時幾，聽獄不敢不中，分財不敢不均，居處不敢怠慢。」（註一四）墨子要求統治者敬畏「天」與「鬼」，無非是想藉由「天志」來規範統治者的行爲（註一五），讓他能夠以謙和、公正的態度從事政治統治的工作。

對於墨子的「尙同」理論，在這裏，引起我們注意的特別在於統治者如何建立起政治秩序的問題。在「尙同」的理論裏，人羣的統治者是經由人們的推舉而產生的（註一六）。由於是推舉，因而我們可以解釋說：人羣的統治者的產生是經由羣體內部的人的「同意」。要使人們同意一件事，若不是用暴力脅迫之，就是經過觀念意見的溝通與說服。從是觀之，生活於墨子所虛構的「自然狀態」中的人們，儘管會因意見的差異而有所爭鬥，但至少在選擇領導者時，尙且能夠保有互相協商溝通的權利。但是，等到人羣的統治者被推舉出來之後，替代原初之「自然狀態」的却是一個凡事皆以統治者之言行爲最後準則的緊密的「人文世界」。這個「人文世界」的秩序是由人羣的統治者一手建立起來的。他首先選擇有能者，而立「三公、諸侯、卿之宰，鄉長、家君」（註一七）的統治機構。透過統治機構的幫助，統治者要建立起一個「治天下之國，若治一家，使天下之民，若使一夫」（註一八）的政治秩序。

如何才能建立起這種秩序呢？墨子認爲必須使羣體中的每個人「皆恐懼動惕慄，不敢爲淫暴。」

（註一九）要能夠如此，統治者必須能以衆人之耳目爲一己之耳目，他說：

「天唯能使人之耳目，助己視聽，使人之（脣）吻，助己言談。使人之心，助己思慮；使人之股肱，助己動作。助之視聽者衆，則其所聞見者遠矣。助之言談者衆，則其德音之所撫循者博矣。助之思慮者衆，則其謀度速得矣。助之動作者衆，則其舉事速成矣。」（註二〇）

唯有訴諸此種手段，羣體的統治者才能詳細掌握每一個人的言論與一舉一動，關於此，墨子詳盡地說：

「上有隱事遺利，下得而利之；下有蓄怨積害，上得而除之，是以數千里之外，有爲善者，其室人未徧知，鄉里未徧聞，天子得而賞之。數千萬里之外，有不爲善者，其室人未徧知，鄉里未徧聞，天子得而罰之，是以舉天下之人，皆恐懼振動惕慄，不敢爲淫暴，曰：天子之視聽也神。」（註二一）

人羣的領導者能詳細掌握羣體中每一個人的言論、舉動，卽是「視聽也神」。但是，領導者如何才能「視聽也神」呢？分析到最後，除了建立起一人們互相監視、互相告發的網路之外，沒有其他的途徑可以「得下之情」（註二二）了。墨子說：

「天子亦爲發憲布令於天下衆，曰：若見愛利天下者必以告，若見惡賊天下者，亦以告。若見愛利天下以告亦猶愛利天下者也，上得則賞之，衆聞則譽之。若見惡賊天下不以告者，亦猶惡賊天下者也，上得且罰之……。」（註二三）

經由以上的分析，墨子的秩序理論是以消弭個別差異性爲出發點而建立起來的，在他看來，人的個別差異性祇會帶來混亂，爭鬥、相殘殺等罪惡的結果。關於這一點，他的理論是反映了當時政治與社會的現實情況。在封建城邦的秩序逐漸瓦解的時代裏，墨子看到了「今若國之與國之相攻，家之與家之相篡，人之與人之相賊。君臣不惠忠，父子不慈孝，兄弟之不和調。……」（註二四）的歷史家況。對於這種混亂、相殘殺之歷史實況的反省，墨子認爲這是由於人都以個別之立場思考行動所帶出來的結果；因此，要消除此種混亂的現象情況，一方面必須要有人羣共推選出來的領導者來負起統一思想言論與行爲的工作，在統一上，人羣之領導者的言行成爲人羣中所有人之言行之準則，而且就技術的層面來看，人羣的領導者也必須制定憲令，要求人羣中的每一個人相互監視、相互告發，如此，領導者才能以衆人之耳目爲一己之耳目，而達成每個人均「尙同義其心，而毋有下比之心」的目標。

另一方面，要消除人羣相殘殺相爭鬥的混亂的局面，必須人羣中的每一人都要能彼此相愛，不但愛自己（包括自己的家與國），也要以愛自己的態度來愛其他所有的人。除了提出「尙同」的理論之外，墨子也提出「兼愛」的理論，它們各自有其理論的理路，但取向却是同一的，那就是，人羣之秩序的建立。

關於「兼愛」的理論，墨子很明白說：「兼卽仁矣、義矣」（註二五）。能「兼愛」卽是仁與義的表現。但是，墨子的這「兼愛」理論却遭受儒家的嚴厲攻擊。孟子批判他說：「聖王不作，諸侯放恣，處士橫議，楊朱、墨翟之言，盈天下，天下之言，不歸楊則歸墨。楊氏爲我，是無君也，墨氏兼愛是無父也，無父無君是禽獸也」（註二六）孟子把楊朱與墨子的學說並列，批判他們是宣揚「無父無君」的學說。另外，荀子批判他說「蔽於用而不知文」，認爲墨家學說太過注重言行之功利成效，而不瞭解人文世界的眞、善與美的事物是無法以功利來衡量的（註二七）。同時，荀子也在他的經濟理論中特別批判墨子的學說，認爲墨子講「節用」是「將墨子之私憂過計也」（註二八），因爲經濟物質之不足並「非天下之公患也」，荀子認爲人祇要靠其智慧，就可以做到天地爲人類服務，萬物供人類役使，而造就成富庶的生活環境。但是，對於墨子的理論，荀子特別批判這套理論付之實踐所帶來的結果是：「上功勞苦，與百姓均事業，齊功勞」（註二九）造成一個無階層差別的「中失人和」的混同的生活世界。

儒家學派的孟子和荀子，對墨子之學說的批判，雖然重點有所不同，但他們共同認爲墨子的學說一旦付諸實踐，必定會造成無倫常之關係與無上下階層之關係的生活狀況。關於儒家對墨子學說之批判，跟本文研究的主題不相涉，故不深究。但是，在解釋墨子的「兼愛」的理論上，我們還是可以扣住儒家的批評論點來加以瞭解。

墨子「兼愛」理論跟「尚同」的理論一樣，是以建立起人羣的秩序作爲立論的取向。他認爲當時所處的歷史情境之所以那麼混亂，是起源於人自私自愛，所謂「以不相愛生也」（註三〇）固此，若要把紊亂爭鬥的生活環境導向一井然有序的和諧的秩序上，在人與人之間必須建立起「兼相愛、交相利」的關係。這種「兼相愛、交相利」的關係是有甚麼義涵呢？據我們的瞭解，墨子的「兼愛」理論可分爲二個層面來說明。

首先，墨子「兼愛」理論的義涵是表現在他對人羣之領導者的道德的要求上，關於這一層面的義涵，墨子在觀念的呈現上，是藉由上古時期的傳說中的「聖君」的例證，提出「兼愛天下之博大也，譬之日月兼照天下之無有私也」的公正無私的德性，「以求興天下之利，除天下之害」的為民福利著想的心意，「不憚以身為犧牲，以祠說于上帝鬼神」的為民犧牲的精神，以及「均分賞賢罰暴，勿有親戚弟兄之所阿」的，不以統治者之家族利益為重的不偏不黨的政治態度（註三一）。墨子既然把人羣之秩序的準則安置在領導者身上，領導者本人的言行是否正當，遂成為人羣治亂安危的樞紐所在，那麼，很自然地，墨子是要求領導者的言行必須合乎某種準則。在此，他依當時流傳的古代「聖王」的傳說歷史，設立起領導者人格道德之表現的規範。這種論證的理路，我們可以稱之為「人治」的論證理路。這一點跟儒家在政治上講求「君德」的言論是有會通之處。然而，領導者的良善的道德（不論是動機或是行為）是否必然導致良好的結果？注重觀念和行為的實際效果的墨子，依我們的闡釋，是可能引發起這椿問題。但是，墨子並沒有。對於這問題，要到以韓非為宗的法家思想中，才被注意到。韓非以極端「實效論」的立場，否定了領導者的仁義道德的表現會在政治上造成實際效果的這一儒墨兩家的論旨。繼而，强調唯有透過刑殺為威的客觀的「法」之統治的途徑，才能建立起人羣的政治社會秩序。

其次，墨子的「兼愛」理論的義涵是表現在於社會羣體中人與人之間的關係上。在此，墨子認為要確實消除羣體裏「强之刧弱，衆之暴寡，詐之謀愚，貴之傲賤」（註三二）的禍害，就必須在人羣之間，建立起「有力者疾以助人，有財者勉以分人，有道者勸以教人」（註三三）的共享的人際關係的原則。換句話說，這原則卽是「兼愛」的原則。它是要求人在情意等行爲的表現對象上，不應該有親疏厚薄的區別，而應該「遠施周遍」，也就是說，必須誠如墨子所說的，「視人之國，若視其國，視人之家，若視其家，視人之身，若視其身。」（註三四）而這種「兼愛」原則之所以普遍有效，是因爲它以「交相利」爲實際的內容。墨子是認爲一個人若能夠把情意與利益不分親疏地分享給別人，別人也同樣會相同地回報，他說：「必吾先從事乎愛利人之親，然後人報我以愛利吾親也。」（註三六）也說：「愛人者，人亦從而愛之，利人者，人必從而利之。」（註三六）墨子肯定說這種「兼相愛，交相利」的人際關係的原則若能確實地被建立，必能帶出一個和諧的生活秩序。

如果更進一步分析墨子的這一「兼愛」的理論，則可以看出此一理論的建立，是預設人在現實生活的層面上是個別對立的。這個別對立一方面是指人依自己之立場與意願而行動有所爲，另一方面則意指人是生活在一階層關係的網路裏；其中，有家族倫常的親疏關係，有社會階層的劃分等等。但，墨子認爲人若是被侷限於個人之利益與立場，以及這階層關係中，那麼從個人到人與人、家與家、階層與階層，國與國之間，必然會因個別性的區分，造成利害之衝突的局面。墨子「兼愛」理論所要解決的問題卽是如何消除這種他認爲會造成人羣混亂局面的個體差別與對立的要素。關於此，墨子的解決途徑是安立在人彼此相愛互利的原則上。他並沒有意圖，如儒家學派所認爲的，宣揚「無父」或「無君」的學說。墨子與儒家學派一樣也肯定人在整個社會當中依據他所置身的社會關係（譬如：君臣的階層關係與父子兄弟的家庭倫常關係）的位置，而應當表現出合宜正當的道德行爲。但是，依據墨子「兼愛」的理論，要實現此種道德行爲，則必須每個人都能表現兼相愛的態度與行爲，在此，墨子把兼愛的態度與行爲看成爲道德實踐的基礎，他說：

「若使天下兼相愛，愛人若愛其身，猶有不孝者乎？視父兄與君若其身，惡施不孝？猶有不慈者乎？視弟子與臣若其身，惡施不慈？故不孝不慈亡有。猶有盜賊乎？故視人之室若其室，誰竊？視人身若其身，誰賊？故盜賊亡有。……若使天下兼相愛，國與國不相攻，家與家不相亂，盜賊無有，君臣父子皆能孝慈，若此則天下治。」（註三七）

由是觀之，人在社會關係中所表現出來的道德行爲，如恩惠、忠誠、慈愛、孝敬、友愛、尊敬等行爲，必須在人能「兼相愛」的條件下，方能被實踐。所謂「兼卽仁矣、義矣」（註三八）順此，墨子更進一步認爲：基於兼愛的原則，人能表現他在各種社會關係中合宜正當的道德行爲，同時，透過「兼愛」原則的實現，社會中的人更能超越他個人的自我自利的傾向，超越社會階層之關係的界線，因而使人與人彼此之間可以相互分享情愛與利益，如此，就可以消除人在社會中的相互殘殺、爭鬥的情況，而從這種不分你我、彼此的社會生活的關係中，墨子認爲是可以建立起一個和諧與同一的人羣秩序。

從以上的分析，可以理解墨子思想的一個重心卽是思索人羣之秩序的問題，針對這一問題，墨子提出了「尙同」與「兼愛」的理論。就這兩者的理論內涵來看，墨子的人羣的秩序之觀念實質上是含蘊著「集體同一」的意義。在「尙同」的理論裏，墨子企求由人羣共同推擧出來的領導者來消除人羣中因個別差異性所造成的對立和分歧。在「兼愛」的理論裏，墨子所企求的人羣的秩序則是人羣中的每個人泯除人我、社會階層、倫常關係的界線而能夠彼此分享情愛和利益的生活秩序。

此種秩序的觀念一旦要落實到社會政治運作的層面，而考慮到實踐的途徑；在目的與手段的關係上，就「尙同」的理論而言，墨子提出了相互監視、告發，而使整體人民之耳目成爲領導者一人之耳目的途徑。但此種途徑或手段的有效性的前提在於人羣中人與人彼此的隔離、甚至是猜疑的相互關係。訴諸這種手段，在一人統治底下，是可以達成「尙同」的「集體同一」的人羣秩序。然而，訴諸此種手段是否跟以「兼愛」爲原則所構成的秩序產生緊張的關係呢？「兼愛」是人羣當中人與人彼此之間情感與利益的分享，從此種分享互惠的交流當中，形成穩固的人與人之間的關係。由是觀之，達成「尙同」之秩序所訴諸的途徑是跟「兼愛」的秩序有一種目的與手段之間的緊張在。

反省地來看，墨子的秩序理論尙且包含著某些理想的成份。他希望透過人的情愛來跨越人與人、階層與階層的距離，藉此以消弭人羣之中的爭鬥、戰亂、對立衝突。但是，這理想本身有一限制，人情愛的交流在親蜜的私人關係以及在人數極少的關係內，方有它結合人羣的强度（註三九），一旦超越此界線，這理想儘管多麼地高貴，它祇能是一種訴求，無法成爲社會秩序得以被建立起來的有效原則。

由此觀之，墨子的秩序理論一旦被去除掉這理想的層面，所留下的，就祇是它「集體同一」的含義以及達成這一種秩序的手段——人與人相互監視與告發的統治手段。

若從先秦思想的發展來看，到戰國時期，當韓非強調仁義、兼愛此種人與人道德行為的關係，並不能保證建立起一個穩固的社會政治秩序，而且強調「且民者因服於勢，寡能懷於義」（註四〇）時，他在建立起「秩序」的觀念上，自墨子所承受來的觀念，就可能是以領導者為中心的「集體同一」的「尚同」觀念。

二、儒家學派的秩序觀念的開展

依一般學者的論析，孔子思想的重心是在於「仁」的觀念，而且孔子思想的原創性也表現在這項觀念上。但是，如果我們從孔子所處的歷史環境與他所關心的現實問題來看，孔子思想的取向是思索當時人羣秩序的意義及其問題。從這取向，孔子對西周傳統的「禮」提出了他新的解釋的觀念，也從其中，表現出他有關人之道德行為的原創性的觀念。這一章節，以此方向討論孔子的思想以及儒家政治思想所牽涉的問題，並且就這種論析而說明韓非的法治理論跟儒家思想的關係。

㈠孔子的「仁」與「禮」的觀念及其問題

處於封建城邦制式微的所謂「禮崩樂壞」的時期當中，孔子，若從他政治的意向來分析，是有意恢復西周封建城邦時期的「禮」制。關於這一點，我們從其零碎的言論中，是可以看得出來，譬如，孔子在比較三代的文物制度的優劣時，說：「周監於二代，郁郁乎文哉！吾從周。」（註四一）但是，周代的文物制度或「禮制」到底是甚麼呢？關於這樁問題，孔子並沒有給予我們一完整的答案，而且，從他在說明夏禮和殷禮時所遇到的難題（註四二），以及他入周公廟，每事問的情況（註四三），也可以領會到一個「禮崩樂壞」的時代當中，孔子是抱著研究者的熱忱，極力想瞭解周禮的意義。職是之故，在理解孔子所提出的「禮」的觀念上，我們知道他在談論「禮」時是以西周的禮制做爲背景，而且也有意向想恢復周禮。透過他本人對「禮」的理論性的反省，「禮」一方面具有實際的制度方面的義涵，也具有一種道德規範的義涵；前者是部分承繼西周禮制的一些實際的運作，後者則爲孔子之道德思想的創新。關於「禮」的這兩個面相，我們透過孔子運用「禮」這名詞時所指涉的意義去瞭解它，並分析它內蘊的一些問題。

首先，孔子認爲：「禮」在人羣中的作用是表現於安排人羣裏社會階層的上下關係，以及規定人在這階層中所應當表現的行爲，在此，「禮」具社會階層與社會規範的意義。孔子在回答人所提出的一問題：「管仲知禮乎？」時，說：「邦君樹塞門，管氏亦樹塞門。邦君爲兩君之好，有反坫，管氏亦有反坫，管氏孰知禮，孰不知禮？」（註四四）孔子批評管仲不知禮，是因爲管仲僭越其階層身份，表現出作爲一位邦君之屬下所不應當表現的行爲。另外，孔子對魯國國君舉行唯有周天子才能舉行的「禘」禮，評論說：「禘自既灌而往者，吾不欲觀之矣。」（註四五）孔子不欲觀禮，是因爲在孔子認爲，魯國的國君僭越其階層身份。再者孔子對季平子舞八佾於庭院中的舉止，評論說：「是可忍也，孰不可忍也？」（註四六）是因爲季平子以大夫的身份僭用了天子的禮樂。

以是觀之，孔子是認爲一個和諧的人羣秩序得以視建立起來與被維繫的基本條件在於這安排社會階層及規範階層之成員之行爲的「禮」。關於此，孔子更具體的說：「天下有道，則禮樂征伐自天子出；天下無道，則禮樂征伐自諸侯出。」（註四七）一個無秩序的紊亂的社會是表現在於社會階層關係的混亂，以及隨之而來的人之行爲的僭越——僭越其階層身份。因此，當齊景公問孔子有關政治之基本理念時，孔子回答說：「君君、臣臣、父父、子子。」（註四八）政治的秩序也就是每個人在人羣中都置之於一社會階層的關係中，同時每個人都能實踐相應其階層的行爲規範。以君臣的關係來說，孔子認爲國君在對待其臣下時，應當表現出謙讓的正當的行爲，而臣下對其國君，應當表現出忠誠的行爲（註四九）。另外，以統治階層和被統治階層的關係來看，孔子相信政治的統導者祇要行爲端莊，講求信用，態度謙讓，處事公正，則被統治階層也就能恭敬，忠順，誠實。誠如他所說的「上好禮，則民莫敢不敬；上好義，則民莫敢不服；上好信，則民莫敢不用情。夫如是，則四方之民襁負其子而至矣……」（註五〇）或者，誠如他所說的：「其身正，不令而行；其身不正，雖令不從。」（註五一）職是之故，在一個人羣社會當中，能有一個上下等級的階層關係的結構在，而且羣體中的每個人在其階層中都能實踐這階層應當實踐的行爲規範，那麼一個合理且和諧的秩序必定能被建立起來。

孔子之所以相信「禮」在建立且維繫人羣之秩序能發揮顯著的功能作用，其主要的理由在於：他相信「禮」是整個人羣經過歷史的演化所形成的階級關係及其階級的行爲規範，由於它是經過歷史的演化，而不是經由特定的某些人的刻意安排與經營，因此，這整套的人羣等級階層的關係與結構及其行爲的規範就秉具傳統的權威性，人生活於其間，而不自知，在實踐上，就能有自動自發的態度與行爲的表現。從統治者與被統治者的關係，或者，從統治者的治理途徑來看，假若禮的制度和規範不失墜的話，或者說不喪失其歷史的權威性的話，那麼統治者不必透過言詞的命令，或者也不必透過語言的論辯的中介過程，羣體中的人就能自動自發的因執守「禮」的規範，而能形成一個秩序，因此，就統治者本身來說，政治治理的最高境界在於：「無爲而治者，其舜也與！夫何爲哉？恭己正南面而已矣。」（註五二）

然而，在一個傳統的禮的制度與規範已經逐漸喪失其權威性的時代當中，從實踐的觀點來看，如何再恢復其傳統的權威性呢？針對這項問題，孔子提出「正名」的觀念，在〔論語〕的「子路篇」裏，孔子與子路有如下的一段對話：

子路曰：「衞君待子而爲政，子將奚先？」

子曰：「必也正名乎！」

子路曰：「有是哉，子之迂也！奚其正？」

子曰：「野哉，由也！君子於其所不知，蓋闕如也。名不正，則言不順；言不順，則事不成；事不成，則禮樂不興；禮樂不興，則刑罰不中；刑罰不中，則民無所措手足。故君子名之必可言，言之必可行也。君子於其言，無所苟而已矣。」

依孔子所提的「正名」觀念，在禮的制度和規範並未喪失其歷史的權威性的境況當中，不必透過具言辯性質的法令與言辯本身的中介過程，人們就可以自動自發地形成一個和諧的秩序。但是，禮的制度與規範的威信已經失墜時，統治者是否有必要經由言辯來證明禮的等級制度的名分關係及其規範的權威性？要使人們有效地認同統治者「正名」禮的制度和規範的權威性，是否意味著必須以人爲的刑罰的「法」來取代自然的「禮」？在「正名」的實踐上，孔子所提的實踐的步驟是否就顚倒過來，而以刑罰爲第一優位？以我們對孔子之「禮」的理論的反省來說，孔子的「秩序」的觀念遇到了這些問題。

然而，孔子的「正名」的觀念並不含蘊著刑罰的統治的意思在。孔子很明白反對刑罰的治理，他認爲唯有在禮制的薰陶下，才能自然培育出人民「有恥且格」的道德人格，而透過刑罰對統治，祇會造就出「民免而無恥」的敗壞人格。

另外，從孔子思想的理路來看，孔子對「禮」除了提出社會功能方面的解釋與說明之外，也更進一步思索「禮」的本質的問題。當林放問及孔子何謂禮的本質時，孔子讚嘆說：「大哉問！」繼而解釋說：「禮，與其奢也，寧儉；喪，與其易也，寧戚。」（註五三）依孔子的論點，禮的本質不在於一些形式化的繁文褥節，誠如他所說的：「禮云禮云，玉帛云乎哉！樂云樂云，鐘鼓云乎哉？」（註五四）既是如此，那麼，禮的本質是什麼？是在於人臨遇到特殊的事情以及跟人交接時，自然且眞誠的情感的表露，以上面的引言爲例，喪禮的本質不是外在形式的禮儀本身，而是參加喪禮的人因感於另一個人生命的消逝而表露出來的悲戚之情。依此而論，禮的儀式是一種客觀的媒介，藉此來表露這種情感。

對「禮」本質的探索，孔子循經以下的途徑：依上面對「禮」在制度層面的意義的分析，人是生活在人羣裏，不但如此，在人羣中，他必然置身於社會階層與人際之長幼輩份的倫常中，由禮所規範而形成的人羣秩序，卽是人置身於這階層與倫常，不踰越這階層與倫常關係中的位置，而每個人依階層與倫常的位置，表現出合乎這位置的行爲。人生活在人羣中會依其社會階層與倫常的位置而表現出合乎此位置的規範的行爲，是因爲這階層與倫常的關係及其規範是歷史演化出來的，而具有權威的性格；對於人與社會秩序而言，這具歷史權威性的人際關係及其規範還是相當重要的，透過這規範的覺識與認知，人才能辨別事物的是與非、優與劣。但是，由於這人際關係及其規範是外在的，人的行爲如果祇是依此外在的形式而表現，那麼，這種行爲是「他律性的」，也就是，純粹是外在規範的制約，而缺乏了人眞實的存在義涵。依循此種思想的理路，孔子爲照明人行爲的道德存在義涵而提出了「仁」的觀念，並且從對「仁」的闡明，也轉化了「禮」在制度與規範層面的意義。

孔子在運用「仁」這項名詞時，其指涉的意義不在於人特殊的才幹，或者特殊的政治才能：

孟武伯問子路仁乎？子曰：「不知也。」又問。子曰：「由也，千乘之國，可使治其賦也，不知其仁也。」

「（冉）求也何如？」子曰：「求也，千室之邑，百乘之家，可使之宰也，不知其仁也。」

「（公西）赤也何如？」子曰：「赤也，束帶立於朝，可使與賓客言也，不知其仁也。」（註

五五）

子路、冉求與公西赤各有其特殊的政治才幹，但是這種特殊的政治才幹與行爲，在孔子認爲，尙不是「仁」的表現。

另外，一個人在其社會階層的位置中表現出他應當表現的行爲，以及不願意跟一個犯下殺人之罪、透過政變的手段獲得政權的執政者共同參與政治工作的行爲，在孔子認爲，也不是「仁」的表現。

子張問曰：「令尹子文三仕爲令尹，無喜色；三已之，無慍色。舊令尹之政，必以告新令尹。何如？」

子曰：「忠矣。」曰：「仁矣乎？」曰：「未知；——焉得仁？」

「崔子弑齊君，陳文子有馬十乘，棄而違之。至於他邦，則曰：『猶吾大夫崔子也。』違之。之一邦，則又曰：『猶吾大夫崔子也。』違之。何如？」

子曰：「清矣。」曰：「仁矣乎？」曰：「未知；——焉得仁？」（註五六）

楚國的令尹子文不掛意於官位利祿的得失，而且在自己去職時，能詳盡告訴新上任的官員有關於自己執政時的措施，這種行爲祇能是忠於其職位的行爲；孔子認爲此種行爲尙不是「仁」的表現。另外，齊國的大夫看到自己邦國的大夫崔杼弑殺其國君，便放棄自己的官爵，而做出類似自我放逐的行爲，在孔子認爲，這種行爲祇是不同流合污的清高的行爲，但不是「仁」的表現。

從以上孔子對人之才能與行爲的評論中，我們可以看出孔子的「仁」的觀念具有超越的義涵：人在人羣當中，按照我們對孔子的「禮」的觀念在制度與規範層面上意義的理解，是生活在由階層與倫常關係構成的網路裏，人依其階層與倫常關係的位置而做出合宜正當的行爲，例如：孝、敬、忠、順……等行爲，這行爲是「禮」的行爲，也可以說是在社會生活中的道德行爲的表現，但，在孔子的觀念當中，「仁」的行爲的道德義涵是超越「禮」的社會的道德義涵，誠如孔子所說的：「人而不仁，如禮何？人而不仁，如樂何？」（註五七）沒有了「仁」的行爲，那麼，依禮樂別度所表現出的道德行爲便毫無實質的意義和價值。就此，不免有一問題，孔子在陳述「仁」的觀念時，他指稱甚麼樣的意義呢？

孔子的學生原憲有一次問道：一個人如果都不曾表現過好勝、自誇、怨恨與貪慾的行爲，這個人「可以爲仁矣？」對於這個問題，孔子問答說：「可以爲難矣，仁則吾不知也。」（註五八）孔子的意思是說：這樣的人是難能可貴的了，但若說他是仁人，孔子是不能同意的。由此種言論，所謂「仁」並非祇消極地不做不好不善的事，「惡不仁者，其爲仁矣，不使不仁者加乎其身」（註五九）祇讓不好不善的事情或行爲不發生在自己身上，還不能稱得上「仁人」。既然如此，那麼，「仁」的積極的義涵是甚麼？

孔子曾說：「志士仁人，無求生以害仁，有殺身以成仁。」（註六〇）從這段言論，可以瞭解：孔子是把「仁」當成爲人生活中最重要的價值——爲了實現「仁」，甚至都可以拋棄生命。對這重要的價值的實踐，首先必須有高度的價值自覺，以及「顚沛必於是，造次必於是」的堅苦卓絕的身體力行的實踐。在此，孔子相信人都有此種自覺與此種實踐的能力，他說：「仁遠乎哉？我欲仁，斯仁至矣」（註六一），又說：「有能一日用其力於仁矣乎？我未見力不足者。」（註六二）有一次，孔子的學生冉求問道：「非不說子之道，力不足也。」，孔子回答說：「力不足者，中道而廢，今女畫。」（註六三）然而，此處不免有一問題：孔子是相信人有「仁」的自覺和實踐的能力，但此種自覺和能力的根源在那裏？換句話說，人爲甚麼會有此種自覺？關於此種問題，罕言性、命與天道的孔子並沒有提出理論性的答案。對於這問題，到戰國時期，他的兩位大弟子孟子和荀子在思想上涉及人的本質的思想主題時，方有所探討，也才有分歧的觀點。

「仁」在孔子的思想中既然是人最高的價值，那麼，孔子如何陳述這價值呢？從孔子論及「仁」的言談中，可以看出孔子在陳述「仁」這價值的義涵時，是透過他對人的有自覺的行爲的瞭解，而指出一種合乎理性的合宜行爲的實踐方向。人在現實的生活世界裏活動，以及與他人相接觸，他如果不是全受到生活環境的制約，以及純粹受到本能衝動的支配，那麼，他的行爲至少是有目的、有期待的，或者說，是有自覺的行爲。

然而，有自覺的行爲，依孔子的實踐的智慧來看，都有其「太過」與「不及」的，或者說「狂」與「狷」的兩面，所謂「狂者，進取；狷者，有所不爲」（註六四）。「進取」容易使人的自覺行爲走向偏激，「有所不爲」則使這自覺行爲不得挺立，或者喪失。以「勇敢」的行爲來說，不夠勇敢，則表現出懦弱的行爲，太過勇敢，則導出盲動闖禍的行爲。因此眞正的勇敢的行爲是介乎懦弱與盲動之間的行爲。再以「正直」的行爲爲例，不夠正直，則是鄉愿，但過份正直，則容易導致尖刻的「絞」的行爲，因此，眞正「正直」的行爲是介於「鄉愿」與「絞」之間的行爲。

就以上的分析，「仁」做爲人生活中的最重要價值，不在於它樹立起人行動的特殊目標，而是指出人之自覺行爲的合宜方向，它並不是具社會階層意義的「禮」的特殊規範，毋寧說是具普遍意義與方向之意義的行爲依據。從這裏，孔子把傳統周禮中的行爲規範的意義，轉化成爲行爲的方向的意義。依此，我們若細究孔子在〔論語〕一書的用語，則可以看出，所謂的「仁」這人之最重要的價值即是「中庸」，即是「義」。

子曰：「中庸之爲德也，其至矣乎！民鮮久矣。」（註六五）

孔子稱「中庸」爲至德，是跟他跟「仁」相對應的。

子曰：「吾有知乎哉？無知也。有鄙夫問於我，空空如也，我叩其兩端而竭焉。」（註六六）

這段話說明孔子認知事物的途徑在於調和不同的傾向，在兩種極端的傾向或態度中進行調和折中。由於是採取調和折中的「中庸」的途徑，因此，所謂的「仁」並不是一套固定的行爲的規範，而是指人知道對他而言甚麼是正當的一種狀態，具體來說，也就是，一個人在一特殊的情況中知道如何下合宜的判斷。孔子說：「虞仲，夷逸，隱居放言，身中淸，廢中權。我則異於是，無可無不可」（註六七）他認爲像虞仲、夷逸這些人過著隱居緘默的生活，保持淸高的節操，退隱得合乎時機，這當然也好，但孔子本人却不這樣，他根據具體的情況採取更靈活的態度，即所謂「無可無不可」，這態度以普遍的意義來論，正是孔子所說的「毋意、毋必、毋固、毋我」（註六八）的判斷力，它指明不要主觀猜測，不要武斷和不留餘地，不要拘泥和固執成見，不要自以爲是和以自我爲核心。「君子之於天下也，無適也，無莫也，義之與比」（註六九）一位君子在處理事物上，是不拘泥於任何規矩，而隨著具體實際的境況，下合宜的判斷。因爲他能隨具體的境況下合宜的判斷，因此，孔子才說：「唯仁者能好人，能惡人」（註七〇）一位仁人才能客觀地喜好一個人，厭惡一個人。

按照這樣的分析，我們可以說「仁」是一種理智之德，它是一切自覺行爲的依據與核心，沒有了它，所有的自覺的行爲，如愛人，求知，信用，正直，勇敢，剛正，孝順，恭敬，寬恕，慈惠，尊嚴，廉潔，清高等就不成爲道德的行爲。由於「仁」是一種理智之德，因此，它是可以透過學習和教導而獲得的，孔子一生的事業即是教導其學生這種智性之德，這也就是爲甚麼儒家相當重視「學」的原因。關於此，引述「論語」的言論來說明：

> 子曰：「（仲）由也！女聞六言六蔽矣乎？」對曰：「未也。」「居，吾語汝。好仁不好學，其蔽也愚；好知不好學，其蔽也蕩；好信不好學，其蔽也賊；好直不好學，其蔽也絞，好勇不好學，其蔽也亂；好剛不好學，其蔽也狂。」（註七一）

透過學習，人由表現出合宜正當的，如勇或直的行爲，才能變得勇敢與正直。經由教導和學習，才能獲得知識和實踐的智慧；人能夠把天生的傾向轉化成爲人格的美德的過程，即是因學習而能依照合宜之理來判斷事物的過程。這學習的過程正是孔子所說的「質勝文則野，文勝質則史，文質彬彬，然後君子」（註七二）。人格的美德卽是質樸與文彩兼顧的，不偏於一面，待物處事恰到好處的君子。

透過「仁」之觀念的轉化，在孔子的思想中，「禮」的觀念從階層制度和規範的義涵，轉變成爲行爲之合宜合理之正當性的義涵，而從「禮」轉變成爲「義」的觀念（註七三）。但是，經由這種觀念的轉化，並不表示說孔子是捨棄「禮」的階層制度和規範，依孔子的觀念，人在生活各層面上的活動與實踐是無法缺少那由傳統延續下來的各種行爲的規範與行爲的儀式。因此，人對「仁」的實踐的途徑是：承認傳統之規範與儀式的權威，而且認知它們和學習它們。但是，孔子在這裏並不是一位死抱著傳統的「復古主義者」，他認爲傳統的「禮」一旦經時間的演化，有時候也會跟現時的人的需求產生隔閡或衝突，因此，傳統的「禮」有改革的必要，他曾經說過：

「麻冕，禮也；今也純，儉，吾從衆。拜下，禮也；今拜乎上，泰也，雖違衆，吾從下。」（註七四）

改革的途徑並非全然揚棄傳統，而是透過分辨與揀選的途徑。但分辨和揀選的依準是甚麼呢？是在於「義」和「仁」，合理的或合乎人性之理則的傳統應被保存，否則；應當揚棄或修正。在此，生活於傳統的西周之「禮」逐漸式微但新的制度和規範尚未確立的時代中，孔子在「仁」與「禮」之間亦表現其緊張：

宰我問：「三年之喪，期已久矣。君子三年不爲禮，禮必壞；三年不爲樂，樂必崩。舊穀旣沒，新穀旣升，鑽燧攻火，期可已矣。」

子曰：「食夫稻，衣夫錦，於女安乎？」

曰：「安。」

「女安，則爲之！夫君子之居喪，食旨不甘，聞樂不樂，居處不安，故不爲也。今女安，則爲之！」宰我出。子曰：「予之不仁也！子生三年，然後免於父母之懷，夫三年之喪，天下之通喪也，予也有三年之愛於其父母乎！」（註七五）

宰我以「三年之喪禮」會毀壞禮樂而聲稱「一年之喪禮」的合理性；對於宰我的此種聲言，孔子並不當面而否定之，祇以「心安」當作合理性的依據。但是，「心安」是主觀性的傾向，或者是具有更穩固的客觀性的原則呢？由於「仁」和「禮」之間的緊張性（註七六），也顯現出孔子思想理論中的一困境：孔子從反省西周之「禮」的制度、規範和儀式的意義，而在道德理論上，提出了「仁」的觀念，以作爲人之道德實踐的方向，從而把制度和規範的「禮」轉化成爲合理、適當之義涵的「義」的觀念，但，因爲「仁」祇是一種如「己所不欲，勿施於人」或「己立而立人，己達而達人」的實踐方向，同時，因爲「義」也祇是一種「無適也，無莫也，義之與之」的抽象原則，它們並不在具體的行爲上確立可行的、穩靠的規則，職是之故，把這種比較偏向個人道德實踐的「仁」和「義」的觀念再應用到制度和政治的層面上時，在一個傳統體制、規範與價值體系已經走向變動的時代裏，並無法成爲一種有效的改革傳統的理念或原則。關於這一點，誠如林毓先生所分析的：「孔子在理論的架構裏呈現出「仁」與「禮」之間的創造性的緊張，在實踐的層面上，他是一位保守主義者，兩者之間的裂痕，分析到最後，依舊沒有一解決的出路。此種無解決之出路的隔裂導致一重大的結果，那就是，原始儒家無法提供給變遷一種富轉化之生機的規範，儘管它的理論架構是允許此種變遷的。」（註七七）

到戰國時期，孔子的思想經過孟子和荀子的闡釋，而使儒家學派的思想呈現出更爲深刻和豐富的內涵，但在他們兩人身上，儒家學派也產生了分歧的思想發展的途徑。在闡釋孔子的思想上，他們各有其思想的偏向，如果說孔子的整個思想是以「仁」和「禮」的觀念爲中心而建立起來的，那麼，孟子對孔子思想的理解和闡釋是偏向「仁」的觀念，而荀子則是偏向「禮」的觀念。然而，這並非意味孟子和荀子的思想無任何創新之處。從對兩人思想的瞭解來看，這思想的創新之處表現在於他們提出了有關於人之「心」的觀念，在孟子，「心」的觀念呈現出「良知良能」的義涵，依他的思想理路，「心」是爲人所有自覺之道德行爲的基礎；在荀子，「心」的觀念則含蘊人之認知事物之機能的意義，依他的思想理路，「心」是爲人能執守或實踐「禮」之規範的基礎。孟子和荀子兩人依其開創出來的「心」的觀念，舖陳出營構出他們各自的「秩序」理論。

從以上我們對孔子之「秩序」觀念之論析，可以知道孔子是有志恢復西周的「禮」，而以「禮」來當作人羣秩序之所以能被建立起來的基本條件，合於「禮」之人羣的秩序是一個「君君、臣臣、父父、子子」的社會階層與人倫關係不紊亂的生活世界，在其中，每一個人依其階層與人倫關係的位置，表現出合乎此位置之規範的行爲；同時，整個人羣秩序的樞紐是在政治最高的統治者身上，依孔子看，「禮樂征伐自天子出」的人羣社會才是一個所謂「有道」的合理的有秩序的社會。

孟子和荀子在思索人羣的秩序的意義上，基本上是依循孔子的此種秩序之觀念的架構，然而，在一個周禮的現實性的意義已喪失，而且整個民族逐漸發展出以國君爲中心的集權國家，以取代西周封建城邦制的時代當中，孟子和荀子沒有像孔子一般明顯的恢復周禮的意向；他們在思想上所做的努力是在於思考出一條能使這個集權國家有一合理之發展的途徑。就此，孟子提出了「王道」的理念而荀子則提出「法後王」之「禮治」的理念。以下，試著把孟子和荀子所揭櫫的有關秩序的觀念作一分析。

(二)孟子的個人道德良知與人羣秩序之連貫

孟子的秩序觀念，是針對許行的「賢者與民並耕而食，饔飧而治」的觀念，而提出來的。依許行的看法，在一個人羣當中，統治者與被統治者應該不分階層的界線，而齊力耕作而集體勞動生產。許行的學說的全貌，我們現在已經無法得知，但根據以上所提的這觀點，許行或許是以遠古時期的、無社會階層之分化與集體同一性極明顯的氏族部落爲理想，而提出他的此種觀點。針對此一觀點，孟子認爲一個人羣社會中，「有大人之事，有小人之事，且一人之身，而百工之所爲備；如必自爲而後用之，是率天下而路也。故曰：或勞心，或勞力；勞心者治人，勞力者治於人；治於人者食人，治人者食於人，天下之通義也。」（註七八）人羣的活動是有必要分工的，必要有各種不同的活動範圍，如農耕的勞動，製造事物的工作……等等。人羣的秩序的形式是由這些不同的活動領域彼此交織結合而成，換句話說，即是分工合作而形成人羣秩序的形式。因此，有人必須從事體能勞力的工作，有人則不須要；而從事體能勞力工作的人是謂被統治階層，不必從事勞力工作者則是統治階層；從分工合作的觀點來看，人羣中有「治人」的統治階層與「治於人」的被統治階層的劃分是必要而且是正當的，也是人羣社會得以成立的共同原則。

對於此種分工的秩序觀點，孟子提出了兩項辯解的言論，一是「通功易事，以羨補不足」的論點，分工合作的結果是人在生活上更爲便利，而且透過分工的途徑，使人相互之間可以得到以有餘補不足的好處。孟子的這個論點義涵著人的存在不是自足的，必須依賴他人；而在人相互依賴的關係中，人才能有力地生存下去；因此，在人羣社會裏，一個人的存在的條件是社會羣中的其他人提供給他的，即所謂「一人之身，而百工之所爲備。」

另一個辯解的論點在於孟子對事物存有的看法，他認爲宇宙世界中的事物是大小不齊的，並非同一的，因此，欲勉强把不齊的事物同一之，是違反事物的實情。關於此，他說：「夫物之不齊，物之情；或相倍徙，或相什百，或相千萬，子（許行）比而同之，是亂天下也。」（註七九）孟子以此種「物之情」的議論來辯解人羣中統治階層和被統治階層，所謂「勞心者」和「勞力者」，或「大人之事」與「小人之事」的劃分的合理性。

從以上的分析，孟子是承認人羣的秩序，就其形式來說，是必須有上下階層的等級劃分，人羣中的每個人都其階層中各盡所能，從事其階層應做的事。然而，在這樣的人羣的秩序中，雖然有上下階層的等級劃分，但人與人彼此之間在政治和社會的地位或身份上是否平等？對於這項問題，孟子並沒有提出任何解答。從他思想的脈絡中，我們僅能瞭解他對於人羣社會裏，人與人彼此的關係應當是如何，而才能形成一正當的秩序的這一問題所提出來的理念。

然而，在瞭解孟子的這理念上，我們首先必須掌握的是：孟子基本上是肯定當時整個民族所發展出的「一人之治」的政治體制的存在性。既然如此，自然地，人羣之秩序是否能被建立起來的關鍵是在於人羣的最高的統治者身上，職是之故，孟子在思索人羣秩序的意義上，是以統治者（國君）與被統治者（民）之間的正當關係爲出發點，而不是以人羣秩序之結構的問題爲主題。

循此途徑，他所注重的是領導者的道德的問題，以及領導者政治治理途徑是否正當合法的問題。在此，他把個人道德實踐的基本原則——孔子所指出的「仁」——放在政治層面上來考慮。他說：

「三代之得天下也以仁，其失天下也以不仁。國之所以廢興存亡者亦然。天子不仁，不保四海；諸侯不仁，不保社稷；卿大夫不仁，不保宗廟；士庶人不仁，不保四體。今惡死亡，而樂不仁，是猶惡醉而强酒。」（註八〇）

孟子認爲「仁」是：小至個人大至一個國家能存續下去的終極的原則，從個人的道德實踐以至於一個國家政治實踐的原則都是以「仁」爲依據。

在道德思想的層面上，孟子的「仁」是指涉人與人彼此交接時所表現出來的所有的美好與善的行爲，如愛人、明智且合宜的行爲，以及尊敬人的行爲等等，在此，孟子認爲人在羣體當中與人交接而能表現出美好與善的行爲才是人「異於禽獸」的本質所在。關於這一點，孟子是承繼了孔子的道德理念。然而，孔子在思索「仁」的義涵上，是直接從人的行動上，提出這行動的合宜合理的實踐方向，所以「仁」是「己所不欲，勿施於人」或「己立而立人，己達而達人」，或者「義之與此」的「中庸」的義涵。在孟子，「仁」的觀念不純粹祇是指涉人的行動本身的意義，透過他思想的轉化，「仁」凸顯出人之道德主體的意義，「仁」做爲人之道德主體的義涵，是指向孟子所提出來的「惻隱之心」「羞惡之心」「是非之心」與「恭敬之心」的所謂「四端之心」。孟子在此認爲：人做爲人皆有此「道德主體」的「心」在，他說：「口之於味也，有同耆焉；耳之於聲也，有同聽焉；目之於色也，有同美焉。至於心，獨無所同然乎？心之所同然者何也？謂理也，義也。」（註八一）因此，不論是勞心者或勞力者，不論人置於社會等級階層中的位置是甚麼，他都具有此道德主體的「心」在。順此理路，我們或許可說：孟子雖然沒有提出人之政治或社會之地位平等的概念，但是，從他所揭櫫的道德主體之「心」的理念來說，人是平等的。就此也可以說明他的政治理論之所以深具「平民」之特性的理由所在。

關於「心」，孟子說：「耳目之官不思，而蔽於物。物交物，則引之而已矣。心之官則思，思則得之。不思則不得也。此天之所與我者。先立乎其大者，則其小者不能奪也。此爲大人而已矣。」（註八二）從這段話來看，孟子所說的「心」的作用是在於「思」，或者說是「思考」，但在這裏，依孟子思想的理路，「思考」並非意指人在認識外在事物時，分立思想主體與認識客體的認知作用。若從他所提的「仁義禮智，非由外鑠我也，我固有之也，弗思耳矣。」（註八三）的言論來說，孟子的「心」不是指人認知外在事物而獲得事物之知識的理知能力，而是指人生活在羣體中對於道德價值有一種自發的體會或瞭解的能力，依孟子的用語來講，它卽是「良知」「良能」。他說：「人之所不學而能者，其良能也；所不慮而知者，其良知也。孩提之童無不知愛其親者，及其長也，無不知敬其兄也。親親，仁也，敬長，義也；無他，達之天下也。」關於這「心」的義涵，孟子尙且以「牛山之木嘗美矣」的譬喻來加以說明，他認爲人的本性（卽他所說的「人之情」），就像是那還未遭受「斧斤伐之」、「牛羊又從而牧之」以前的「牛山之木」的情景，是在於未受物慾「梏亡之矣」的，如「平旦之氣」那麼清朗的「仁義」之「良心」（註八四）。就此，孟子是以人自然自發的，非由外在塑造的道德良知良能來凸顯人之「性」。

從是觀之，孟子所揭之「心」的作用遂是一種人之自我的反省作用，誠如他所說的「反身而誠」的作用，人透過此種「心」的反省作用，使這道德良知能顯現出來；人的道德實踐，卽是時時刻刻操作此「心」的思考機能，以保握住道德良知，孟子引一譬喻來說明：「山徑之蹊，間介然用之而成路；爲間不用，則茅塞之矣。今茅塞子之心矣」（註八五）。如果人不時時刻刻操作此「心」的思考機能（所謂孟子說的「不養其心」），那麼，道德的良知良能就被「茅塞之矣」，就被蒙蔽了。

「心」的反省作用具體的表現是在於自我的批判，關於此，孟子很自明地說：

「君子所以異於人者，以其存心也。君子以仁存心，以禮存心。仁者愛人，有禮者敬人。愛人者，人恒愛之；敬人者，人恒敬之。有人於此，其待我以橫逆，則君子必自反也；我必不仁也，必無禮也。此物奚宜至哉？其自反而仁矣，自反而有禮矣，其橫逆由是也，君子必自反也，我

必不忠，自反而忠，其橫逆由是也，君子曰：此亦妄人也已。如此，則與禽獸奚擇哉？於禽獸又何難焉？」（註八六）

反省的自我批判是當人與人交接溝通發生問題，或者說產生爭端或衝突時，使這問題有一種合理之出路的理性上的保證。依上面引述的言論，我跟他人交往時，遇到別人待我蠻橫無理時，我必須退而獨自地反省，再而三之，若他人依然如故，那麼，我可以捨棄或不理會此人。由此，可以看出：人與人之間的交往是互為主體的，即所謂孟子說的：「仁者，人也。」（註八七），若在交往上，出了衝突或爭端，祇靠我個人的反省是不足的。其次，就「心」的反省的自我批判對個人的道德實踐的作用來看，人透過「心」的反省的自我批判，由於能夠時時把握住「良知良能」的「本心」，因此可以防範人做出邪惡的事情出來，依此來看，「心」的反省是「惡」的制動器。一位不作惡事的人當然難免會遭蠻橫無理之惡事的對待，但是，從「心」的反省的道德實踐來說，忍受惡行的痛苦是比去做出惡行來得好，因為，「行有不慊於心」（註八八），人就愧對自己本身的「良心」，而無法獲得內在的和諧。依道德人格而論，人內在良心的衝突與掙困是比遭受外在惡事的打擊更為痛苦，因為遭受外在惡事的打擊，人尚能保持其人格的完整合一，但，做出邪惡的事而有愧良知時，人無法面對自己，人的內在遂形成一無盡之爭困的戰場。當孟子說人有三大樂，而「仰不愧於天，俯不怍於人」是一大樂時，正透露出人因此種道德實踐而保持道德人格之完整性，而所得來的「至福」之樂。

人之「心」的反省作用除了有上述較為消極的義涵之外，它還具有一種積極的作用，那就是：透過「心」的反省的自我批判，人可以表現出勇敢的道德實踐，誠如孟子所說的：「自反而不縮，雖褐寬博，吾不惴焉；自反而縮，雖千萬人，吾往矣。」（註八九）此種勇敢的道德實踐，發揮到極至，甚至都可以捨棄自己的生命。在此，我們可以說：人之「心」的反省甚至可以衝破人羣中爲一般人所認定的規範，而對社會約定俗成的風俗規範有一定的批判作用：

淳于髡曰：男女授受不親，禮與？

孟子曰：禮也。

曰：嫂溺，則援之以手乎？

曰：嫂溺不援，是豺狼也。男女授受不親，禮也；嫂溺，援之以手者，權也。

曰：今天下溺矣，夫子不援，何也？

曰：天下溺，援之以道；嫂溺，援之以手——子欲手援天下乎？（註九〇）

孔子思想中的「仁」與「禮」的緊張，在孟子的思想裏，多少有了舒解。依孟子的想法，社羣裏那由歷史演化出來的一般的禮俗或約定俗成的規範是人道德行爲的重要資源，人不可能脫離羣體而生活，從他出生到成長的過程當中，他的思想與行爲就受到整個社羣之禮俗或規範的薰陶；但是，由於社會的禮俗或規範是從外在來的，人的行爲如果全然依循這一套外來的禮俗或規範，那麼，表現出來的行爲與人格，就會是：「行何爲踽踽涼涼？生斯世也，爲斯世也，善斯可矣。」的「閹然媚於世也者」的「鄉愿」（註九一）的行爲與人格。更詳細的來說，此種人格與行爲是「非之無舉也，刺之無刺也，同乎流俗，合乎汚世，居之似忠信，行之似廉絜，衆皆悅之，自以爲是」（註九二）。孟子之所以嚴厲批判此種「鄉愿」，若從孟子道德思想的理路來瞭解，或許可以解釋說：「鄉愿」的人格與行爲是全然順服於外在的社會的禮俗或規範，而對他所接受的禮俗或規範是否合理正當，缺少了理性的反省，此種行爲遂是一種無反省之自覺的行爲。

由上面的分析，孟子跟孔子一樣雖然都是尊重社會的禮俗或規範，但是，孟子並不認爲爲人羣所認定的禮俗或規範是絕對正確有效的。因此，這些禮俗或規範一經人之「心」的反省，而顯現出它的謬誤或無效性時，人是可以否定它們。順此理路，我們可以說：孟子繼承了孔子的理念而更明白地表示：超越於人羣社會的禮俗或規範之上的有一更高層次的，而且是普遍意義的「仁」和「義」的設準。由這設準來指引人羣社會的禮俗或規範的方向。因此，「嫂溺水」時，人可以違反「男女授受不親」的禮俗，伸手去救助她；當整個人羣社會走向一非理性、無人性的途徑上時，人可以有批判它、引導它的可能性。

關於這超越性的與普遍性的「仁」和「義」的設準，我們不免有一問題，那就是，這設準是否像規矩方圓一般有明確的尺度？依以上我們對孟子之「心」的觀念的分析，孟子是透過人之本質的思想路徑提出「本心」之「良知良能」的觀念，藉此觀念來給人的價值有道德行爲提供一自覺的基礎。順此理路，這具超越義和普遍義的「仁」和「義」的設準並不像法令規章或方圓規矩一般，有著明確的尺度。就做爲所有道德行爲的自覺的基礎來說，它祇指出人道德行爲的方向，但並沒有規定這行爲本身。職是之故，它沒有界線，也不能說是一具體的行動目標，以這種義涵來說，道德的實踐是無止無境的，借用孔子的話，「君子行仁，無終食之間違仁，顛沛必於是，造次必於是」，它的意義就具體地表現在這不斷地爲道德本身之緣故，而非求得某種具體的成果（如名譽或利益）的實踐作爲當中。所以，「君子所性，仁義禮智根於心，其生色也睟然，見於面，盎於背，施於四體，四體不言而喻。」（註九三）一位不斷實踐道德的君子，之所以能如此，是因爲「仁」和「義」的設準他的身上具體地表現出來。

在證成這超越義和普遍義的「仁」和「義」的設準，誠如以上的分析，孟子是訴諸人普遍具有的、天生固有的道德良知；每一個人透過這種道德良知的反省批判作用，可以免除非道德性或邪惡之行爲的發生，甚至可以突破社會的禮俗或規範，勇敢地實踐高尙美好之道德行爲。然而，訴諸人之道德良知的反省批判而表現出來的道德行爲是否是主觀性的、任意的行爲？或者說，良知的反省能否保證道德行爲的客觀有效性？對孟子的道德理念提出以上的問題，是基於闡釋上的理由：孟子是把人的道德行爲奠定在「良知良能」之自覺反省的「心」上。據我們以上的分析與說明，人透過良知良能之「心」的反省批判作用，可以指出行爲的合理合宜的方向。但由於這反省的批判，如果從我們對反省之批判的作用來看，是表現其作用於「肅清」的工作上，也就是說，在個人的行爲或外在的規範發生問題時，「心」的反省批判是對這行爲或規範暫時地「存疑」，或者說，暫時性地「否定」它們，而尋求它們的義蘊與未明示的基本設定，依此，尋究其合理正當性。然而，「心」的反省批判，就此來看，並無法提供像規矩方圓一般的尺度，而具體地判斷行爲與外在規範的合理合宜性，既是如此，如果我們說它可以指出行爲的合理合宜的方向，那麼，人憑藉甚麼知道方向的合理合宜性。用孟子的語詞來講，當人「反身而誠」時，他憑藉甚麼能知道「誠」呢？更甚者，由於反省是訴諸個人的良知良能，或者所謂「良心」，如此，據此反省的道德行爲憑甚麼有一客觀有效性的保證，而使這行爲不會滑落成爲「道德獨我論」呢？

關於這些問題，如果我們從孟子道德思想的理路求其答案，我們或許可以說：孟子是從人之「性」的思考路徑提出他的觀點。對於孟子思想中所表現出來的有關人之「性」的觀念，我們在此不以觀念史的進路去釐淸它的義蘊。而祇就〔孟子〕一書的思想脈絡加以理解。在〔孟子〕一書中，關於「性」的觀念，有以下的一段言論，孟子說：

「口之於味也，目之於色也，耳之於聲也，鼻之於臭也，四肢於安佚也，性也，有命焉，君子不謂性也。仁之於父子也，義之於君臣也，禮之於賓主也，知之於賢者也，聖人之於天道也，命也，有性焉，君子不謂命也。（註九四）

這段文字是辨別「性」與「命」的義涵。依它的思想理路來看，孟子是把人的官能之作用與本能的需求看成爲人之「性」，是與人的生命天生固有的，所謂與生俱有；然而，人是否能使這些官能之作用完全實現，以及是否能完全滿足這些本能之需求，是依賴於那常常爲人自己無法完全掌握的外在條件，所謂「求在外者也」，「得之有命也」（註九五）。至於「仁」、「義」、「禮」和「知」的道德行爲，孟子也以「命」的觀念來說明，其理由在於：依這段文字的脈絡，此「命」的觀念是指涉「限定」的意義。仁義和禮的道德行爲落實在社會制度的層面上，則「仁」的道德行爲是特別地限定在父子的關係中，「義」則限定在君臣的關係，而「禮」則限定在賓主的關係中；至於「知」的智慧是特別在賢者的身上才能表現，而對於「天道」的體認則非超凡之「聖人」則不可了。

然而，仁、義、禮或「知」，甚至是「天道」的體證並非祇限定在特殊的社會制度的層面上，或特殊的某位人身上，也就是說，這些在社會制度層面上或在特殊的人身上所表現出來的道德行爲都有其人「性」的根基，就此，孟子以「有性焉」來說明。依此分析來說，孟子在運用「性」這個概念時，是指涉了與生俱有的、自然而有的意義。此「性」表現在人身上者，一方面是指人天生固有的官能作用與本能的需求，另一方面則是指人天生固有的道德良知良能的「本心」（註九六）關於此，孟子說：

「口之於味也，有同耆焉；耳之能於聲也，有同聽焉；目之於色也，有同美焉。至於心，獨無價同然乎？心之所同然者何也？謂理也，義也。」（註九七）

道德的良知良能（所謂的「本心」）是跟耳目口等官能的作用同樣地自然自發；不分地域、不分社會階層，祇要是人，都共同俱有道德良知的「本心」，就如同他具有感覺的官能與一些本能的需求一樣，同樣是自發自然，不必靠後天的塑造或培育就存在著。而這爲每個人都秉具的「本心」，依孟子的觀點，共同表現出來的實質內涵卽是「理」與「義」；也就是說，人對於甚麼是合宜合理之事，天生就具有辨認的能力。因爲道德良知的「理知」能力是人普遍天生具有的，因此，人置身於一特殊的處境，臨遇一特殊的事件，他是不必透過言語或概念的論辯，就自然地意會到合理合宜之作爲是甚麼。以孟子所擧的例子來說明，當一個人看到一小孩子將落下水中時，他當下就會伸出手去救援他，而他伸手求援小孩的這件事不祇是他認爲是正當的，凡是人都會認爲是正當的。如此，道德的認知與實踐並非是我個人的，並非是獨斷的、任意的，反而是具有普遍性的、穩固之基礎的認知和實踐。職是之故，凡是人，祇要忠實其「本心」，時時刻刻透過反省的自我批判而把握住「本心」不放，這樣的反省就能保證其道德行爲的普遍客觀的正當性，這正是孟子所說的「誠者，天之道也」，以及「盡其心者，知其性也。知其性，則知天矣。」（註九九）的言論的義蘊所在。

透過以上的分析，我們可以說孟子的道德思想的重心所在卽是把道德的實踐跟人的良知良心的「理知」作用相關聯在一起，而且正面積極地凸顯人內在之「心」在人的道德實踐中的地位。在這兒，之所以較詳盡地分析孟子的道德觀念，其主要理由是孟子在思索人羣社會的秩序的問題時，把此種「道德的理智論」的觀念應用於他的政治思考當中，而開啓了儒家思想中的「德治」的方向。

在政治的層面上，孟子並沒有考量「仁」和「義」或良知之「心」的有效範圍，他把自己對個人道德實踐的意義所思索到的理念推廣到人羣的政治的範圍裏。上面，我們已提到過，孟子在思考有關人羣之秩序的政治問題時，依他所處的歷史環境，基本上是承認當時整個民族所發展出來的「一人之治」的中央集權制的存在性，而孟子在思想上所做的努力卽是思考如何把此一體制引導向一合理性的途徑上發展。職是之故，他思索問題的途徑是一位國君或國家的最高統治者應當如何做，以及應表現出甚麼人格才能稱得上是一位合格的國君？關於這些問題，孟子思索的理路是依循其思索道德實踐之意義的途徑。

首先，他把利益的盤算排除在政治活動的領域之外，在這裏，孟子的意思並不是說：國家的政治治理的方向不在於建立起一個豐富的物質生活的環境，或者並不考慮人民的物質生活的問題。在孟子的政治思想裏，讓人民擁有一定的私人財產，所謂「有恒產」，使人民的基本的物質生活需要能被滿足，讓人民「樂歲終身飽，凶年免於死亡」（註一〇〇），是所謂「王政」或「仁政」的開端。從是觀之，孟子排除利益之盤算，其出發點是在於他對人在政治活動的領域裏人與人之間的交接原則所抱持的理念，如果說道德實踐的內在意義是人時時反省其道德良知，而臻於「反身而誠」的忠實於個人良知的層面，繼而以實際的行動表現此種良知的誠意，那麼，道德實踐自然而然地就不包含著外於道德行爲的實際利益的考慮。在思考合理的政治關係這主題上，孟子是把道德思考的理路應用於其上。

從人在政治活動的領域裏人彼此間的關係來說，孟子認爲利益的盤算是造成人與人之間相互疏離相互衝突的最主要因素，利益的傾軋促使政治與社會秩序的瓦解。在答覆梁惠王的「有以利吾國乎？」的問題時，孟子指陳以利益的取向的政治態度的危險性，他說：「上下交征利而國危矣，萬乘之國，弒其君者，必千乘之家；千乘之國，弒其君者，必百乘之家。萬取千焉，千取百焉，不爲不多矣。苟爲後義而先利，不奪不饜。」（註一〇一）在此，孟子是說明人的利益的需求是無止限的，它是跟人的本能慾望相對應的，因此，把過無止限的利益的需求當成爲人在公衆領域裏相互交接的基本態度，最後是「不奪不饜」，而造成無終無盡的紛爭、戰爭和災難，就此，國家社會的秩序勢必蕩然無存，他說：「爲人臣者懷利以事其君，爲人子者懷利以事其父，爲人弟者懷利以事其兄，是君臣、父子，兄弟終去仁義，懷利以相接，然而不亡者，未之有也。」（註一〇二）

孟子跟荀子和韓非子一樣，處於暴虐之爭鬥與戰爭頻繁的時代中，都看出利益的動機是人行爲的重要動力，而且利益的追逐是帶來無窮的傾軋與戰亂，結果是使一個和諧合理的人羣秩序無法被建立起來。對於這利益所造成的問題，孟子所採取的解決的途徑是試圖以仁義的道德來馴服人的利益欲求，順此思想理路，孟子的政治理論明顯地表現出「政治道德化」的特質。換言之，孟子是試圖以個人道德實踐的「仁」和「義」的原則來當作政治治理的根本原則。因此，「爲人臣者懷仁義以事其君，爲人子者懷仁義以事其父，爲人弟者懷仁義以事其兄，是君臣，父子，兄弟去利，懷仁義以相接也，然而不王者，未之有也，何必曰利。」（註一〇三）在仁義的道德原則的引導底下，孟子是相信人可以建立起人彼此之間相互信賴，相互尊重的合理和諧的社會和政治的秩序。

但是，由於孟子承認當時「一人之治」的政治體制，因此，人羣要能建立起一人與人彼此間相互信賴的和諧合理的秩序，必然地，其首要的條件還在於國君一人身上。在此，孟子認爲一位能維繫或建立一個合諧合理之秩序的國君，必須是一位有「不忍人之心」的，表現出「仁」與「義」之道德行爲與人格的國君，他說：

「君仁，莫不仁；君義，莫不義；君正，莫不正，一正君而國定矣。」（註一〇四）

孟子是以仁義道德的尺度來衡量一位國君，而這一道德的尺度甚至是相當嚴格的：「行一不義，殺一不辜，而得天下，皆不爲也。」（註一〇五）這一嚴格的道德尺度也正表現出先秦儒家的批判精神。既然國家的和諧安定是攬繫於國君的仁義的道德行爲和人格上，那麼，具體地來說，在政治治理上，國君必須如何做，才能是一位仁義的國君呢？

對於這個問題，簡要地來說，一個推行「德治」的國君才算是一位仁義的國君。當齊宣王問孟子：「德何如則可以王矣？」時，孟子簡要地說：「保民而王，莫之能禦。」（註一〇六）而「保民而王」的政治治理方向的基礎卽是他所說的「推恩足以保四海，不推恩無以保妻子。古之人所以大過人者，無他焉，善推其所爲而已矣。」（註一〇七），卽是以「推恩」的心態爲定向。在此，孟子認爲一位國君能體會到自己的道德良知，且能夠把此道德良知推展到他所統治的人民的身上，就有能力實施「保民」的政治政策。

這「保民」的政治政策的綱領卽是首先能使人民能保有一定程度的私有財產，而因此能滿足最起碼的物質生活的需求，正如孟子所說的「明君制民之產，必使仰足以事父母，俯足以畜妻子，樂歲終身飽，凶年免於死亡。」（註一〇八）依此，孟子規劃出來的人民的理想的生活環境卽是：「五畝之宅，樹之以桑，五十者可以衣帛矣。雞豚狗彘之畜，無失其時，七十者可以食肉矣。百畝之田，勿奪其時，數口之家可以無飢矣。」（註一〇九）

然而，人民能滿足基本物質生活的需求祇是建立起孟子所認爲的一道德的政治社會秩序的起碼條件而已，欲達成這樣的理想的人羣秩序的更重要的途徑，是國君必須對人民施於道德的教化，這教化的內容則是「謹庠序之教，申之以孝悌之義。」（註一一〇）透過道德的教化，讓「父子有親，君臣有義，夫婦有別，長幼有序，朋友有信」。這種「保民而王」的政治政策的綱領，從孟子對梁惠王所說的一段話中，更能清楚的表現出來；他對梁惠王說：即使一個國家的疆域祇有「方百里」的面積，但這個國家的國君如果能行「保民」的仁政的話，都可以擊潰當時秦楚的兩大強權，至於這「保民」的仁政的綱領則是：

「……省刑罰，薄稅斂，深耕易耨；壯者以暇日修其孝悌忠信，入以事其父兄，出以事其長上。」（註一一一）

孟子所企望建立起來的人羣的秩序，就其形式來說，是一個政治或社會階層分立清楚，而且人倫關係不紊亂的生活羣體；另外，從這秩序的內容來說，階層與階層之間以及人與人彼此之間的關係是以相互的尊重、愛意、公義和信用爲基本的紐帶。然而，依孟子思想的理路，這樣的一種秩序要能夠被建立起來的關鍵尚賴於一位有仁義的道德行爲與人格的國君。有這樣一位國君才能透過「仁政」的實際政策的實施，建立起一個和諧合理的道德秩序。但，這位理想的國君能有仁義的道德行爲和人格的表現乃在於他能充分體會他個人的道德良知。分析到此，可以看出：孟子把思想個人道德實踐之基礎的思考模式連貫地應用在人羣之秩序的建立之上。儒家學派中的「德治」與「人治」的理念，依以上的分析，是完成於孟子的思想。

對於孟子所發展完成的這一「秩序」的觀念，引發我們反省者，若從觀念史和思想史的角度來論析，倒不是在於反省或批判他混淆了「倫理的行爲」與「政治行爲」的區別（註一一二）。孟子生長的時代正値整個民族從封建城邦制發展成爲「一人之治」的中央集權制的時期，處身於其間，孟子基本上是承認這種體制的存在，而且提出「勞心者治人，勞力者治於人；治於人者食人，治人者食於人：天下之通義也」的社會分工的理論來合理化此種新興起的政治體制，然而，承認它的存在，並非表示孟子是肯定當時這政治體制的運作是合理性的。孟子提出來的許多言論，都是針對當時此種體制不合理之現象所做的批判，從其中，是可以看出孟子在思想的努力，是希望引導此體制往一合理性的途徑發展。關於孟子的此種思想上的努力，我們上面已提出，他是把思考的重心擺在是爲整個體制之樞紐的國君一人身上，他認爲整個體制是否運作得當完全繫之於國君的作爲。因此，一位合適得當的國君是甚麼的問題，在他所建立起來的政治理論中，是居於主導的地位。

對於這個問題，據我們以上的分析，孟子提出其答案的途徑是循經他思索人道德實踐之基礎的理路，而把道德良知之「心」的保持與否視之爲評斷國君的基本設準，因此，一位國君要有「不忍人」的道德良心才有「不忍人」的「仁政」的實施。另外，孟子也把他論證道德的理論模式廣泛地運用於建立起一合理的社會階層與人際關係的論證上。就此，孟子提出有關合理和諧之社會政治秩序的一基本人際關係的理念，那就是：人與人，以及社會或政治階層彼此間的交接關係不應該以利益爲導向，而應該以情愛、尊重、公義和信用爲原則。

從孟子所提出來的這些政治理念，是可以看出「道德之理想主義」的明顯性格。而且，也可以瞭解到孟子是試圖把政治道德化。然而，從當時民族的歷史處境，以及從日後思想的發展來看，孟子所提出來的這具高度「道德理想主義」的「政治道德化」的政治理論是具有它內在的問題。

首先，孟子要求國君必須是一位有道德良心而有「仁政」之實施的國君；在政治治理的層面上，這位國君就像是一位部落的族長或家族的家長一樣，對待他的臣民而必須有仁慈、恩惠、保育、照顧的心意和作為，處處為其子民著想，在這樣一位領導者的治理和領導底下，全體的人民必然會誠心誠意的服從他，「君行仁政，斯民親其上，死其長矣。」（註一一三）然而，對國君做這樣的道德上的訴求，依當時中央集權一人專制的政治體制的形成及其性格，孟子是否沒有正視到政治權力的本質或性格的問題？透過暴力或武力或政變所建立起來的政治權力是帶有強大的支配力與強烈的獨佔性格。關於這種問題，依孟子的思想理路，我們或許可以作如下的闡釋：孟子一方面是企求一位「先知先覺」的聖賢人物能成為政治的領導者，來建立起一個合理和諧的社會政治秩序，另一方面則相信由人「本心」或道德良知所產生的道德力量是可以馴服權力。

但是，這樣的言論由於無法正面面對著政治權力，因而無法探索它的本質，以及思索規約它的途徑，如是的言論遂祇能變成一種道德上的訴求。因此，若有一思想體系如韓非或法家，很現實地瞭解政治權力的本質是而且政治權力不關涉到任何仁義道德的考慮時，在於支配力，同時，也跟孟子一樣以「一人之治」的政治體別作為政治思考的背景，強調由國君或政治領導者來塑造一社會政治秩序時，孟子的這套「政治道德化」的理論就是顯得缺乏現實性的運作能力。

孟子也瞭解到所有的國君並不是每一位均如他所企求的，都是有不忍人之「仁心」與實行「仁政」的國君。然而，當一位國君是殘賊仁與義的「一夫」時，以孟子的政治理論來看，有甚麼途徑可以去規約這位國君呢？孟子抨擊戰國時期的各國國君大部分都是「爲之強戰爭地以戰，殺人盈野，爭城人戰，殺人盈城」，而且稱他們是謂「率土地而食人肉」，認爲他們「罪不容於死」（註一一四）。由於孟子的政治理論是肯定國君或政治的統治者，是全然負起一合理之人羣秩序得以建立起來的全部責任，但對於國君或政治統治者的權力，孟子祇試圖以道德的良知去馴服它或規約它，或者希望這位居整個人羣秩序之樞紐地位的國君是一位「先知先覺」的聖賢人物，換言之，孟子的關於國君之合格地位的思考是訴諸道德的途徑，而不是透過思考著如何防止國君之人格與權力敗壞的途徑，因此，當臨遇到國君並不是一位仁義之國君，或者面臨著一位殘賊仁義的「一夫」時，孟子所提出來的解決方式，即是撤換掉這位殘暴的國君，但是，以甚麼方式去撤換他呢？從孟子對周武王伐紂的這件歷史事件的評論來看（註一一五），孟子認爲人民用武力來討翻一位「率土地而食人肉」的暴君，是合法的。以武力來轉移政治權力，這種理念在以「一人之治」的政體爲基本結構的生活羣體中，是使政治權力有一合理之出路有一可能性，而孟子肯定人民有此種權利，部分地表示他「以民作主」的政治態度；但是，「以暴易暴」的途徑是否在政治上有一良好的結果？以道德爲取向的政治思考的模式因爲侷限在「人治」的範疇內，對於這樣的一些問題遂無法提出更富生機的解答。

另外一方面，以道德爲取向的思考模式是排斥行爲之利益的考慮，這也使得孟子無法正規利益在政治活動層面上的意義，由於對利益抱持著否定的態度，孟子的政治思想有一傾向，就誠如上面的分析，就是把人利益的欲求視之爲政治的傾軋與社會動亂的一重要因素；就此，孟子主張一合理和諧之政治社會秩序的成立的條件之一，即是人們不以利益的盤算或計算當作行爲的動機，而應該以仁與義作爲行爲的取向。然而，利益的傾軋既然是一確定的事實，而且利益的盤算與計量也是人行爲的基本動力之一，那麼，孟子的此種「何必曰利，仁義而已」的政治理論最後是否成爲一種「道德的呼籲」，而無法有效地排解人羣中利益的傾軋的問題？

由此觀之，繼孟子而起的荀子與韓非，當他們也同樣領會人之利益的慾求是社會和政治動亂的重要因素，而且他們以「人性」的論點，更強調說：人行爲的基本動力除了利益的追求而別無其他的，這時候，他們就自然地會提出下列的論證；利益的慾求既然是人羣之社會和政治動亂的重要因素，而且「人性」本身並沒有任何力量來消除利益的慾求，因此，爲求社會和政治的安定和穩定，就必須透過外在的強大的約制力量來壓抑或控制人的此種利益之慾求的動力。在此種論證的理路中，荀子提出了「禮」的約束，韓非提出了「法」的控制的觀念。

㈢荀子的「分義」之義涵的「禮」的觀念

從荀子的整體思想來看，他理論的重心是在於思索人羣的政治和社會秩序如何可能被建立的問題。依此種闡釋的路徑，如果說孟子主要是承繼了孔子的「仁」的觀念，而開啓了人之道德的良心，以做為人道德行動的自覺基礎；那麼，荀子則是承受孔子的「禮」和「正名」的理論，而開啟了「名分」義涵的「禮」的觀念，以及人性惡與人之「認知心」的理論。「名分」義涵的「禮」和人性惡與人之「認知心」構成了荀子的「秩序」理論的要素。

人是不能離羣索居的，荀子很明確地保握住了儒家學派的思想的這一基本設定，並且以這一思想的基本設定為出發點，營構了他的秩序的理論。關於人的羣體生活的重要性，荀子提出了如下的論證：

「水火有氣而無生，草木有生而無知，禽獸有知而無義；人有氣、有生、有知亦且有義，故最為天下貴也。力不若牛，走不若馬，而牛馬為用，何也？曰：人能羣，彼不能羣也。」（註一一六）

荀子的論證是從辯析人與禽獸的分野而開始的，他認為人在宇宙中是最尊貴的存有，而他在宇宙中之所以有這樣的地位，是因為他既有生命，而又有辨明是非之正當性的認知理性。但如此尊貴的存有，就他的力量來講，是比不上禽獸，而力氣不足於跟禽獸相比擬的人，卻能夠利用一切生物的力量，其主要的理由乃在於他能夠羣聚生活在一起。

但是，荀子在此所謂的羣居，並不意味人彼此間不相連屬地聚集在一起而已，人能夠形成一個羣體，這個羣體並非混然雜陳，而是具有一人倫的關係，以及具有一上下階層的分際，與各種不同的功能的職業層級相互連屬成一和諧的格局，這樣的一種格局，誠如他所分析的，是有「君臣、父子、兄弟、夫婦」的人倫的關係與上下階層的分際，以及有「農、士、工、商」的職業分工的層級。在荀子的思想觀念中，此種人倫的關係與上下的階層的分際是具有「貴賤之等，長幼之差，知愚，能不能之分」（註一一七）同時，人一進入這一羣居的生活結構中，則按其智慧的高下、能力的強弱，而各別地置之於這人羣的階層和層級當中，各安其份位、各盡其所能，依此各得其應得的報償，卽如荀子所說的「使人載其事而各得其宜，然後使穀祿多少厚薄之稱」，這也就是「羣居和一」的社會，若更詳盡地來看，卽是：

「農以力盡田，賈以察盡財，百工以巧盡械器。士大夫以上至於公侯莫不以仁厚知能盡官職。」（註一一八）

荀子所謂的人的羣居的生活形態，卽是上面所說的此種具分義之特質的形態。他認爲人生活於此種羣居的生活形態當中，人纔能夠羣策羣力，使衆人的力量凝結致一，而能控制萬物，利用萬物，形構出一文明的世界，就這一種秩序的觀點，他總結地說明道：

「人可以能羣？曰：分。分何以能行？曰：義。故義以分則和，和則一，一則多力，多力則彊，彊則勝物，故宮室可得而居也。故序四時，裁萬物，兼利天下，無它故焉。得之分義也。」（註一一九）

從以上的引言，可以明白地看出荀子的人羣秩序是由「分」與「義」爲條件而建立起來的；「分」卽是整齊劃一，界線清楚的上下階層等級的劃分與人倫的關係，而「義」卽是各階層等級的人各按其層級，做層級應做的事，也依其層級的名分與事情，各得相宜的報償。這樣的秩序卽是「禮」的秩序。

當中，此種「飢而欲飽，寒而欲暖，勞而欲休」的情性（註一二四）是人普遍秉具的。但人爲何有不同的道德人格的表現，會有堯、禹與桀跖的不同？依荀子的見解來說，卽是靠人生長過程當中良好之習慣的培養，而此種良好習慣之培養則靠風俗習慣的陶冶，他說：

「凡人有所一同：飢而欲食，寒而欲暖，勞而欲息，好利而惡害，是人之所生而有也，是無待而然者也，是禹、桀之所同也。目辨白黑美惡，耳辨音聲淸濁，口辨酸鹹甘苦，鼻辨芬芳腥臊，骨體膚理辨寒暑疾養，是又人之所生而有也，是無待而然者也，是禹、桀之所同也。可以爲堯、禹，可以爲桀、跖，可以爲工匠，可以爲農賈，在注錯習俗之所積耳。……禹、禹者，非生而具者也，夫起於變故，成乎修爲，待盡而後備者也。」（註一二五）

風俗習慣是人的生活羣體經過長時期的發展而形成的一套約定俗成的、爲人不明言、默識和承認的規範，在此，荀子的「禮」，如果是一套規範，而且要能夠有效地成爲約制人之行爲的準則或法度，那麼，荀子的「禮」在某種程度上必也含蘊此種風俗習慣的意義。如果說荀子的「禮」是含蘊了「風俗習慣」的意義，那麼，他是否承認風俗習慣的多元性？也就是說，每一個地區是否因其地理環境的差異與歷史發展的不同，而各有其不同的風俗習慣與民情？另外，從個人道德的角度來看，荀子是否認爲祇要人遵守「禮」的規範就有了道德行爲的表現？關於這些問題，依我們對荀子的思想的瞭解來看，他是承認風俗習慣因地區的不同而彼此有所差異，「譬之越人安越，楚人安楚」（註一二六），可是，在此荀子更強調風格習慣雖有多元性格，但是，風俗習慣有其優劣與好壞，或正當不正當之分別，而正當的風俗習慣是祇有一種，是唯一的，那就是他所建構與揭櫫的「禮」。依此觀點，因爲「禮」本身已包含了正當性，是故遵守「禮」的行爲也是道德的行爲。對於這些論點，荀子從「禮」的起源的這一取向，去舖陳其論證，現就此分析如下。

關於「禮」的起源，荀子有這樣的看法，他說：

「凡禮，事生，飾歡也；送死，飾哀也；祭祀，飾敬也；師旅，飾威也，是百王之所同，古今之所一也，未有知其所由來者也。」（註一二七）

這段言論除了說明「禮」對人的生活與行爲的「文飾」的功能，以及強調「禮」的恒定性之外，荀子認爲「禮」的來源是非常久遠，而使人無法瞭解其起源。從這樣的言論，我們可以看出：如果荀子把「禮」部分地視之爲人羣的風俗積習，那麼，荀子的風俗積習之義涵的「禮」是具「唯一」的性格。而且它的來由，我們是無法瞭解的。

然而，跟這樣的觀點並立的另一觀點，則是他所提出來的有關「禮」之「三本」的言論，他說：

「禮有三本：天地者，生之本也；先祖者，類之本也，君師者，治之本也。無天地，惡生？無先祖，惡出？無君師，惡治？」（註一二八）

沒有天地，則沒有宇宙間的任何生物得以生成；沒有祖先，就沒有人的族類或族羣；但沒有智慧超凡與道德高偉的領導者，則人羣不可能有和諧合理的秩序。在「禮」的這三種主要的來源當中，天地與先祖的論點祇是描述萬物與人生成的事實；論及人羣之「治」的和諧秩序的根源，則在於「君師」。

此義涵所謂「禮」的秩序及其規範的最重要的來源是在於智慧高超與道德高偉的某些特定的人物，換言話說，卽是「聖人」。荀子很明白說：

「天能生物，不能辨物也；地能載人，不能治人也；宇中萬物，生人之屬，待聖人然後分也。」（註一二九）

所謂「分」卽是人各得其位的「禮」的秩序結構及人各實行其分位的行爲的規範準則。荀子認爲人的生活世界中之所以會有此種秩序的結構及其規範的形成，完全是「聖人」營建制定出來的結果。

荀子一方面說「禮」的起源，是「未有知其所由來者也」；另一方面却堅持「禮」是由「聖人」營建制定出來的結果。這樣的論點顯然是相矛盾的。那麼，在此，引起我們興趣的問題，則是它爲何出現於荀子的思想體系裏？關於荀子思想中的這種矛盾，我們可以解釋說：荀子一方面認爲「禮」是跟自然義涵之「天」的律則相同一的，是恒定的，終久不變的，如此看來，如果說人的智能祇知瞭解「天」的規律而無法瞭解其根源，那麼，跟「天」的律則相類似的「禮」，人也祇能認知其結構以及掌握那維持它存在的規範，而無法探知其根源。然而，另一方面，在思索人的羣體如何形成的這問題上，荀子從他堅持的「性惡論」，是無法尋求其合理的答案。然而荀子必須思索這問題，若從他的思想脈絡來說，這是因爲「禮」的意義指涉了人的羣體的秩序生活的形態。如果人羣如何形成的問題無法有一合理的答案，那麼，就無任何基礎去說明「禮」的意義。關於這一點，我們從荀子的「人性論」爲出發點，提出可能的解釋觀點。

依荀子的「人性論」的觀點，上面我們已論析過，荀子認爲人的本性祇是具生物之義涵的自我保存的自利的本能與耳目官能之慾望。把人這樣的本性擺在人形成羣體的過程來看，我們可以說：人根本沒有任何的可能性形成一種羣體，因爲祇秉具著動物性之本能慾望的人，彼此之間一旦相交接，必然會產生慾望之追求而所帶來的矛盾衝突。誠如荀子所描述的：「人生而有欲，欲而不得，則不能無求，求而無度量分界，則不能不爭，爭則亂，亂則窮。」（註一三〇）更進一步地，依荀子對「性」的看法來論析，荀子認爲「凡性者，天之就也，不可學，不可事」（註一三一）也就是說，人秉具的此種動物性的本能慾望是「不可去」（註一三二）不可能被根除的。就此論之，人一相交接時，因爲本能之慾而造成的紛爭，根本就沒有被化解的可能性。既是如此，由於人的本性中無任何潛在的能力可以使人們相互協調合作，那麼人彼此之間根本沒有任何可能性，而可以聯結成一羣體。

荀子的此種論證模式跟墨子在思索人之國家體制如何可能形成所舖陳的論證，是有極爲類似的地方。墨子是認爲：人因思想觀點的歧異而起紛爭之後，爲解決此一紛爭，人祇得共同推舉一共同認定的領導者。在此，墨子的這位人羣的領導者由於是人共同推舉出來的，因此墨子的理論尚且預設：人至少還有透過協調或溝通的途徑，以取得一致性之意見的可能性，這也是因爲他在思考人的羣體之所以形成的理由時，是以人之思想觀點的彼此分歧爲出發點的。然而，荀子是以他所提的具生物之義涵的人性論的立場，而思考「禮」的秩序結構和規範得以形成的理由。在此，出自於人之本能慾望的需求是無限制的、無止境的，也可以說是無理性的，因此，人由本能慾望所起的紛爭本身也是無止境的、無理性的；更重要的是，這種因慾望所起的紛爭根本無被化解的可能。同時，荀子關於人性所提出的論點除了動物性的本能慾望之外，也提出「凡以知，人之性也」（註一三三）的人理知的能力的觀點，荀子在「解蔽」篇裏是提出了有關人之認知能力的精微分析的觀點，但是，依據我們對荀子之「心」的觀念的瞭解，人之「心」本身並無創造任何價值的能力，人之「心」祇能理解或辨知既成的價值理念或秩序或事物之理則。職是之故，荀子在思索人的秩序結構及其規範時，因爲他所揭櫫的「人性論」的限制，遂無法從人本身去尋求到「禮」之秩序的結構及其規範的根源。就此，他必須預設一位超越人之上的「聖者」之人物來做爲「禮」之秩序結構及其規範得以成立的理由。關於此，荀子說：

「古者聖人以人之性惡，以爲偏險而不正，悖亂而不治，故爲之立君上之勢以臨之，明禮義以化之，起法正以治之，重刑罰以禁之，使天下皆出於治，合於善也。是聖王之治而禮義之化也。」（註一三四）

也就是說：「凡禮義者，是生於聖人之僞，非故生於人之性也」（註一三五），總體來說，人的羣體生活的秩序結構及其規範並不是源生於人的本性，而是靠智慧與道德超凡的「聖人」或「先王」或「明王」營構建立起來。

對於荀子的這樣的理論，當時有人提出了詰難：「禮義積僞者，是人之性，故聖人能生之也。」換句話說，人性既然祇是動物性的本能，那麼，天地人間如何可能出現一位「聖人」替人制定一套秩序的規範與秩序的結構？荀子對此詰難，他的答辯是：

「夫陶人埏埴而生瓦，然則瓦埴豈陶人之性也哉？工人斲木而生器，然則器木豈工人之性也哉？夫聖人之於禮義也，辟則陶埏而生之也。然則禮義積僞者，豈人之本性也哉？」（註一三六）

這段答辯並沒有眞正答覆問題。陶土能成爲瓦埴是靠陶匠的塑造，陶土本身並無法成爲瓦埴，必然靠一位製造匠，方可；因此塑造陶土的工匠跟陶土並不同性。從是觀之，靠這秉具著生物本能的人無法自成一合理和諧的秩序結構，以及制定秩序的規範，「禮義」是靠一位跟人不同本性的「聖人」的塑造與制定，方可能被形成。最後，荀子還是抱持著他的看法：「然則聖人之於禮義積僞也，亦猶陶埏而生之也。用此觀之，然則，禮義積僞者，豈人之性也哉？」（註一三七）

荀子的「禮」之源起的理論爲何有產生此種疑難呢？如果我們順著荀子的思想脈絡來論析，則可以解釋說：荀子在構思人羣秩序的結構及其規範的意義和源起時，是把人塑造器物的營構能力當作隱喻（metaphor），而應用於人形成秩序與規範的現象上。換句話說，荀子是認爲：人在形成其秩序的結構及其規範的過程，就好像是一位工匠在製造器物的過程，關於此，他說：

「故拘木必將待檃栝烝矯然後直，鈍金必將待礱厲然後利。今人之性惡，必將待師法然後正，得禮義然後治。今人無師法，則偏險而不正；無禮義，則悖亂而不治。古者聖王以人人之性惡，以爲偏險而不正，悖亂而不治，是以爲之起禮樂、制法度，以矯飾人之情性而正之，以擾化之情性而導之也。」（註一三八）

依此來看，人就像是一塊彎曲的木料，必須等待一位超越人之上的「聖賢人物」的烝矯、塑造才能成爲一件美好的器物。從思想史的角度來看，這種論證的模式往後示出現在韓非論析「法」的思想觀念當中，不同的是：荀子的論證含蘊著道德的考慮在內，而韓非則完全肅清此道德的質素。

荀子把人製造器物的作爲應用於人秩序的結構及其規範的形構上，這種論證的方式本來是含蘊著濃厚的「人本主義」的色彩，在荀子的思想當中，有一極富開創性的概念，這卽是他極力分辨「天人之際」的觀念。對於「天」，荀子剝除了上古時期的人格化的神秘和迷信的色彩，而把「天」視之爲「（人）皆知其所以成，莫知其無形」的有一定變化律則的「自然」，強調「自然」與「人爲」之間的分野，肯定人之作爲的力量和效能，他說：

「若夫志意修，德行厚，知慮明，生於今而志乎古，則是其在我者也。故君子敬其在己者，而不慕在天者。」（註一三九）

這樣的理論一方面肯定人以他的行動智慧可以支配天地役使或運用萬物，所謂「天地官而萬物役」，另一方面則強調人間世的治亂是人行爲的結果，對人世的一切福禍治亂，人應負擔其原因與結果的責任。

從是觀之，荀子會提出人爲構造的秩序理論是有他這種分辨「天人之際」的思想脈絡的。順此思想的理路，荀子可能會提出如此的論點：人羣秩序的結構及其規範旣然是人爲構成的，那麼，人遇到這結構與規範有不合理的或非人性的蔽端時，他也可以透過自己的行動力量去矯正它。然而，荀子爲了執守其「人性論」的解釋的一貫性，在解決其「禮」的起源一問題上，無法從人本身尋找到「禮」

起源的基礎，再加上以人製造器物的營構行爲來論證「禮」的意義，如此一來，最後解決此問題的出路祇得是以一超越人之上的「聖人」來作爲「禮」的秩序結構及其規範的起源者。訴諸此種解決問題的途徑，而所帶來的思想的結果則是：使得這「人爲構造」出來的「禮」的秩序結構及其規範具有「神聖不可侵犯」的性質。爲了強化「禮」的神聖不可侵犯的權威性，荀子也把那被他剝除了人格化之神秘和迷信的「天」的觀念應用於其上，他說：

「天地以合，日月以明，同時以序，星辰以行，江河以流，萬物以昌，好惡以節，喜怒以當，以爲下則順，以爲上則明，萬變而不亂，貳之則喪也。禮豈不至矣哉！」（註一四〇）

天地日月、星辰時節的運行是有一定的、恒常的秩序和規律，而這「人爲構造」出來的「禮」的秩序結構及其規範正是代表著天地自然的這一恒常的秩序和規律。如此，「禮」是一而不變的，古今同理的。這也正意謂著這樣的一套「禮」的秩序結構及其規範是至善至美的，人與羣體的生活要有意義就必須相信且接受它。在荀子的人性論裏，由於人本身並沒有任何使他成爲有道德行爲實踐的任何能力，因此，能夠使人有道德行爲的表現而使生命有意義的唯一道路，即是全然接受這一套爲「聖人」所架構出來的秩序的結構及其規範；而全然的相信與接受卽是人不能去批判它或反省它。就此，荀子把人生命與羣體的意義和價值的準則就設定在「禮」之上，關於此，他說：

「故繩墨誠陳矣，則不可欺以曲直；衡誠縣矣，則不可欺以輕重；規矩誠設矣，則不可欺以方圓；君子審於禮，則不可欺以詐僞。故繩者，直之至；衡者，平之至；規矩者，方圓之至；禮者，人道之極也。然而不法禮，不足禮，謂之無方之民；法禮，足禮，謂之有方之士。禮之中焉能思索，謂之能慮；禮之中焉能勿易，謂之能固。能慮，能固，加好之者焉，斯聖人矣。故天者，高之極也；地者，下之極也；無窮者，廣之極也；聖人者，道之極也。故學者，固學爲聖人也，非特學爲無方之民也。」（註一四一）

這段言論正是荀子的「禮至上論」的宣言，也可以是總結地說明了荀子的「禮」的觀念的義涵。

透過以上的分析，荀子的秩序觀念是建立在「禮」之上的秩序，「禮」支配了人及其羣體的各個生活與活動的層面，透過「禮」的支配，個人才有道德的生活，羣體才有和諧合理的秩序。

從個人的道德實踐來說，荀子跟孔子與孟子一樣，認爲人生命的意義在於道德的實踐，在於人成就自己成爲一位君子，但，荀子以人的生物本能來看待人之本質，因此，道德實踐之所以成爲可能不在於人主體性的道德良知，而是透過對客觀之道德法則的「禮」的認知與執守。「禮」能作爲一種道德法則，是因爲它秉具著「繼長續短，損有餘，益不足，達愛敬之文，而滋成行義之美者也。」（註一四二）的性格，也就是說，「禮」秉具著「正當性」之「義」的性格。人之情感時常有走向極端方向的傾向，透過這具「正當性」之道德法則的制衡，可使人之情感在相反的兩極中，取得「中和」的和諧。就「禮」在個人道德實踐所發揮的作用來看，荀子是承繼了孔子的「義」和「中庸」的道德觀點，而更切實地落實在社會制度的層面上，來說明這道德實踐的客觀條件。

以人的道德實踐與「禮」彼此之間的關係來講，荀子是認爲遵守「禮」，人的道德實踐方成其爲可能。然而，荀子的「禮」是由一位超越人之上的「聖人」所制定的，因而具神聖不可侵犯的權威性，因此，遵守「禮」，卽是全然受「禮」的支配。同時，荀子肯定人的本性僅僅衹是動物性的本能，他所強調的人之「心」的理知能力，其作用也僅止於一種對外在客觀事物的秩序的沉思冥想，而反映客觀世界的秩序，這卽是如他所說的「兼陳萬物而中縣衡焉。是故衆異不得相蔽以亂其倫。」（註一四三）用此觀之，荀子的「心」祇是被用來當作認識「禮」與遵守「禮」的工具，也因此，這本然爲中性的「心」的理知能力也就具有「道德的意義」；但，由於他沒有辨明事實的認知與道德之決定兩者的區分，因此，儘管荀子說「心」的作用發揮到極至，臻於「虛壹而靜」的「大清明」的境界時，「萬物莫形而不見，莫見而不論，莫論而失位，坐於室而見四海。處於今而論久遠，疏觀萬物而知其情，參稽治亂而通其度，經緯天地而材官萬物，則割大理而宇宙理矣。」這「心」的作用也祇是在於掌握客觀事物的理則，進而能控制它；若把這作用放在人的生活世界來看，那麼，它的作用也祇是反映荀子的「禮」的秩序和規範，繼而使人知道他在整個人間秩序結構中的合宜的地位，以及使他的行爲不會偏離秩序的規範，他說：「心知道然後可道。可道然後守道以禁非道，以其可道之心取人，則合於道人而不合於不道之人矣。以其可道之心與道人論非道，治之要也。」（註一四四）如果說荀子的「心」有判斷的機能，這判斷也僅止於裁定何者合乎「禮」，何者不合乎「禮」，在此，荀子必須預設這個「禮」的秩序結構及其規範是恒定不變的，不但如此，是永恒地正確合理性的。

荀子把「禮」永恒化與神聖化，這種思想可能帶來的結果是：人的道德實踐變成依據外在於他的規律而爲的行動，成爲一種「他律性」的道德實踐。同時，由於荀子賦予「禮」的秩序結構及其規範一種神聖的權威性，這種「禮」就不容許人的批判，不容許人的調整與修正，就此來看，這種「禮」一越離其個人道德實踐的範圍而落置於政治層面上運作時，就很容易狹含著強大的支配力來控制人的行爲。如此，「禮」的秩序很容易形成一封閉的秩序。而從荀子的政治論點及其論證的模式來看，他的「禮」的思想是有這種轉變的趨向。

首先，誠如我們上面所分析的，荀子是把人形構秩序與制定規範的行動視之爲猶如人在製造事物或控制自然的行動，這種行動的特質在於支配與所謂「烝矯」式的鍛鍊，而「聖人」之所以形構出「禮」的秩序結構及其規範的終極目的卽是：透過「禮」的結構與規範來鍛鍊人動物性的本能，造就他成爲一位行動中規中矩的「君子」，這猶如工匠的行動目標是在於把屈曲不直的木料，透過打造與鏤刻的行動過程，將之變成一美好的器物。在荀子的思想中，對人的控制與對自然環境的控制，以及支配自然之規律的行動彼此之間是不分的。同時，荀子把人看成爲自然本能的存有，他的本質祇是情慾本能的表現，既然如此，人是沒有自動自發地表現正當之行爲的可能性。唯有絕對地受由聖人制定出來的規範的造就，他才可以克服其動物性的本能，而有合理正當之行爲的表現。他說：「凡用血氣、志意、知慮，由禮則治通，不由禮則勃亂提慢；食飲、衣服、居處、動靜，由禮則和節，不由禮則觸陷生疾；容貌、態度、進退、趨行，由禮則雅，不由禮則夷固僻違，庸衆而野。故人無禮則不生，事無禮則不成，國家無禮則不寧。」（註一四五）「禮」不但作用於個人的道德實踐，也是政治統治的原則，因此，當「禮」作用於政治統治的層面上時，是否也就變成壓制人或控制人的一項工具？

其次，荀子在建立起人羣生活秩序的理想結構時，他是以羣體的最高統治者爲中心，嚴格劃分政治與社會上下階層的分位。在他理想的秩序結構裏，每一個人安置在一層級當中，實現這層級應執守的規範而表現出合宜正當的「義」的行爲。關於此，他說：

「請問爲人君。曰：以禮分施，均徧而不偏。
請問爲人臣，曰：以禮待君，忠順而不懈。
請問爲人父，曰：寬惠而有禮。
請問爲人子，曰：敬愛而致文。
請問爲人兄，曰：慈愛而見友。
請問爲人弟，曰：敬詘而不苟。
請問爲人夫，曰：致功而不流。
請問爲人妻，曰：夫有禮則柔從聽侍，夫無禮則恐懼而自竦也。
此道也，偏立而亂，俱立而治。」（註一四六）

由此段言論，可以看出荀子是肯定整個民族到戰國時期所發展出時的政治和社會階層的結構，將它合理化且賦予道德的理想內涵。這樣的言論是有其歷史的有效性，但在此荀子所著重的不是人在社會與政治地位的平等性，而是強調階層和人倫關係中下對上的服從態度或行爲。在這樣的秩序當中，如果沒有預設著人的政治和社會的平等性，而且若沒有從制度上去立起保障此平等性的客觀條件，那麼，這樣的階層關係很容易造成人與人彼此間的壓迫與剝削的情況。

更進一步來說，荀子在他所建立的秩序觀念中，特別地凸顯人羣最高統治者的地位。關於此，他明白地說：

「故人生不能無羣，羣而無分則爭，爭則亂，亂則離，離則弱，弱則不能勝物；故宮室不可得而居也，不可少頃舍禮義之謂也。能以事親謂之孝，能以事兄謂之弟，能以事上謂之順，能以使下謂之君。君者，善羣也。羣道當，則萬物皆得其宜，六畜皆得其長，羣生皆得其命。故養長時，則六畜育；殺生時，則草木殖，政令時，則百姓一，賢良服。」（註一四七）

荀子在此是跟先秦諸子的思想一樣，在思索人羣的秩序時，都共同設定人羣不能沒有一最高的統治者，人羣之生活秩序的樞紐全繫之於這位最高統治者身上。荀子更把這種基本設定明確地舖陳出來，而提出「君者儀也，民者景也」以及「君者，民之原也」（註一四八）的言論。既然整個人羣的秩序是繫之於統治者一人身上，那麼，對於人君的權位與行爲或政策的合理性就必須特別地講求。關於這一點，荀子以及先秦各思想學派的思考的出發點不是：如何透過客觀制度去防止君王的權力腐化或政策失誤？即使像荀子相當注重客觀制度之意義的思想家，也跟先秦諸子一樣，把關於君王之權位的問題的思考出發點擺在：甚麼人有資格來當人羣的最高統治者？

關於這項問題，荀子跟孟子一樣，都認爲最理想的情況是有一位智慧超人與道德高偉的人物來當作人羣的最高統治者，孟子稱之爲「先知先覺者」，荀子稱之爲「聖人」，他說：

「天下者，至重也，非至彊莫之能任；至大也，非至辨莫之能分；至衆也，非至明莫之能和。此三至者，非聖人莫之能盡。故非聖人莫之能王。聖人備道全美者也，是縣天下之權稱也。」（註一四九）

「非聖人莫之能王」是一種理想的訴求。如果不是「聖人」當作統治者，那麼，置之於君王之位置的統治者，是有一定的規矩須執守，也必須有一定的人格修養。也就是說，君王本身也是荀子「禮」的秩序結構中的一階層，儘管是最高的階層；因此，他也必須受到「禮」之規範的限制，使他的行爲不是好「權謀的」、不是好「曲私的」、不是好「傾覆的」、不是好「貪利」的；他的行爲必須「好禮義」、必須能「尚賢使能」、「無貪利之心」，而且要能夠仁愛人民，尊重且親和知識階層（註一五〇）。關於此，荀子說：

「君者，民之原也；原清則流清，原濁則流濁。故有社稷者而不能愛民，不能利民，而求民之親愛己，不可得也。民不親不愛，而求其爲己用，爲己死，不可得也。民不爲己用，不爲己死，而求兵之勁，城之固，不可得也。……故君人者，愛民而安，好士而榮，兩者無一焉而亡。」（註一五一）

又說：

「君人者，欲安，則莫若平政愛民矣；欲榮，則莫若隆禮敬士矣；欲立功名，則莫若尙賢使能

矣；是君人者之大節也。三節者當，則其餘莫不當矣。」（註一五二）

荀子對國君在人格與治事態度的要求上，基本上還是荀子對國君在人格與治事態度的要求上，基本上還是承繼著儒家試圖以道德來馴化政治權力的思想路線。換言之，就荀子對國君的要求上，他的思想是顯示出「政治道德化」的義涵。

然而，由於荀子的政治思想比較注重制度的客觀治理，因此，他也特別地論析國君的合理的統治策略或技術（或者稱之爲「道」）。荀子所講求的國君的合理的統治策略是他「禮治」的翻版。首先，他解釋所謂的合理之統治技術的「道」的意義，他說：

「道者，何也？曰：君之所道也。君者，何也？曰：能羣也。能羣也者，何也？曰：善生養人者也，善班治人者也，善顯設人者也，善藩飾人者也。善生養人者人親之，善班治人者人安之，善顯設人者人樂之。善藩飾人者人榮之。四統者俱而天下歸之，夫是之謂能羣。」（註一五三）

「道」的意義即是國君能依「禮」把人民組織起來，而且能建立起一種和諧的秩序。具體地來說，即是經由「明分」的統治途徑，達成「大形」的理想的治理目標。依據荀子的觀點，「明分」的統治途徑是國君「論德而定次，量能而授官，皆使人載其事而各得其所宜，上賢使之爲三公，次賢使之爲諸侯，下賢使之爲士大夫，是所以顯設之也。修冠弁衣裳，黼黻文章、琱琢刻鏤皆有等差，是所以藩飾之也。故由天子至於庶人也，莫不騁其能，得其志，安樂其事，是所同也；衣暖而食充，居安而游樂，事時制明而用足，是又所同也。若夫重色而成文章，重味而備珍怪，是所衍也。聖王財衍以明辨異，上以飾賢良而明貴賤，下以飾長幼而明親疏；上在王公之朝，下在百姓之家，天下曉然皆知其非以爲異也，將以明分達治而保萬世也。」（註一五四）簡言之，「明分」的統治途徑在於依人的才能，把人安排在相應其才能的階層位置上，而且透過文飾去強化其等差，讓人各安其階層的位置，而各盡其能力。在此，明顯可以看出荀子是把「禮」應用於政治治理的層面上，他認爲循經此種「明分」的統治途徑，可臻於「大形」的理想的政治治理的目標，他說：

「人之百事，如耳目鼻口之不可以相借官也；故職分而民不慢，次定而序不亂，兼聽齊明而百事不留。如是，則臣下百吏至於庶人莫不修己而後敢安止，誠能而後敢受職；百姓易俗，小人變心，奸怪之屬莫不反愨，夫是之謂政教之極。故天子不視而見，不聽而聰，不慮而知，不動而功，塊然獨坐而天下從之如一體，如四胑之從心，夫是之謂大形。」（註一五五）

荀子認爲祇要國君能建立起政治和社會階層的「分位」關係，讓人安其「分位」，竭其所能，國君能多方採納各方的意見而不獨斷，能仁愛臣民，尊重知識階層，那麼，他眞的是可以無爲而無不爲。從觀念史的觀點來看，荀子的這種「分位」與治理之「大形」的觀念爲法家學派所承繼，在觀念的發展上更有系統，更爲精微。

荀子雖然承繼了孔子的「政治道德化」的政治理念，但是，從以上我們對他的秩序的觀念的分析，可以看出他的秩序觀念是含蘊了在國君一人的統治下，「天下從之如一體，如四胑之從心」的「集體同一」的意義。而此種「集體同一」之義涵的秩序觀念之所以會出現在荀子的思想體系裏，若深一層來看，是源出於他「一元論式」的思想模式，而瞭解了他的這種「一元論式」的思想模式的意義，方有可能瞭解韓非之所以會開展出極權統治的政治理論的緣由。

依據荀子對他所處的歷史情況的瞭解，荀子認爲整個民族在這段時期當中，是處於一種社會階層紊亂、戰亂頻繁，統治階層橫征暴斂，內廷政變四起的政治和社會環境。在思想上，則是一個價值混亂、是非混淆，異端邪說到處流行的時代，他說：「今聖王沒，名守慢，奇辭起，名實亂，是非之形不明，則雖守法之吏，誦數之儒，亦皆亂也。」（註一五六）荀子是以他所批判的歷史現實爲背景，而建立起他的秩序觀念。

在荀子對現實的反省批判中，紊亂、混淆、變盪很明顯地是惡劣、敗壞之事，既然如是，所謂善或好的事物乃是和諧、統一與不變或永恒。在論證他所肯定的和諧和統一的價值上，他是以人之「身體的隱喩」（body metaphor）作爲論證的事實根據。同時也輔助以自然的永恒不變的規律性與和諧性來強化其論證。關於後者，我們在論析他的「禮」的秩序觀念時，已經分析與說明。在此，論析他所根據的「人之身體之隱喩」的事實的論證，而說明其「一元論式」的思維模式以及這種思維模式的政治義涵。

荀子把人身體的機能分爲職司感覺或覺識的耳、目、鼻、口與形的器官。人對外在事物的認識是以這些器官對事物的感覺或覺識爲基礎，但是，光有這些感覺或覺識尙不足以構成對外在事物認知的知識，欲構成知識，則必須靠「心」的理知作用，他說：

「形體、色、理，以目異；聲音清濁、調節奇聲，以耳異；甘、苦、鹹、淡、辛、酸、奇味，以口異；香、臭、芬、鬱、腥、臊、漏、庮，奇臭，以鼻異；疾養、滄、熱、滑、鈹、輕、重，以形體異；說，故、喜、怒、哀、樂、愛、惡、欲，以心異。心有徵知。徵知，則緣耳而知聲可也，緣目而知形可也；然而徵知必將待天官之當簿其類然後可也。五官簿之而不知，心徵之而無說，則人莫不然謂之不知。」（註一五七）

「心」對感官覺識具有「徵知」的作用，即是對感覺印象有分析、辨別的作用。感官的覺識是零散的，混亂的，而且有時候，從道德的意義來講，是迷誤的，因此，唯有靠「心」的分析、辨別、選擇、歸類，賦予「名稱」或謂「概念」（所謂「約名以相期也」（註一五八）），零散的感官覺識方有「形式」而成其爲知識。就此來看，荀子是認爲人唯有循經「概念化」的過程，才可能掌握有外在世界的知識。在這裏，「心」的理知作用在於辨別外在事物的異同，而給予不同的概念名稱，使外在事物能井然有序，不相爲亂，他說：

「知異實者之異名也，故使異實者莫不異名也，不可亂也。猶使同實者莫不同名也。」（註一五九）

然而，概念或名稱是否一定跟「實在」（reality）相符合呢？關於此問題，荀子所揭櫫的論點是：

「名無固宜，約之以命，約定俗成謂之宜，異於約則謂之不宜。名無固實，約之以命實，約定俗成謂之實名。」（註一六〇）

荀子的意思是說：概念名稱沒有本來就合適的，也沒有本來就是代表或符合某種外在事物的。它們都是由人共同約定而產生的，時間一長久，人們習慣了它們，它們就是合宜的，而且是符應外在事物。就此，很明顯可以看出荀子是認爲概念名稱是人建構出來的，而人建構名稱，是爲了建立起一井然有序的世界，荀子說：

「異形離心交喻，異物名實玄紐，貴賤不明，同異不別。如是，則志必有不喻之患，而事必有困廢之禍。故知者爲之分別，制名以指實，上以明貴賤，下以辨同異。貴賤明，同異別，如是，則志無不喻之患，事無困廢之禍，此所爲有名也。」（註一六一）

依據以上的分析，荀子是把人的「心」的理知作用視之爲一主宰者之地位，在認識外在事物上，「心」的作用可以使耳目等感官覺識能「概念化」或「名稱化」，在道德實踐層面上，「心」的作用可以引導或支配人自然的慾望與情性，就人羣的生活來說，因爲「心」的有「概念化」的分別同異與「制名以指實」的作用，而人因此得以建立起「明貴賤」「辨同異」的秩序。從人的許多能力與器官的功能以至於形構秩序，都有一終極的主宰作用於其間，這種論證的模式很明顯表示出「一元論」的色彩，我們在此引述荀子的有關「心」的言論，即可看出這種論證的特色，他說：

「耳、目、鼻、口，形各有接而不能相能也，夫是之謂天官；心居中虛，以治五官，夫是之謂天君。」（註一六二）

又說：

「心者，形之君也而神明之主也，出令而無所受令。自禁也，自使也，自奪也，自取也，自行也，自止也。故口可劫而使墨云，形可劫而使詘申，心不可劫而使易意，是之則受，非之則辭。故曰：心容，其擇也無禁必自見，其物也雜博，其情之至也不貳。」（註一六三）

論析與說明了荀子在鋪陳其秩序觀念所呈現的「一元論式」的思維模式後，緊接著我們所要探討的是：此種「一元論式」的思維模式應用於荀子的政治理論時，表現出來的義蘊。

上面我們已經說明過，荀子認爲他自己身處的歷史情境一方面是紊亂的秩序解體的政治社會，另一方面則是概念與價值混亂的思想環境。面對這種歷史的情境，他希望能透過「禮」的治理過程，而使人羣的秩序得以恢復。另外他也希望透過對當時各思想學派之觀念的偏陂的批判，而尋求出一種思想概念的終極設準。這是荀子致力於思想的兩大方向。然而，荀子既然認爲人羣秩序得以被建立起來的樞紐在於國君一人身上，那麼，要使他的思想得以實現，必須經由一位有智慧的國君把他的思想觀念付出實踐。在這裏，國君在政治治理上必然面臨一項問題，那就是，他必須以正確的概念名詞揭櫫或宣示其政治的計劃或策略。在一個概念名詞混淆的時代裏，欲配合「禮」的秩序結構及其規範的建立，必須建立起一正確合適的「概念系統」，這工作卽是「正名」的工作。關於此，他說：

「夫民易以一道而不可與共故，故明君臨之以勢，道之以道，申之以命，章之以論，禁之以刑。故其民之化道也如神，辨說惡用矣哉！」（註一六四）

荀子認爲在「聖王」的統治下，整個人羣可以產生「集體同一」的秩序，在其中，是不必透過「辨說」

以建立起正確合適的「概念系統」。然而，荀子所處的時代却是一「聖王沒」，也是一異端邪說四起的時代，所謂「假今之世，飾邪說，文奸言，以梟亂天下，矞宇嵬瑣，使天下混然不知是非治亂之所存者有人矣」（註一六五）的時代，因此，透過「辯說」的途徑，以確立一合宜正確的「概念系統」，這對人羣秩序的建立是必要的工作，荀子說：

「今聖王沒，天下亂，奸言起，君子無勢以臨之，無刑以禁之，故辨說也。實不喻然後命，命不喻然後期，期不喻然後說，說不喻然後辨，故期，命、辨，說也者，用之大文也，而王業之始也。」（註一六六）

荀子雖然在此說明「概念系統」的建立是必須循經言語思想的彼此溝通，即他所說的「期、命、辨、說」的步驟；但是，由於他強調唯有一絕對的眞理存在，再加上他「一元論式」的思維模式，職是之故，對於思想觀念的多元性抱持著激烈的否定態度，這種態度從他批駁那些不合乎絕對眞理的思想與行爲當中，是明顯地可以看得出來：

「故勞力而不當民務，謂之奸事；勞知而不律先王，謂之奸心；辯說譬喻，齊給便利，而不順禮義，謂之奸說。此三奸者，聖王之所禁也。知而險，賊而神，爲詐而巧，言無用之辯，辯不急而察，治之大殃也。行辟而堅，飾非而好，玩奸而澤，言辯而逆，古之大禁也。知而無法，勇而無憚，察辯而操僻，淫太而用乏，好奸而與衆，利足而迷，負石而墜，是天下之所棄也。」（註一六七）

凡是不合這絕對眞理之標準的一切言論與行爲，荀子一概地指稱是「姦言」、「姦事」、「姦心」，這種批判如果僅僅是限於思想概念的討論範圍內，那他的批判論尙不足以導致嚴重的政治上的後果。然而，荀子在此並沒有劃分個人思想的領域與公衆政治的領域，他認爲一個完美的人羣的政治社會秩序不但人民的行爲合乎一絕對的尺度，思想言論也必須合乎一絕對眞理之標準，由是觀之，荀子的言論一落實在政治運作的層面上，一位「聖王」或「明君」爲了建立一人羣的政治社會秩序，必須禁絕一切的「姦言」、「姦事」與「姦心」。

同時，依據上面我們對荀子之「心」的觀念的分析，從個人的道德實踐到秩序的建立，人的「心」是發揮主宰者的功能作用，因此，要建立起一完美的政治社會秩序，必須使人的「心」不偏離絕對的眞理，或者必須使人的「心」瞭解「禮」的秩序結構及其規範，荀子說：

「辨說也者，心之象道也。心也者，道之工宰也。道也者，治之經理也。心合於道，說合於心，辭合於說，正名而期，質請而喩。辨異而不過，推類而不悖，聽則合文，辨則盡故。以正道而辨姦，猶引繩以持曲直；是故邪說不能亂，百家無所竄。」（註一六八）

因此，論析到最後，政治社會秩序的最後基礎是在於人「心」。一位統治者爲了糾正人之「心」，他勢必設立起一思想觀念的絕對準則，而抹煞離異這準則的所有「異端邪說」。荀子的人羣秩序最後是導向一整體人民在行爲與思想觀念皆集體同一的生活結構。

這一章節之所以花費較大的篇幅論析荀子的「秩序」的觀念，主要的目的是在於：嘗試從觀念史的角度去瞭解荀子的思想對韓非的政治理論的形成，所可能帶來的影響作用。一般論者都認爲「荀子的思想正是儒家向法家過渡的橋樑」。關於這個解釋論點，在論析的取向上，大致來說有二種：一是認爲荀子在政治理論方面，提出了「生禮義而起法度」的主張，強調國君在統治政策上，運用「法度」來消弭政治上的利害的矛盾衝突，是有必要的；所以，雖然荀子以「禮治」來當作政治統治的基本原則，但是，也重視「法治」的作用。這樣的主張遂替後來韓非的「法家」政治理論的形成鋪了路。另一則是認爲荀子把人的本性看成爲純粹祇是動物性的本能、在行爲上祇是自利自爲的動機。因此，人本身並沒有能力的資源表現美善之道德行爲，必須靠外在的「禮」的規範與「師法」的權威，才能「化性起僞」而有道德實踐的可能性。韓非承受了荀子的這種對人性的悲觀的看法，而使他有人性論方面的依據，來辯解他所主張的「唯法統治」論點。

這兩種取向的解釋論點都有其正確有效性，然而，在解釋荀子跟韓非思想上的承受關係上，它們祇能片面地解釋這種關係，而無法盡此關係之意義。荀子與韓非的政治理論的義涵畢竟是有分別的。這種分別表現：(1)荀子主張權力是高度集中在國家的最高領導者的身上，而讓他得以有力的統治人民。但是，權力的高度集中，並不表示荀子就此認爲國君可以憑藉此權力，而任意獨斷的統治其人民。他認爲任意獨斷的統治對國君權力的保持是相當危險的，因此，他認爲國君應當依靠有政治經驗和辦事能力的賢明的助手來處理國家大事，而且在重大的政治決策上應該多聽取各方的意見，同時，更重要的是國君必須尊重與親和其臣僚，避免造成上下的對立的緊張關係。這跟韓非所主張的國君憑藉其「

勢位」，依他強大的意志力與「法令」來從事政治治理的工作，是有區別的。⑵荀子在某種程度上尚且承繼著孔孟的「主智論」的政治主張，強調國家對智識與文化教養的注重，以及尊重儒者的知識階層。這跟韓非和法家的強烈的「反知識」、「反文化教養」的主張，有明顯的不同。⑶荀子雖然注意到「法治」的有效性，但是他並不認爲國君的統治手段可以「一之於法」，「法治」祇是居於輔助的地位與作用，他基本是強調以「禮」來達成一上下階層能相互親和的一種和諧的政治與社會的秩序。

職是之故，要淸楚地闡釋韓非與荀子思想彼此間的關聯，比較妥切的途徑可以是：透過瞭解他們兩人在思考人羣之秩序時所運用的思維的模式，而去尋究兩人思想的彼此關係。如果我們從這途徑來解釋，那麼，對於荀子加諸於韓非思想上的影響並不祇是某些片面的思想觀念的承繼，而是韓非從荀子思想中承繼了他思考的基本模式；關於這一點，我們可以舉出下列的兩個探測性的解釋論點：⑴荀子以人製造事物的活動力爲模型來思考人羣秩序之形成的意義。人在製造事物時，藉著尺度方圓的工具，把一切彎曲畸形不正的素材，透過人爲的矯正、琢磨的支配過程，使之成爲合乎一定模式的所謂美好的器物。依此來看，一個「聖人」或「明主」在建立起人羣的社會政治秩序上，就猶如工匠鑄造事物一樣，把「禮」當作方圓尺度，把那祇秉具著動物性本能的人當做素材，透過政治的支配力，造就成行爲合乎一定模式的「社會人」。荀子在此當然沒有提倡暴力的統治手段，但是，這種思考「秩序」之思維模式是隱含著支配的義涵。繼他而起的法家之集大成者的韓非是承繼著這種思維的模式，而以國君制定的「法」取代了「禮」，依國君的全面控制來形塑出人羣的秩序，就此更充分地呈現出這思維模式所隱含的支配與控制的意義。⑵荀子在思考人「心」的理知作用的意義時，明顯表現出「一元論」式的論證方式。人身體各部分的器官必待人「心」之理知的主宰與治理才能發揮其功能。依此推演，人羣秩序的建立就後的一階段正是「淸其天君」的「治心」的工作。也就是，人的思想觀念必須符合一絕對眞理的標準，那些離異這眞理的絕對標準而「析離擅作名以亂正名」的異端學說，是爲「聖人之所禁」，是「天下之所棄」的。韓非承繼了這種「一元論」的論析方式，而提出了人生活的價值都歸依於求國家之富強的價值上，以及提出了「（君）上不明則辯生焉」與「夫言行者以功用爲之的彀」（註一六九）的主張。

如果以觀念史的角度來看，韓非的政治理論——尤其是有關「秩序」觀念的形成——是受到荀子的某些觀念及其思維模式的影響。然而，在戰國末期，先秦時期的思想發展最後會走出韓非的極權統治的政治主張，這樣的思想的發展？是有可能關係到這個時期的思想家在思考人之政治的問題上所碰觸的一些困思難題。從這種角度去瞭解韓非秩序的觀念的形成，或許更能瞭解韓非政治理論的意義。基於這樣的瞭解，或許我們就不必於那麼激烈地論斷韓非政治理論的產生，爲「中國古代哲學中之一大悲劇，亦文化之一大劫運。」（註一七〇）

三、韓非的以「公利」爲取向的秩序觀念

依據上面對儒墨兩家的秩序觀念之分析，儒墨兩家不論它們思想立論的取向與論證的方式是如何地不同，在舖陳秩序的觀念上，它們都有一共同的論點以及由此一論點所引發的問題，那就是有關人之利益的動機或出於利益之行爲在人羣生活中所扮演之角色的論點及其問題。

不論儒家也好，或者墨家也好，他們都認爲人的利益的動機，或者出自於利益之盤算的行爲，是造成和諧之秩序破裂瓦解的一主要因素：人對利益的追逐是造成人與人之間的緊張以及利益的傾軋，繼而帶來了人與人之間的相互剝削與殘殺。職是之故，要恢復或建立起人羣體的秩序，其主要的條件即是透過某種途徑，而去消弭人因利益的傾軋衝突所帶來的剝削與殘殺。對墨子而言，這途徑即是在社會中透過「兼相愛，交相利」之人際關係的原則，他認爲祇要人能夠不以自己，以及不以自己所處的階層與家族爲表現情感愛意的對象，而能夠把自己的情感愛意普遍地施之於社會中的每一個人，那麼，墨子相信旁人也會以相同的方式回報，這種不是以「我」而是以「我們」爲相交接的原則，必定會造成一人與人相互和諧生活在一起的秩序。

對儒家而言，雖然孔子、孟子與荀子的立論取向有著精微的差異，但是，對「利益」的問題，他們所抱持的態度與觀念則是相同的。儒家以「仁」、「義」、「禮」爲出發點，提出個人道德實踐的主張。他們相信透過道德良知的「內省」或「反求諸己」，以及經由對「禮」之道德規範或原則的遵循，人可以超越利益之動機與利益之計較，如此，人與人之間的相交接的原則就可以不再是以「利」，而是以情愛、尊重、公義和信用爲取向。同時，儒家也認爲這種個人道德實踐的「仁」和「義」的原則是可以推廣到整個社會與政治上去。成爲國君與臣民，以及各不同社會階層與人跟旁人相交接的基本原則。儒家相信祇要個人道德實踐的「仁」「義」能成功地推廣到整個人羣的政治和社會的關係上去，就可以造成一和諧的人羣秩序。

就儒墨兩家的這種有關人羣秩序之主張而言，他們都表現出高度的「道德理想主義」的心態。但是，依據我們現在的觀點，儒墨兩家在此並沒有尋究這屬於個人道德實踐之「範疇」的「仁」和「義」的原則，一旦應用於社會政治之人羣上去的時候，它的正確有效性如何？關於儒墨兩家的這種具高度「道德理想主義」色彩的秩序觀念，我們不必以「意識形態式」的批評的角度，論斷說：「先秦儒墨各派把政治上的賞罰寄託於人君的良心、仁慈，寄託於抽象的兼愛的理想，而其實仍然是爲著統治階級的政治利益（服務）。」（註一七一）雖然先秦各派的思想言辯的對象是當時各國的國君，但是，很明顯地，儒墨與道三個思想學派却不是以服務統治階級的利益爲立論的基礎，反而要求國君不應該以個人的利益的維繫或鞏固爲取向，來從事政治治理的工作，正確地來說，他們思想的問題毋寧說是一個合理的社會政治秩序的意義是甚麼？以及如何可能建立起這樣的一個秩序？

在這裏，由於儒墨兩家並沒有清楚地區分個人道德實踐的範疇與政治的公衆範疇，相信人的道德原則可以貫穿地應用於政治的公衆的領域裏，而無法瞭解此種應用的有效性。以墨子的「兼愛」爲例，情愛的力量要具體地有力地表現出來，其效力的範圍僅止於個人彼此之間，或者僅止於人數極少的小的團體。一旦越離這範圍，它的效力隨著範圍的擴大而漸漸削減其力量。以個人道德良知而言，良知的內省也僅能訴諸於個人，要把這種「道德的良知」推廣成爲政治秩序得以建立起使的原則，是無效的。不但如此，如果眞的要把「博愛」、「道德良知」加以「制度化」，使之能夠落實於政治領域裏被實現，那麼，很可能扭曲了道德的義涵（註一七二）。在這裏並不是說政治秩序的建立不需要道德的成素。而是說道德本身的作用，其有效性是有它一定的限度，同時，政治或人羣行動的理則跟個人道德實踐的理則是有所區分的，混合兩者的區別，在政治上都會帶來不良的結果。

戰國末期的韓非很清楚地分辨了政治秩序與個人道德實踐在範疇上的不同，而提出了仁義無益於治國的主張。但是，韓非由此在理論的發展上却又走向一個極端；如果說儒墨兩家是嘗試透過道德的力量來馴化政治的權力，那麼，韓非的法家則是試圖以政治的權力來支配人的道德行爲，甚至試圖以政治權力來塑造人民的性格。

韓非的秩序觀念，較之於儒墨兩家，是更能正視人的利益動機的行爲，以及正視出自於利益的算計的行爲在政治的公衆領域裏所呈現的意義。這是由於韓非比較講求「參驗」的實證的認識事物的方法，而比較能夠用冷靜的眼光觀察人的行爲。他從人羣體的各個層面的關係去瞭解「利益」在其中扮演的角色。

置身於整個民族從封建城邦制走向集權中央的國家體制的轉型時期當中，韓非很清楚地看出以前維持封建秩序的那種以血緣關係爲主軸，而且講求「親親」與「尊尊」的情感的行爲原則，同時，在封建領主與百姓或羣氓之間著重於人身的依附關係的原則，都隨封建城邦制的崩潰，而喪失其有效性。

在新的時代當中，新興起的各國的最高統治者不再是姬姓的宗族的成員，他所追求的是政治權力的高度集中，與強大的政治支配力，在他統御的疆域內，他必須打擊境域內部的封建制殘留的舊有貴族的勢力，以確保其政治權力的集中與鞏固；爲此目的，他大量引用來自平民階層的有才識的「士」來當做他統治機構裏的成員，環繞於他四周圍的臣僚已經不再是傳統的世卿臣室的舊貴族。職是之故，國君與臣僚的關係不再是以宗族的血緣情感爲結合的紐帶。在這種情況下，韓非明白地看出國君與臣僚的關係不再是「主觀性」的情感的關聯，毋寧是以利益相結合的關係，這種關係就譬如是市集中賣主與買主的關係，就此，韓非引用鮪的話，說：「主賣官爵，臣賣智力」。又說：「臣盡死力以與君市，君重爵祿以與臣市，君臣之際，非父子之親也，計數之所出也。」（註一七三）在這樣的關係當中，國君以官爵與利祿試圖收買臣僚，使他能效其智能，以鞏固其政權，而臣僚爲了追逐富貴，必然使盡其智能以換取國君的爵位與利祿。因此，國君與臣僚之間的關係純粹是建立在利益的盤算之上。

同時，因爲戰爭的兼併、氏族社會生活的鬆散、鐵器的普遍使用，社會階層流動的加劇（註一七四），與「縣」制的形成。封建城邦時期裏的封建領主與領民之間的那種「假氏族血緣聯繫」（註一七五）的關係遂無法維繫下去。在戰國的這個新的時代當中，新興起的國君依靠私從家臣的官僚制來統御人民（註一七六），現在，人民所面對的是國家的統御的機構，而不是個別的具體的某一位「領主」，於是乎，國君與人民之間的關係不再是傳統的「主觀」式的情感的關係，而是「客觀化」的制度上的治者與被治者的關聯。在這樣的情況中，韓非觀察到國君對人民的要求也純粹是「利」的考慮，他說：「君上之於民也，有難則用其死，安平則盡其力」（註一七七）儒家，尤其是荀子，當然也認爲一位理想的國君是人民「有難則用其死，安平則盡其力」，但是，儒家認爲欲達成此種目標，國君對待人民要秉持「德厚仁慈」的態度與作爲；韓非則主張在國君與人民的關係已經從封建式的主觀情感的人身依附，而走向一客觀的制度化的被治與統治的關聯的時候，這種發自於「不忍人」之心的「德厚仁慈」的統治態度根本是不合時宜、無效的。

韓非透過對現實的歷史環境的考察，他看出國君與臣僚、國君與人民之間除了「利」相計較的對待關係之外，別無其他。依循著這樣的觀察，韓非更把此種「利」的觀點廣泛地應用於一般的人際關係，人倫的關係，甚至也應用於他對人之情性的瞭解上。首先他強調卽使父母與子女之間也是利害的結合，他說：

「人爲嬰兒也，父母養之簡，子長而怨。子盛壯成人，其供養薄，父母怒而誚之。子、父，至親也，而或譙，或怨者，皆挾相爲而不周於爲己也。」（註一七八）

父母子女之間的「孝」基本上是抽象的，兩者實際的關係是父母養子，子供養父母，互相計算的關係。

另外，地主與傭農之間的關係也是爲了各自的「利」的關係，他說：地主傭用傭農來爲他耕種土地，做好的給傭農吃，選好的貨布付工資，並不是因爲「愛」傭農，而是因爲這樣做，傭農才可以耕得深、耕得好。同樣，傭工所以用力快耕細耘，想法子把田畦播得整齊，也不是因爲「愛」主人，而是因爲如此做可以得到好吃的，好的貨布。循經這樣一步一步地觀察，韓非甚至把人在各生活層面上所表現出來的各自爲「利」的行爲，給以普遍化或通則化，而說人的本性在於「各自爲利」；在此，他明確的指出，驅策人行動的主要動力在於「利益」的盤算。他說：

「鱣似蛇，蠶似蠋，人見蛇則驚駭，見蠋則毛起。漁者持鱣，婦人拾蠶，利之所在，皆爲賁、諸。」（註一七九）

爲了個人之利益的原故，任何人都可以變成像孟賁、專諸的勇士。從實證的立場來觀察人的行爲，隱藏在人之行爲之背後而策動人之行爲的實際動機不是求「善」的道德動機，而是自我利益的盤算。韓非在此也批判儒家的「仁義」之說，認爲儒家講求人之行爲之道德動機的學說，根本是不切實際的，他說：

「今或謂人曰：使子必智而壽，則世必以爲狂。夫智、性也，壽，命也，性命者，非所學於人也，而以人之所以不能爲說人，此世之所以謂之爲狂也。以仁義教人，是以智與壽說也。」（註一八〇）

韓非就此否定了人生活羣體中所有一切道德價值之行爲，肯斷人的一切行爲均以「利益」爲最終的引導動機。

雖然韓非看出了人行爲的「自爲心」與利益的驅動力，而能夠正視「利」的意義。但是，並沒有因正視「利」的意義，使韓非政治理論有一新的轉向。反而，使韓非發展出極權式的秩序觀念。

韓非既然看出人行爲的主要動力在於自爲自利，那麼，他的思想理論可能朝兩個方向發展：一是思考如何順應人自利的要求，而能滿足人利益之慾望，但是，對於人與人或團體與團體之間因利益所產生的矛盾衝突，可以找出調節的途徑。另一則是把人的自利的行爲或動機視之不好的事物，同時，也認定人自利的慾求及因利益而產生的人際的矛盾衝突，是人羣秩序無法鞏固建立起來的終極因素，職是之故，必須以獨斷強大的力量剷除人的自利的行爲與動機，才有可能的條件建立起一穩固的秩序。從韓非政治理論的發展理路，可以看出他是朝第二條途徑發展的。探究其因素，或許可以說韓非思想的意向在於替當時的國君與國家的現實利益服務，因而他所建立起來的政治理論是一套思考著如何鞏固國君與國家之利益的學說，在這樣的思想之意向的引導下，韓非既然看出人的行爲是受到自利自爲的強大動力所驅策，而且，人的利益是多樣性而且是彼此矛盾衝突的，譬如，國君的利益的慾求跟臣民的利益慾求是相矛盾衝突的，職是之故，國君必須憑藉著他所可能運用的勢力，支配臣民，讓他們的利益均一切符合國君與國家的利益。

依據韓非的這種思想的意向，我們可以進一步地從他思想理論本身去尋求他因正視人的利益所導致極權式的秩序觀念的理由。這觀念上的理由在於韓非對「公」與「私」的分辨。

對於「公」與「私」的分辨，韓非提出了一條極爲簡便的定義程式，他說：「自環者謂之私，背私謂之分」（註一八一）「公」與「私」本質上是相矛盾衝突的。但，具體地來說，「公」與「私」的內涵是甚麼呢？依韓非的界定，「自環者謂之私」，所謂「自環」即是人的自我打算，即是以自我爲中心的思想言論與行爲。如果再從上面所分析的韓非對人行爲之驅策力的瞭解與主張，則可以進一步說，以自我爲中心的言行，卽是以自己的利益爲計較的行爲和言論。關於人的這種以自我利益爲計較的言行，韓非開出了一張清單。

對於一般的平民，韓非認爲他們的自利自爲的行爲表現在追逐自己的顯榮、聲譽，不論是道德方面或知識方面，關於此，韓非說：「爲匹夫計者，莫如脩行義而習文學。行義脩則見信，見信則受事，文學習則爲明師，爲明師則顯榮；此匹夫之美也。」（註一八二）在戰國時期，由於社會階層流動的加劇，加上當時各國國君急需有才能知識的「士」，正所謂「布衣可爲卿相」的時代，因此，出身平民階層的人祇要有豐博的知識，高尙的道德行爲的表現，在社會上造成聲譽，很容易就取得政治上的勢力和利益。這是當時社會的一般風氣趨向，關於此社會趨向，韓非亦有如此的觀察：「中章、胥己仕，而中牟之民棄田圃而隨文學者邑之半」（註一八三）。在這樣的社會風氣下，造成的社會價値觀正是，如韓非所描述的：

「爲故人行私謂之不棄，以公財分施謂之仁人，輕祿重身謂之君子，枉法曲親謂之有行，棄官寵交謂之有俠，離世遁上謂之高傲，交爭逆令謂之剛材，行惠取衆謂之得民。」（註一八四）

所謂「不棄」、「仁人」、「君子」、「有行」、「有俠」、「高傲」、「剛材」與「得民」的行爲都是爲當時社會所尊崇的行爲。一個人能表現出這種行爲必然得到社會聲譽，而有極大的可能獲得政治上的到益和勢力。如果依照韓非對人行爲之動機的觀點來看，那麼，人有這種行爲的表現除了是自我利益的打算——這種打算是欲求得現實政治的利益或聲譽——就別無其他的考慮了。

再者，對於戰國時期，圍繞於國君四周幫國君從事政治治理工作的臣僚，韓非亦有如此的觀察：「臣主之利與臣相異者也。何以明之哉？曰：主利在有能而任官，臣利在無能而得事；主利在有勞而爵祿，臣利在無功而富貴；主利在豪傑使能，臣利在朋黨用私。」（註一八五）韓非認爲國君及臣僚各自所懷有的利益動機，是彼此衝突的，這種衝突的緣由可以就當時整個民族政治體別的變遷來給予解釋。從春秋中葉以後，整個民族在政治體制方向的演變是從西周的封建式的城邦體制走向君主專制的中央集權國家。在封建式的城邦體制裏，其政治社會的結構大致來說，是由諸侯賞賜封邑予其族人或隸屬的有力氏族，成爲「卿大夫」，「卿大夫」倚賴封邑養其族人，同時稱爲「士」的男子族員構成軍團，一併形成以血緣紐帶的氏族制，諸侯、卿、大夫等身分在其氏族中都是固定世襲的。然而，在戰國所形成的君主專制的中央集權國家，是以一個國君透過中央的官僚科層制與地方的「郡縣」制，對國家的人民做「個別人身」的統制。在新的政治體制當中，國家各部機關職務是由選拔出來的特定個人來擔任，這些國家官員的職位是有期限而非世襲的。這種政治組織一出現表示春秋以前的由氏族世襲爲骨幹的卿大夫制度已成爲歷史的陳跡。而此種新的統治機構的主要組成份子是當時遊離的個人，卽所謂的「遊士」（註一八六），他們跟新興起的國君彼此之間是沒有任何血緣關係或情感上的依附。國君會任用他們最主要的目的在於利用他們的知識和才幹，來幫助國君從事政治治理的工作，他們爲國君效命也純粹祇是追求個人的榮譽與利祿，如此，兩者之間是呈現一種「相互爲用」的關係。關於這一點，韓非看得非常的清楚，他說：

「人臣之於其君，非有骨肉之親也，縛於勢而不得不事也。故爲人臣者窺覘其君心也，無須臾之休，而人主怠傲處其上，此世所以有劫君弒主也。」（註一八七）

韓非認爲當時國君及其臣僚之間的關係除了「相互作用」的關係之外，另外，臣僚爲國君的威勢所束縛，使他們不得不看起來是盡心服侍國君的相互關聯。但是，依韓非對人行爲之自利自爲的動機的考察，國君四周圍的這些臣僚都是虎視眈眈地窺覘國君的威勢地位。國君一旦太過於信任其臣僚，或稍爲一有懈怠，他的處境就岌岌可危了。

會危害國君之權位與利益的臣僚的行爲，韓非提出了相當詳細的、經驗上的考察。首先，他認爲戰國時期東方國家的臣僚共同表現出來的危害國君與國家之利益之行爲，正是基於個人的私慾與權力慾，憑著個人的政治威望，交結黨羽，而且在地方上培植自己的勢力，更進一步地勾結外國的勢力，企圖推翻當政的國君，關於此種現象，韓非描述如下：

「故爲人臣者破家殘財，內構黨與，外接巷族以爲譽，從陰約結以相固也，虛相與爵祿以相勸也。……衆貪其利，劫其威。……衆歸而民留之，以譽盈於國，……彼又使譎詐之士，外假爲諸侯之寵使，假之以輿馬，信之以瑞節，鎭之以辭令，資之以幣帛，使諸侯淫說其主，微挾私而公議。所爲使者，異國之主也，所爲談者，左右之人也。……故內構黨與，外攄巷族，觀時發事，一舉而取國家。且夫內以黨與劫弒其君，外以諸侯之權矯易其國，隱敦適，持私曲，上禁君，下撓治者，不可勝數也。」（註一八八）

這樣的臣僚，韓非名之為「重人」，他們即是「無令而擅為，虧法以利私，耗國以便家，力能得其君。」（註一八九），這些人，在韓非的眼中，都是為一己之私利，擅自損毀國家的法令，同時其勢力可以推翻當政國君的人物。他們能實現其私利所憑藉的途徑，一方面是：「為人臣者，散分財以說民人，行小惠以取百姓，使朝廷市井皆勸譽己，以塞其主，而成其所欲。」也就是，憑個人的財勢培植個人的勢力的作為，此作為，韓非稱之為「民萌」。另一方面，則是：「為人臣者，求諸侯之辯士，養國中之能說者，使之以語其私，為所文之言，流行之辭，示之以利勢，懼之以患害，施屬虛辭，以壞其主。」（註一九〇）也就是，臣僚私自「養士」，透過「士」或知識階層的言論，合理化自己的所作所為，並藉此壯大自己的聲望；韓非把此種行為稱之為「流行」。關於「民萌」與「流行」的行為，韓非作了如下的綜合性的觀察，他說：

「為人臣者，有移用財貨賄（依陳奇猷增「賄」字）賂以取譽者，有務廢賞賜予以移衆者，有務朋黨狗智尊士以擅逞者，有務解免赦罪獄以事威者，有務奉下直曲、怪言偉服瑰稱、以眩民耳目者。」（註一九一）

依據韓非的此種考察，造成政治秩序瓦解的一重大因素在於臣僚憑他的財富，構成黨羽，形塑出極大的地方的勢力，而依此為資本以實現私人的政治野心，所謂「羣臣朋黨比周以隱正道行私曲」。（註一九二）

如果把韓非對當時社會一般人的價值與行為，以及對當時新興的官僚成員的行為的考察與批判，放置在當時整個民族政治體制的發展的這個脈絡當中來加以理解，是可以看出韓非是順應當時政治體制的發展趨勢，而在理論上，試圖提出使這新的政治體制得以完美地建立起來的計劃藍圖。在這段從周代封建城邦制走向中央集權國家體制的發展過程裏，當時新興的國君，以及爲這些國君推動「新政」的政治家，無不企求能把國君的意志力與國家的政治支配力普遍地運作於國家境內的每一個角落、每一個人民身上，在此種企求的引導下，國君與國家是不允許在國君與國家的支配力之外，有任何強大的足以威脅到國家與國家的地方勢力存在。因此，人民的一切的出自於個人之需求的價值與行爲，以及人民彼此之間的在社會上的任何交誼聯繫的活動，都是不被允許的，簡言之，國君與國家的支配力壟斷其臣民的一切言論與行動的權利。

韓非也就在此種政治與社會的歷史處境中，在政治理論的層面上，提出了「公」，或具體來說，「公利」的觀念。他所欲建立起來的人羣秩序也正是以此種「公利」的觀念爲基本導向的。他認爲一理想的人羣的秩序，是在這人羣生活的體制裏，每一個人都能表現出合乎「公利」的行爲；而且依他的論點，也唯有能表現出「公利」行爲的人民才能夠資格稱得上是國家的「公民」。

既然如此，韓非的「公利」的觀念含蘊著甚麼意義呢？簡單地來說，「公」的行爲卽是不以私人爲盤算依準的行爲，所謂「背私謂之公」。然而，韓非憑藉著甚麼準則來判定何者是「公」的行爲、何者是「私」的行爲呢？關於這樁問題，我們可以從韓非所主張的「價值一元論」的政治基本原則當中，找到解決這個問題的途徑。依韓非所揭櫫的價值原則，韓非是把人生活所信守的所有的價值化約成爲一項單一且絕對的價値，卽是國家富庶與強大的價値。如果以這一絕對的價値爲判準，那麼，追求或信守這種價値的行爲，才是好的行爲，也才是「公」的行爲。或者，對於實現這個價値有用的行爲，才是「公」的行爲，韓非說：

「匹夫有知便，人主有公利，不作而養足，不仕而名顯，此私便也。息文學而明法度，塞私便而一功勞，此公利也。錯法以道民，而又貴文學，則民之師法也疑。賞功，以勸民也，而又尊行修，則民之產利也惰，夫貴文學以疑法，尊行修以貳功，索國之富強，不可得也。」（註一九三）

在這裏，必須再度說明的是：在韓非的思想中，國君與國家是不分的，是合而同一的。因此，我們說追求或信守國家富強之價値的行爲，或者，有用於國家富強之實現的行爲，才是「公」的行爲，也正是說，這「公」的行爲是有利於國君的行爲；而所謂「公利」的設準的確立完全操之於國君一人之手。

另外，在闡述韓非的公私之分的概念時，尙須瞭解到韓非在舖陳有關公私之概念的論證上，是含攝著一種「實效論」的觀點，他認爲要判定言論與行爲的正確性，必須依據言論與行爲是否產生實際的效用爲憑藉，當然，這裏所謂的「實際效用」是指對於國家的富強有效用的，韓非就此說：

「夫言行者，以功用爲之的彀者也。夫砥礪殺矢而以妄發，其端未嘗不中秋毫也，然而不可謂善射者，無常儀的也。設五寸之的，引十步之遠，非羿、逢蒙不能必中者，有常也。故有常則羿、逢蒙以五寸的爲巧，無常則以妄發之中秋毫爲拙。今聽言觀行，不以功用爲之的彀，言雖至察，行雖至堅，則妄發之說也。是以亂世之聽言也，以難知爲察，以博文爲辯；其觀行也，以離羣爲賢，以犯上爲抗。」（註一九四）

在這裏，爲甚麼要提出韓非的「實效論」的觀點，除了闡明韓非所謂「公」的概念是意指「公利」與「國君之公利」的義涵之外，另外，瞭解了韓非的這一極端的「實效論」的觀點，也才能進一步說明他思想中所呈現的反文化、反知識的傾向。

韓非以這種「公利」的概念爲取向，建立其羣體秩序的理論。韓非所欲建立起來的羣體秩序是甚麼樣的秩序呢？簡單地來說，這樣的秩序是整體的人民共同實現國家之富強的目標，同時否定了跟這目標或價値相歧異的所有的生活的目標與價値。在這樣的羣體秩序裏，存在著一種唯一且絕對的準則，人民的言論與行爲都必須合乎這個準則。以下，闡述韓非對生活於「集體同一」的秩序裏人民的言論與行爲的要求。

在韓非預期建立起來的羣體秩序裏，是不容許有任何思想與言論的相互討論的情景。他強調一旦容許人民有思想與言論之相互討論的自由，那麼，一方面會產生思想上的紊亂，而導致社會政治秩序的瓦解，另一方面人民有知識之後，容易非議國家的政令與國君本人，而造成國家與國君權威的失墜。韓非描述言論與思想之自由所產生的情景：

「亂世則不然，主有令而民以文學非之，官府有法民以私行矯之，人主顧漸其法令，而尊學者之智行，此世之所以多文學也。」（註一九五）

國家與國君若是尊重知識，國家就「多文學」，也就使得國家的秩序無法存續。

到戰國時期，由於歷史客觀的形勢，「知識」階層的人數膨脹，也逐漸產生了階層的意識（註一九六）；另外，從春秋時期形成的各思想學派，到戰國時期，都已發展出比較完整的體制，這些不同的學派各自以自己的觀念上的立場，互相批駁，當然也形成相當活躍、有創造力的思想界，但也形成思想駁雜，紊亂的景況。當時的思想家對此種思想駁雜、紊亂的思想界，都有批評，如莊子，他說：「有儒墨之是非，以是其所非而非其所是」（註一九七），但這種是非，是「樊然殽亂」（註一九八），吵吵鬧鬧的，就像是「鷇音」，就像是初生之鳥的鳴叫聲。如荀子，他說：「假今之世，飾邪說，文姦言，以梟亂天下，矞宇嵬瑣，使天下混然不知是非治亂之所存者有人矣。」（註一九九）韓非子本人則說：「海內之士，言無定術，行無常議，夫冰炭不同器而久，寒暑不兼時而至，雜反之學不兩立而治，今（國君）兼聽雜學繆行同異之辭，安得無亂乎？」（註二〇〇）

對於這種思想雜亂的思想界，各思想學派大都抱持著否定的態度，它們都欲求有一思想統一的思想界出現。因緣於這種期望，在思想上，它們都提出判定觀念之眞僞的準則。譬如，墨家提出「言有三表」（卽：「上本之於古者聖王之事」、「下原察百姓耳目之家」、「發以爲刑政，觀其中國百姓人民之利」）（註二〇一）的設準。荀子提出「兼陳萬物而懸衡焉，是故衆異不得相蔽以亂其倫也」的「道」的觀念設準（註二〇二）。就是連思想是「相對主義」色彩的莊子亦提出了「是不是，然不然。是若果是也，則是之異乎不是也亦無辯；然若果然也，則然之異乎不然也亦無辯」的「和之以天倪，因之以曼衍」的思辯取向（註二〇三），試圖消弭觀念的紛爭與論辯，以超脫「相對待」的價值與觀念的世界。

在這一方面，韓非則提出積端「實效論」的判定設準，他認定任何言論與行為要成之為正確有效的（valid），則必須看它們是否能產生實際的效果而定，而所謂的效果是指對國家的富強的實現有助益的、或有效的。他說「先王所期者利也，所用者力也」（註二〇四）。韓非以這樣的設準，否定了戰國時期各思想家的言論，他說：

「今世之談也，皆道辯說文辭之言，人主覽其文而忘有用。」（註二〇五）

他認為戰國時期的各界思想家祇是玩弄觀念與文辭，或者提出迂濶而似是宏偉的理論，或者架構出玄妙纖微離知的言論，這些言論對國家的富強都毫無用處的，就此，韓非說：

「人主之聽言也，不以功用為的，則說者多棘刺自馬之說；不以儀的為關，則射者皆如照也。……是以言有纖察微難而非務也。故李（克）、惠（施）、宋（榮子）皆畫策也；論有迂深閎大非用也。故畏（魏牟）、震（慎到）、瞻（瞻何）、車（田駢）、狀（莊周）皆鬼魅也；言有（據陳奇猷，改「而」為「有」）拂難堅确非功也，故務（光）、六（隨）、鮑（焦）、介（子推）、墨翟皆堅瓠也。」（註二〇六）

「纖察微難而非務」、「迂深閎大非用」、「拂難堅确非功」，是韓非對戰國末期之思想界的總批判。而這種批判的終極準是安置在極端的「實效論」的觀點上。

職是之故，在韓非的羣體秩序裏，是不必有知識與文化，也因此不需要文學之士、辯智之士的知識階層。這樣的國度之所以不需要知識與文化，不需要知識階層，純粹是因爲它們不但對於國家毫無用處，而且對國家與國君的權威與法令有破壞作用，韓非說：

「且居學之士，國無事不用力，有難不被甲；禮之則惰修耕戰之功，不禮則周主上之法，國安則尊顯，危則屈國（依陳奇猷，改「公」爲「國」）之威，人主奚得於居學之士哉？」（註二〇七）

另外，重要的是這些文學道德之士，平時不事農業生產，戰時不當兵。國君若是尊重他們、禮遇他們，那麼，導致的後果必定的「甲兵頓、士民病、蓄積索、田疇荒、困倉虛」（註二〇八）由是觀之，國家若要富強，最重要的條件在於全體人民皆務農事與軍務。所謂「倉廩之所以實者，耕農之本務也。」、「名之所以成、城池之所以廣者戰士也。」（註二〇八）全民皆兵皆農，國家才能富且強。在此，韓非是瞭解到新形成的中央集權的國家體制的基礎，在於自耕農以及自耕農組成的戰士。而且，在一個國與國的兼併戰爭慘烈與生存競爭劇烈的時代當中，一個國家若要生存，則全體國民的意志與生活的目標，必須在農耕與戰爭上。

分析到最後，韓非所謂的「公」或「公利」的行爲卽是從事勞動生產與衞國殺敵的行爲，依此「公」或「公利」的概念，韓非所建立起來的羣體秩序是：在這個秩序中，整個人民的活動一概是從事農耕與戰爭的活動，爲求國家的富強與生存，國家的人民不容許有思想言論的論辯的自由，人民的言論必須遵守國家確立的絕對眞理的標準，而沒有思想觀念上的紛爭紊亂。整體人民不思不想，在國家與國君的領導下，寂靜無聲地爲國從事農耕與殺敵的工作，正所謂「社稷之所以立者安靜也。」（註二〇九）

然而，在韓非爲秩序的觀念中，最根本者在於韓非欲求以國家富強的這一絕對的價值來轉化社會生活的所有價值，以及欲求農民和戰士的性格來變化整體人民的性格。

首先，韓非考察了社會一般人所欲求的行爲價值，這些行爲的價值卽是：把「賤名輕實者」謂之「高」，把「無利輕威者」謂之「重」，把「不從法令，爲私善者」謂之「忠」，把「輕法、不避刑戮死亡之罪者」謂之「勇夫」，把「好名義，不進仕者」謂之「烈士」。也就是說，一般人民把抗拒國君與國家的措施與法令的行爲，視之爲極爲高尚之價值的行爲。在此，韓非論斷說：「下之所欲，常與上之所以爲治相詭也。」（註二一〇）

更廣泛地來看，社會中一般流行的價值觀念是甚麼？又韓非如何評斷這些價值呢？依韓非的觀察，社會中的一般人把「惇愨純信，用心怯言」者視之爲「窶」，把「守法固、聽令審」者視之爲「愚」，把「敬上畏罪」者視之爲「怯」，把「言時節，行中適」者視之爲「不肖」，把「無二心私學、聽吏從教」者視之爲「陋」（註二一一）。簡言之，一般人民所排斥的行爲價值是作事專一、不敢多言，講厚畏怯、溫馴易使、聽法令的行爲價值。那麼，人民所欲求的行爲價值是甚麼呢？韓非也開出了一張清單：國君徵召而不就卽是謂「正」（正氣凜然），國君賞賜而不取是謂「廉」（清廉），跋扈難禁制是謂「齊」（專一之心志），「有令不聽」是謂「勇」、「無利於上」謂之「愿」（謹善）、「寬惠行德」是謂「仁」、「重厚自尊」是謂「長者」、「私學成羣」是謂「師徒」、「閑靜安居」是謂「有思」、「損仁逐利」是謂「疾」（敏疾於事）、「險躁佻反」是謂「智」、「汎愛天下」是謂「聖」、「言大本（依陳奇猷，「木」改爲「不」）稱而不可用，行而乖於世者」是謂「大人」、「賤爵祿、不撓上者」是謂「傑」（註二一二）。

依韓非的觀點，社會一般人民所欲求的行爲價值，却是違反了國家富強的「公」或「公利」的行爲價值，而一般人民所排斥或輕視的行爲價值正是求國家富強的「公」或「公利」的行爲，韓非就此論析說：「下漸行如此，入則亂民，出則不便也」（註二一三），韓非是把社會一般流行的而且爲人民所欲求的行爲價值論斷爲「漸行」，「漸行」依陳奇猷的註解，是謂「姦行」，即是會阻礙國家富強之實現的行爲。韓非在此也批評當時的國君，認爲他們不但不設法消除這些「上宜禁其欲，滅其迹而不止」（註二一四）的行爲價值，反而「從而尊之」。從是觀之，韓非是肯定一個國家如果欲追求富強的目標，國家的國君必須盡其可能撲滅社會流行的行爲價值觀，以及把人民的行爲價值觀導向國家富強的這一價值上。

這價值重估的導向卽是：國君與國家必須鼓勵整體人民在生活上往農耕與戰爭一途發展。以闡釋的觀點來看，韓非在此是明瞭一個有秩序的社會政治的羣體和一個欲求富強的國家，其人民必須有一定的性格。依韓非的看法，這性格表現在於「赴險殉誠，死節之民」、「寡聞從令，全法之民」、「

力作而食，生利之民」、「嘉厚純粹，整穀之民」、「重命畏事，尊上之民」、「挫賊遏姦，明上之民」身上（註二一五），韓非認爲唯有秉具此種性格的人民，即所謂「耕戰有益之民」，對國家的富強才是有用處的。但是，秉具這些性格的人民却爲當時的社會價值觀所輕侮，稱他們爲「失計之民」、「樸陋之民」、「寡能之民」、「愚戇之民」、「怯懾之民」、「讇讒之民」。對於那些無用於國富兵強的人民，社會却給予極高的評價，譬如，尊「畏死難，降北之民」爲「貴生之士」，尊「學道立方，離法之民」爲「文學之士」、尊「遊居厚養，牟食之民」爲「有能之士」、尊「語曲牟知，僞詐之民」爲「辯智之士」，尊「行劍攻殺，暴憿之民」爲「謙勇之士」，尊「活賊匿姦，當死之民」爲「任譽之士」（註二一六）。

總地說來，在韓非建立起來的社會政治之秩序的羣體當中，人民是不必有豐富的知識，優美的文化素養、獨立獨行的言行的表現，敏銳的思辨能力、追求自由的心志、甚至道德的行爲，依韓非看，人民一有這些行爲言論的表現，必定具有桀傲不馴的性格，而會不聽從國家與國君的權威，甚至批判與反抗權威，同時，這樣的人民一旦人數衆多，則國家賴以生存與富強的經濟生產力與戰鬭力必定會隨之削弱，如此，國家秩序不能維繫，國家的經濟力與戰鬭力又貧弱，在一個以「利」和「力」相爭奪的時代中，這樣的國家必定是岌岌可危的。

職是之故，韓非肯定地認爲：一個欲求秩序、安定和富強的國家，其人民必須是有樸實和謹厚的性格，有這種性格才能容易服從國君與國家的權威，他不必有廣博多聞的知識，因爲有這樣的知識會對既定的價值或權威產生懷疑，所以他最好是愚昧無知的；他要具有勤勞節儉的性格，這樣，他才能專心一致於農耕，同時，他也必須有踏難殉難的性格，有這種性格，才能在戰場上努力殺敵。簡言之，在韓非的思想中，理想的人民性格正是農民與戰士的樸厚與勇猛的性格。有此種性格的人民，任何一個國家才能建立起完美的秩序，有如是的人民，國家才能實現其富與強的目標。從是觀之，韓非把「學者」、「言談者」、「帶劍者」、「患役者」（卽謂逃避兵役與賦稅的人民）與「商工之民」視之爲「邦之蠹」，而要求當時的國君：「人主不除此五蠹之民，不養耿介之士，則海內雖有破亡之國，削滅之朝，亦勿怪矣。」（註二一七）。這時候，很清楚地可以瞭解：韓非祇認定農民與戰士才是其「理想國」中的「公民」。而且，也可以看出韓非是要求當時執政者把社會的行爲價值觀導向求國家富強的價值，以及把整個人民的性格塑造成樸厚與磽勇之農民與戰士的性格。

韓非所建立的羣體之秩序是一整個人民思想、言論、行爲都同一，甚至是性格也是同一的社會政治秩序。先秦時期的重要思想學派都強調羣體的秩序，也期望當時整個民族能從一紊亂的生活環境中走出安定與和諧的秩序來。然而，在戰國末期韓非的政治思想中，它們的秩序觀念被推向一相當激烈且極端的方向而發展。韓非之所以有這種秩序觀念的極端發展，除了有他自己的思想上的基本設定之外，先秦時期儒墨兩家對人羣秩序的問題所提出來的概念及其衍生的問題，也跟韓非秩序觀念的形成有著關聯。

先秦儒家的孔子、孟子與荀子，以及墨家的墨翟都各自提出有關羣體秩序的概念，他們思想的取向或者論析的重點雖然各有差異，但對於羣體秩序的建立，都有一共同的主張，那就是，認爲人的羣體沒有一最高的統治者是無法形成一個秩序，統治者遂是羣體秩序的樞紐所在。墨子的「尙同」理論，孔子的「天下有道，禮樂征伐自天子出」的政治觀點，以及荀子的「（國）君者，羣之原也」的言論無非都表示這種看法。因此，他們在思考羣體秩序的意義與如何建立起一合理和諧之秩序的問題時，共同的思想取向遂是：統治者既然是羣體秩序的關鍵所在，那麼，一位能承擔起羣體秩序之建立的關鍵地位的統治者必須具備甚麼樣的條件？同時，他跟受他治理的臣民之間，理想的相互關係是甚麼？擴大地來說，一個羣體的秩序要被建立起來，羣體之中的人與人彼此之間應該有甚麼樣的關係？

對於這些問題，儒墨兩家都主張羣體的最高統治者應當是人羣當中道德人格、智慧才能都是最高超的人物，即墨子所說「天下賢良聖知辯慧之人」，亦即儒家所認爲的，如古之堯舜的「聖人」。有這樣一位的統治者，才可能實施使羣體走向合理和諧之秩序的「仁政」，以及建立起「賢明政治」的政治格局。有這樣一位統治者出現，儒墨兩家都主張說全體的人民應當毫無疑問地順從他的觀念、施政的措施以及權治的權威。如此，理想的羣體秩序是一個統治者與被統治者「上下均同一」的社會與政治的秩序。

當然，一位「賢良聖知辯慧」的如「聖人」般的統治者雖然是建立起羣體秩序的一最重要的條件，但儒墨兩家尙且主張羣體當中人與人之間應當有一基本的人際相交接的原則，當這原則能被人實踐時，社會的秩序方能鞏固確立以及被維繫。就此，墨子提出了「兼愛」的學說，主張人與人之間能不分階層與出身之領域的隔閡，彼此間分享情意與利益，就能形成一無階層等級之差別，及無人我之間之隔離的平等且同一的社會與政治的秩序。

強調家族倫理，以及注重社會階層等級之區分的儒家學派，當然不能接受墨子所揭櫫的此種無人我之間之距離與消除人倫與社會層級之等差關係的「兼愛」的理論，但儒家學派也同樣強調人與人之間若果能實踐仁與義的道德原則，而彼此之間能相互敬愛、信任、尊重、寬恕、體諒，人羣裏就不會有衝突與傾軋的現象。在孟子，甚至以個人道德良知之「本心」的擴充，來做爲社會政治秩序的最根本的基礎。

就政治與社會秩序的建立而論，儒家尚且強調政治社會的階層等級的劃分，以及強調置於階層等級中個人的「分位」與規範，依此，孔子的「君君、臣臣、父父、子子」的「正名」的觀念，孟子的「勞心者」與「勞力者」的彼此合作，以造成「通功易事」之社會的觀點，以及荀子的以「分義」爲取向的「禮」的秩序觀念，無非都表現出如是的看法，一位合理和諧的社會政治的羣體秩序即是社會階層的等級與人倫的關係劃分得井然有序的生活結構，而且居於這結構的人能夠把「份內」的事情做好，謹守這「份內」的規矩，如此，羣體的和諧的秩序必定能形成。當然，提倡「尙賢」之原則的儒家學派所揭的秩序觀念並不是要造成一無社會流動的封閉式的封建式的羣體社會。這從荀子所說的「雖王公士大夫之子孫也，不能屬於禮義，則歸之庶人；雖庶人之子孫也，積文學、正身行，能屬於禮義，則歸之卿相士大夫。」（註二一八），是可以明瞭並不意圖恢復所謂的「封建社會」。

反省地來看，儒墨兩家的秩序觀念隱含著某些政治的難題。首先，誠如上面所論析的，儒墨兩家都認爲羣體秩序的瓦解，其主要的一因素在於人行爲的利益動機與人彼此之間的利益的衝突、傾軋，是故，消弭此種人羣利害衝突的現象，是建立起一羣體秩序的旨要條件之一。在此，儒墨兩家解決此問題的途徑是訴諸於道德的修身。人與人彼此的感情的連繫，與社會禮俗的規範等途徑。他們並沒有正視人的利益的慾求在人羣生活所佔有的地位，也就無法以另一種「選替」(alternative)途徑，去思索不用訴諸個人道德修養或情感之連繫，而能排解利益衝突的政治途徑。同時在「國無君則不治」與「集體同一」的政治秩序觀念的引導下，最後解決利益衝突的途徑即是透過強大的政治的控制力。關於此，儒家的荀子，或許是因爲生活於傳統封建制度已無所存續的戰國的新時代裏，所以也看出政治的控制力的必然性與必要性。誠如王叔岷先生所論析的：「禮義爲儒家所重，勢、法正、刑罰乃法家所重，荀子瞭解僅憑禮義不足以成化，必須配合勢、法正、刑罰，乃可以爲治，其言論已傾向法家。」（註二一九）

從是觀之，韓非發展出他的秩序觀念是有其思想傳承的理路可循。承受先秦儒墨兩家所開出來的「國無君則不治」、「集體同一」義涵的秩序觀念，韓非發展其秩序觀，而在發展上，韓非正視人的利益在羣體生活層面上的重要地位，他甚至把人追逐一已之利益視之爲人的情性，這或許部分承受荀卿的人性論，但部分也依據他本人實證式的觀察，然而，對人之利益之政治意義的正視，並沒有使他在政治的思想上有一新的發展途徑。他的秩序觀念的形式還是承受先秦儒墨兩家秩序觀念的架構，但依據他個人對人之情性的看法，以及依據他「價值一元論」的思想的基本原則，而建立起一極權式的社會政治秩序的觀念。他確立起此種秩序觀念的理路則是：首先認定人本質上都是自利自爲的，他的行爲遂都是「私利」的行爲，其次，國家的建立及其發展自有它的邏輯，這邏輯卽是它自求一己的茁壯，也就是求自己的富庶與強大是它生存與發展的理則，但人的行爲的動力是自利自爲的，這種自利自爲，依韓非的論點，是跟國家求富強的「公利」相違背的，所謂「相詭也」。因此，羣體的政治社會秩序欲被建立起來的重要取向，則是國家的此種「公利」的取向，國家必須盡可能地消滅社會上任何跟國家之「公利」相背逆的行爲、價值觀，甚至是人的性格。

韓非既然揭櫫如此明確的政治秩序的觀念，接下來，我們必須探討的是：就實行的觀點來看，韓非提出甚麼策略來建立他預期的羣體秩序？卽是「勢」、「術」與「法」。國家的統治者憑藉著權力的「勢位」，一方面運用「藏之於胸中」的「術」控制官僚機構中的臣僚，另一方面運用成文的「法令」控制人民。在此，韓非是綜合了愼到、申不害和商鞅的政治治理的觀點。然而，就羣體秩序的角度來看，我們可以說韓非是較偏重於「法的統治」。我們可以說韓非的社會秩序是靠「法」支撐的。「法」是韓非之秩序之形構的內蘊的一主架，「法治」是達成此秩序之目標的途徑。

在瞭解韓非所提出的此種治理的手段上，我們也可以看出荀子的一論證模式又表現於韓非的思想理路當中，那就是：韓非相信人的對事物、對自然的支配力是無盡且巨大的，而人也可以運用此巨大的支配力來治理人。國家的統治者可以像是一位偉大的工匠，把臣民當作像彎曲的木材與未經雕琢的礦石一般的材料，運用方圓規矩，塑造他們，使之成為標準的且有用的製造成品。

以下就論析韓非政治思想中有關「法」、「術」與「勢」的觀念。

【附註】

註一　關於這種論斷的意見，參考郭鼎堂，〈十批判書〉「韓非子的批判」（頁三三四），郭氏將Machia-velli譯成為「麥迦威理」，本文改為「馬基維利」。論析韓非思想的學者有些也喜歡把韓非的思想跟馬基維利的思想相互比較。兩人的政治思想雖有相似的觀念在。但兩人承受的政治經驗和思想的傳統並不一樣。馬基維利承受的是古希臘羅馬的自由之共和城邦的政治理念和基督宗教的傳統，韓非承受的是「一人之治」的政治經驗的傳統。馬基維利追求的是城邦的自由，而韓非追求的是國君之私利的國家之富強。

註二　陳奇猷，〈韓非子集釋〉（台北，漢京文化公司景仰），下冊，「五蠹」篇，頁一〇六七。

註三　關於韓非批判儒墨兩家之思想觀念的篇章，見「五蠹」、「外儲說左上」、韓非是以「仁義無用於治國」的觀點批判儒墨兩家之思想觀念的篇章，見「五蠹」、「外儲說左上」，韓非是以「仁義無用於治國」的觀點批判儒墨兩家的「道德理想主義」。另外對於墨家之後學所從事的概念辨析的工作，韓非批判為「畫策」，認為這種學問是「言有纖微難察而非務也」（「外儲說左上」）。

註四　朱熹，〈論語集註〉（台北，世界書局）「微子」篇。

註五　〈國語〉（台北，漢京文化公司，新校本），卷十六，「鄭語」，這種言論，是史伯回答鄭桓公的「周其弊乎？」問題而提出的，他說：「夫和實生物，同則不繼。以他平他謂之和，故能豐長而物歸之；若以同裨同，盡乃棄矣。故先王以土與金木水火雜，以成百物。是以和五味以調口，剛四支以衛體，和六律以聰耳，正七體以役心，平八索以成人，建九紀以立純德，合十數以訓百體。」

註　六　楊伯峻，〔春秋左傳注〕（台北，源流出版社），下冊，「魯昭公二十年」。

註　七　孫貽讓，〔墨子閒話〕（台北，人人文庫版，商務印書館），第三卷，「尙同」上，頁四七。

註　八　同上，「尙同」中，頁五〇。

註　九　同上，「尙同」下，頁五八。

註一〇　同上，「尙同」中，頁五一。

註一一　同上，「尙同」中，「是故選擇天下賢良聖知辯慧之人，立以爲天子」，墨子在此預設人可以產生有關「誰是適當之統治者？」的共識。

註一二　同上，「尙同」中，頁五五。

註一三　同上，「尙同」中，頁五二。

註一四　同上，頁五二—五三頁。

註一五　關於這方面的論析與說明，參見蔡英文，「天人之際—傳統思想中的宇宙意識」，收錄於劉岱主編，〔中國文化新論—思想篇㈡〕，〔天道與人道〕，頁二八八—二九二頁。

註一六　墨子的這種說法可能尙且保持著有關上古時期部落族長之產生的方式。他的「尙同」、「兼愛」與「天志」的觀念也表現「部落主義」（tribalism）的色彩，如要求集體同一，互相分享情感和利益，以及思想觀念上沒有分辨「自然」與「人爲」的範疇。

註一七　〔墨子閒話〕，第三卷，「尙同」中，頁五〇。

註一八　同上，「尙同」下，頁六一。

註一九　同上，「尙同」中，頁五六。

註二〇　同上，「尚同」中，頁五六。

註二一　同上，「尚同」中，頁五六。

註二二　同上，「尚同」下，頁五七。

註二三　同上，「尚同」下，頁六〇。

註二四　同上，「兼愛」中，頁六七。

註二五　同上，「兼愛」下，頁七八。

註二六　〔孟子〕，「滕文公」下，〔四書集註〕，頁九〇—九一。

註二七　見〔荀子集解〕，「非十二子」篇。

註二八　同上，「富國」篇。

註二九　同上，「富國」篇。

註三〇　〔墨子閒詁〕，第四卷，「兼愛」中，頁六七。

註三一　同上，「兼愛」下，頁七八—七九。

註三二　同上，「兼愛」中，頁六八。

註三三　同上，「尚賢」下，頁四四。

註三四　同上，「兼愛」中，頁六七。

註三五　同上，「兼愛」下，頁八一。

註三六　同上，「兼愛」中，頁六八。

註三七　同上，「兼愛」上，頁六六。

註三八　同上，「兼愛」下，頁七八。

註三九　參見 Reinhold Niebuhr, Moral Man and Immoral Society（Charles Scribner's Sons, New York, 1960），頁七三，他說「這些限制不可避免地會使宗教性格的愛的精神在一人數到達某種程度以上的羣體裏，會喪失其力量。因爲在這個羣體中社會的關係是非個人的，非直接的，而且它本身即是非常複雜的情況。」

註四〇　〔韓非子集解〕，下册，第十九卷，「五蠹」篇，頁一〇五一。

註四一　〔論語〕，「八佾」篇，〔四書集註〕，頁一六。

註四二　同上，「八佾」篇，頁一五，「子曰：夏禮吾能言之，杞不足徵也。殷禮吾能言之，宋不足徵也。文獻不足故也，足，則吾能徵之矣。」

註四三　同上，「八佾」篇，頁一六，「子入大廟，每事問，或曰：孰謂鄹人之子知禮乎？入大廟，每事問，子聞之曰：是禮也。」

註四四　同上，「八佾」篇，頁一八。

註四五　同上，「八佾」篇，頁一五。

註四六　同上，「八佾」篇，頁一二。

註四七　同上，「季氏」篇，頁一一四。

註四八　同上，「顏淵」篇，頁八二。

註四九　同上，「八佾」篇，頁一七，「定公問君使臣，臣事君，如之何？孔子對曰：君使臣以禮，臣事君以忠。」

註五〇　同上，「子路」篇，頁八七—八八。

註五一　同上，「子路」篇，頁八八。

註五二　同上，「衛靈公」篇，頁一〇六。
註五三　同上，「八佾」篇，頁一三。
註五四　同上，「陽貨」篇，頁一二二。
註五五　同上，「公冶長」篇，頁二六—二七。
註五六　同上，「公冶長」篇，頁二九—三〇。
註五七　同上，「八佾」篇，頁一三。
註五八　同上，「憲問」篇，頁九四。
註五九　同上，「里仁」篇，頁二一。
註六〇　同上，「衛靈公」篇，頁一〇七。
註六一　同上，「里仁」篇，頁二一，也見「述而」篇，頁四七。
註六二　同上，「里仁」篇，頁二一。
註六三　同上，「雍也」篇，頁三六。
註六四　同上，「子路」篇，頁九二。
註六五　同上，「雍也」篇，頁四〇。
註六六　同上，「子罕」篇，頁五七。
註六七　同上，「微子」篇，頁一二九。
註六八　同上，「子罕」篇，頁五六。
註六九　同上，「里仁」篇，頁二二。
註七〇　同上，「里仁」篇，頁二〇。

註七一　同上，「陽貨」篇，頁一二一。

註七二　同上，「雍也」篇，頁三七。

註七三　從「禮」轉化成合理正當之「義」的觀念，見「泰伯」篇，頁四九—五〇，「子曰：恭而無禮則勞，慎而無禮，則葸，勇而無禮，則亂，直而無禮，則絞。」

註七四　同上，「子罕」篇，頁五五—五六。

註七五　同上，「陽貨」篇，頁一二四。

註七六　參見林毓生，「The Evolution of the Pre-Confucian Meaning of Jen and The Confucian Concept of Moral Autonomy」in Monumenta Serica, Vol, 31 (1973), pp. 178。

註七七　同上，pp. 179。

註七八　〈孟子〉，「滕文公」上，〈四書集註〉，頁七三。

註七九　同上，「滕文公」上，頁七七。

註八〇　同上，「離婁」上，頁九八。

註八一　同上，「告子」上，頁一六三。

註八二　同上，「告子」上，頁一七〇。

註八三　同上，「告子」上，頁一六一。

註八四　關於「牛山之木」的比喻，見「告子」上，頁一六四。

註八五　同上，「盡心」下，頁二〇九。

註八六　同上，「離婁」下，頁一二〇—一二一。

註八七　同上，「盡心」下，頁二〇八。

註八八　同上，「公孫丑」上，頁三九，此篇是孟子談「養浩然正氣」的文章，他說這浩然之氣，「其爲義也，配義與道，無是餒也，是集義所生者，非義襲而取之也。行有不慊於心，則餒矣。我故曰：告子未嘗知義，以其外也。」孟子認爲「集義而生」的「浩然之氣」是以人的「良知」爲基礎而培養出來的，「良知」表現爲道德的反省。

註八九　同上，「公孫丑」上，頁三七。

註九〇　同上，「離婁」上，頁一〇五—一〇六。

註九一　同上，「盡心」下，頁二一六。從儒家的道德實踐的觀點來看，道德的實踐是講求行爲之內在動機的純正。卽所謂內心的誠意。如是，過於虛飾的行爲是「不道德」的行爲。

註九二　同上，「盡心」下，頁二一七。

註九三　同上，「盡心」上，頁一九四。

註九四　同上，「盡心」下，頁二一〇。

註九五　同上，「盡心」上，頁一八八。

註九六　同上，「告子」上，頁一〇三。

註九七　同上，「告子」上，頁一〇三。

註九八　同上，「離婁」上，頁一〇三。

註九九　同上，「盡心」上，頁一八七—一八八。

註一〇〇　同上，「梁惠王」上，頁一四。

註一〇一　同上，「梁惠王」上，頁一。

註一〇二　同上，「告子」下，頁一七七。

註一〇三　同上，「告子」下，頁一七七。

註一〇四　同上，「離婁」下，頁一一三。

註一〇五　同上，「公孫丑」上，頁四二。

註一〇六　同上，「梁惠王」上，頁一四。

註一〇七　同上，「梁惠王」上，頁一一一一二。

註一〇八　同上，「梁惠王」上，頁四。

註一〇九　同上，「梁惠王」上，頁四。

註一一〇　同上，「梁惠王」上，頁四。

註一一一　同上，「梁惠王」上，頁七。

註一一二　關於這種解釋與批評的論點，見陳弱水「追求完美的夢——儒家政治思想的烏托邦性格」，收錄於〈中國文化新論，思想篇(一)〉，〈理想與現實〉（台北，聯經出版事業公司，民國七十一年）頁二二二。

註一一三　〈孟子〉，「梁惠王」下，〈四書集註〉，頁二九一三〇。

註一一四　同上，「離婁」上，頁一〇五。

註一一五　同上，「離婁」上，頁一〇五。

註一一六　王先謙，〈荀子集解〉，「王制」篇。參見〈荀子新注〉（台北，里仁書局，民國七十二年）的註釋，以下引文出處的頁數則以此書爲準。

註一一七　同上，「榮辱」篇，頁五七。

註一一八　同上，「榮辱」篇，頁五八。
註一一九　同上，「王制」篇，頁一五三。
註一二〇　同上，「富國」篇，頁一七一。
註一二一　同上，「王制」篇，頁一五二。
註一二二　同上，「仲尼」篇，頁一〇二。
註一二三　同上，「儒效」篇，頁一三二。
註一二四　同上，「性惡」篇，頁四六九。
註一二五　同上，「榮辱」篇，頁五二。
註一二六　同上，「榮辱」篇，頁五一。
註一二七　同上，「禮論」篇，頁三八七。
註一二八　同上，「禮論」篇，頁三七三。
註一二九　同上，「禮論」篇，頁三八六。
註一三〇　同上，「禮論」篇，頁三六九。
註一三一　同上，「性惡」篇，頁四六七。
註一三二　同上，「正名」篇，頁四五七。
註一三三　同上，「解蔽」篇，頁四三二。
註一三四　同上，「性惡」篇，頁四七二。
註一三五　同上，「性惡」篇，頁四七〇。
註一三六　同上，「性惡」篇，頁四七四。

註一三七　同上，「性惡」篇，頁四七四。
註一三八　同上，「性惡」篇，頁四六六。
註一三九　同上，「天論」篇，頁三三〇。
註一四〇　同上，「禮論」篇，頁三七六。
註一四一　同上，「禮論」篇，頁三七七。
註一四二　同上，「禮論」篇，頁三八三。
註一四三　同上，「解蔽」篇，頁四一八。
註一四四　同上，「解蔽」篇，頁四一九。
註一四五　同上，「修身」篇，頁一九。
註一四六　同上，「君道」篇，頁二三三。
註一四七　同上，「王制」篇，頁一五三。
註一四八　同上，「君道」篇，頁二三六。
註一四九　同上，「正論」篇，頁三四二。
註一五〇　同上，「君道」篇，頁二三一。
註一五一　同上，「君道」篇，頁二三六—二三七。
註一五二　同上，「王制」篇，頁一四二—一四三。
註一五三　同上，「君道」篇，頁二三九。
註一五四　同上，「君道」篇，頁二三九。
註一五五　同上，「君道」篇，頁二四二。

註一五六　同上，「正名」篇，頁四四九。

註一五七　同上，「正名」篇，頁四四二—四四三。

註一五八　同上，「正名」篇，頁四四四。

註一五九　同上，「正名」篇，頁四四四。

註一六〇　同上，「正名」篇，頁四四四。

註一六一　同上，「正名」篇，頁四四二。

註一六二　同上，「天論」篇，頁三二六。

註一六三　同上，「解蔽」篇，頁四二二—四二三。

註一六四　同上，「正名」篇，頁四四九。

註一六五　同上，「非十二子」篇，頁七七。

註一六六　同上，「正名」篇，頁四四九。

註一六七　同上，「非十二子」篇，頁八三。

註一六八　同上，「正名」篇，頁四四九。

註一六九　陳奇猷，〈韓非子集釋〉下冊，第十七卷，「問辯」篇，頁八九九。

註一七〇　見勞思光，〈中國哲學史〉（台北，華世出版社，民國六十四年），第一卷，頁二八八。

註一七一　見任繼愈，「韓非的社會政治思想的幾個問題」，收錄於〈中國古代哲學論叢〉（台北，帛書出版社景印，民國七十四年）頁一四一。

註一七二　這種道德上的扭曲，西方當代一位政治哲學家艾潤德（Hannah Arendt）稱之為「美德的恐怖」（the terror of virtue），道德的實踐是講求正心誠意的純正動機，可是一位統治者也要求其子民對國家或對他，也必須具有純正動機的話，很可能造成無名的恐怖統治。有關此論點，參見她的 On Revolution (Penguin Books, 1981) pp. 98—109。

註一七三　〔韓非子集釋〕，下冊，第十五卷，「難、一」，頁八〇〇。

註一七四　參見西嶋定生「中國古代統一國家的特質」，杜正勝譯，收錄於杜正勝編〔中國上古史論文選集〕（台北，華世出版社，民國七十一年）頁七二九—七四八。

註一七五　參見杜正勝，〔周代城邦〕（台北，聯經出版公司，民國六十八年）關於「假氏族血緣聯繫」是指采邑的卿大夫跟封地內的異性族羣因長期的治理關係而形成的情感的聯繫。

註一七六　增淵龍夫，「春秋戰國時代的社會與國家」，杜正勝譯，收錄於杜正勝編〔中國上古史論文選集〕（台北，華世出版社，民國七十一年），頁八五一—八八八。

註一七七　〔韓非子集釋〕，下冊，第十八卷，「六反」篇，頁九四八。

註一七八　同上，下冊，第十一卷，「外儲說左上」頁六三八。

註一七九　同上，上冊，第八卷，「說林下」，頁四五三。

註一八〇　同上，下冊，第十九卷，「顯學」篇，頁一〇九九。

註一八一　同上，下冊，第十九卷，「五蠹」篇，頁一〇五八。

註一八二　同上，「五蠹」篇，頁一〇五八。

註一八三　同上，「外儲說左上」，頁六五二。

註一八四　同上，下冊，第十八卷，「八說」篇，頁九七二。

註一八五　同上，上冊，第四卷，「孤憤」篇，頁二〇七。

註一八六　見上引之增淵龍夫之文，頁八七四，與西嶋定生之文，頁七四五。

註一八七　〈韓非子集釋〉，上冊，第五卷，「備內」，頁二八九。

註一八八　同上，下冊，第十七卷，「說疑」篇，頁九一三。

註一八九　同上，上冊，第四卷，「孤憤」篇，頁二〇九。

註一九〇　同上，上冊，第二卷，「八姦」篇，頁一五二—一五三。

註一九一　同上，下冊，第十七卷，「說疑」篇，頁九一三。

註一九二　同上，上冊，第五卷，「飾邪」篇，頁三〇七。

註一九三　同上，下冊，第十八卷，「八說」篇，頁九七四。

註一九四　同上，下冊，第十七卷，「問辯」篇，頁八九九。

註一九五　同上。

註一九六　參見余英時，〈中國知識階層史論（古代篇）〉（台北，聯經出版公司，民國六十九年）頁三八—五七。

註一九七　〈莊子集釋〉「齊物論」，

註一九八　同上。

註一九九　〈荀子集解〉，〈非十二子〉篇，

註二〇〇　〈韓非子集釋〉，「顯學」篇，

註二〇一　〈墨子閒話〉，「非命」篇，

註二〇二　〈荀子集解〉，「解蔽」篇，

註二〇三　〈莊子集解〉，「齊物論」

註二〇四　〈韓非子集釋〉，「外儲說左上」

註二〇五　同上，

註二〇六　同上，

註二〇七　同上，

註二〇八　同上，上冊，第一卷「初見秦」篇，頁五。

註二〇九　同上，下冊，第十七卷，「詭使」篇，頁九三四。

註二一〇　同上，

註二一一　同上，

註二一二　同上，

註二一三　同上，

註二一四　同上，

註二一五　同上書，「六反」篇，

註二一六　同上，

註二一七　同上書，「五蠹」篇，

註二一八　（荀子集解），「王制」篇，

註二一九　見王叔岷先生「司馬遷論慎到，申不害與韓非之學」（史語所集刊）五十四冊一分（民國七十二年三月）頁八九—九〇。

第四章　韓非政治思想中的「刑」與「法」的觀念

——兼論「法」、「術」與「道」之觀念的問題

就以上的探討，我們可以看出韓非的政治思想是確立起一箇政治統治的終極目標，而這目標正是欲求建立一個經濟富庶、軍事力量強大的國家。爲了達成這個目標，國家的最高領導者必須先鞏固國家的政治和社會的秩序，就此能動員全體人民的力量，讓他們爲國君與國家奉獻其勞動生產力，甚至不惜犧牲其生命。依韓非的見解，通往這個目標的最有效的途徑在於：讓官僚機構裡的官員和一般的平民的一切行爲都能夠以這個目標當作生活的最高指導原則；因此，在政治統治的技術上，國君有必要以權術來維持他的權位，並且憑藉著嚴厲的刑罰以壓制人民，使他們從內心產生對國君與國君之統治機構的畏懼心理，依此，把本是爲自利的人造就成爲遵國君之法令、樸質無華的有德的「公民」，就此，把一國之內互爲不同的個體結合成宛若祇有一個個體的秩序。

反省地來看，如果我們從理論的層面上去解釋韓非的這一套政治的思想，是可以說，韓非的政治思想蘊含著一種「價值一元論」的觀點；也就是，在思索國君政治統治原則上，韓非是把人生活的基本價值，譬如，知識的追求、正義的崇高、友誼的護持、藝術的創造、遊藝的活動……等多元性的價

值，化約成一項單一的價值，肯定國家的富强和安全纔是唯一重要的價值。不但如此，站在國君統治的立場上，韓非甚至强調國民應該全體一致地認同這個唯一的價值，認同者方可生存，不認同或違反這價值者，是國家的「蠹蟲」，而應該被剷除。簡而言之，國君應訴諸一種特殊的統治手段，把多元性的生活景觀壓縮成爲一種「不同而勉强爲之和」的齊一的生活秩序。在這樣的生活秩序裡，整體的人民纔能變成爲國君與國家的工具，發揮其最大的能力。

如是，我們說韓非的政治思想的原則表現在他所揭櫫的「價值一元論」，或者，具體來說，以「富國强兵」的人主之大利爲政治治理的唯一目標。也强調這是全體人民在生活和行動上所執守的唯一價值。揭示這樣明確的目標，韓非同時提出爲完成這一個目標與價值而必須實行的行動策略或技術。在韓非思想的結構裡，誠如一般所理解的，「法」被認爲是達成這一目標的有效的途徑之一，「法」的觀念遂是韓非思想中的一相當重要的觀念，也是傳統的「法家」思想學派的一重要主導觀念。

這一章節就探討韓非的「法」與「法治」的意義。就韓非思想的政治策略的層面來說，韓非所主張的欲實現其預期的群體秩序與富强之目標的途徑，並不祇是「法治」的途徑，韓非還强調特別用之於官僚體制的「術」，不過，從群體秩序的建立——特別是組織民衆與控制民衆——來看，韓非是肯斷「法治」的有效性，這是毫無疑問的。透過「法」的統治，韓非認爲廣大的民衆才能因懼怕嚴刑峻罰的懲戒，而從「內心」服從國家與國君的權威及其所標定的價值準則。但是，韓非還注意到國君在從事政治統治的工作時，面臨著一個問題，就是內廷的親近的人員與官僚叛變的問題，所謂「內廷政變」

的問題，因此，國君必須運用一套技術來控制官僚與親近之人，方能保證政治的穩定性。韓非在强調「法治」時，也同時肯定「術」之運用的重要性。

依韓非政治思想的理路觀之，韓非也因着重「術」的運用，使他的思想從「法治」轉向「人治」，關於這一點，沈剛伯先生很有見地的說：「這種以權術運用刑名的政治既非禮治，亦非法治，實爲人治。它始終是『人存政亡，人亡政息』；縱令行之得人，仍是只能强國而不能安民，只能統一天下於一時而不能治理天下於久遠。」（註一）從這一方面，我們或許可以瞭解韓非或法家必然運用老子的「道」之觀念的思想上的理由。這一章節也以這樣的途徑，闡明韓非的「術」與「道」之思想關聯。

韓非提出「法治」的統治途徑是有其客觀的歷史的背景及其觀念上的傳承。在韓非建立其「法治」理論之前，整個民族因應封建城邦體制之式微所起的政治、社會與經濟的變遷，開始發展新的政治治理的途徑，這卽是試圖以「成文法」與客觀制度的治理途徑更有效地建立起一政治秩序。從西元前第六世紀的「成文法」的公佈，以至於西元前第五世紀的李悝、吳起與申不害和商鞅的實際的政治改革，都是這新的政治治理途徑的「實驗」。當然，有了實際的實踐經驗之後，繼之而起的是思想觀念的反省，關於這方面，愼到與申不害都提出有關「法治」的理論。戰國末期的韓非順此實踐與觀念，而建立其有關「法治」的理論。這章節也以此一研究的取向（approach），嘗試闡明以下的問題：在「成文法」公佈之前，整個民族已經有「兵刑合一」的政治治理的方式，「成文法」跟這一「兵刑合一」的政治治理的傳統有何關係？愼到與申不害等所謂的「前期法家」對當時的「法治」的治理途徑，透思想的反省，提出甚麼理論？韓非對這些理論提出甚麼批評？以及關於「法治」的有效性，韓非提出甚麼樣的論證？最後，韓非在主張「術」的控制時，這種「術」的論點跟老子的「道」的思想有何關聯？

一、古代的「兵刑」與西元前六世紀後的「法」的實行

中國有「成文法」，依據歷史的記錄，是在西元前第五世紀的時期，各由當時的鄭國與晉國的子產與范宣子所頒佈。但這並不表示在此之前，整個民旅的生活世界是一個「無法」的混亂的生活世界。當整個民族開始有群體生活之形態出現後，必定也發展出整體人民所應該遵守的規則，明白表示他們應有的權利、義務、以及彼此相處之道，若彼此之間有爭端與傷害，也必定有某種解決的方式，否則群體的生活形態必定無由成立（註二）。依我們對春秋以前的歷史的有限的理解，我們可以說先民是靠「禮」與「刑」來維繫群體生活的形式的。而從歷史發展的觀點來看，「禮」確立於西周封建城邦的時期，「刑」則是確立於殷商時期，關於這一點，從荀子的說法，也可理解大概，荀子說：「後王之成名，刑名從商，爵名從周，文名從禮」（註三），對建制與先秦的禮儀是周人的創作，而刑名則係沿用商朝之舊（註四）。在此，我們也可以說春秋戰國時期的思想家在思考群體秩序的意義時，所憑藉的資源是這種「禮」與「刑」的歷史經驗。在這裏，要探討的問題是：古代的所謂「刑」是甚麼一回

事？整個民族實行的這「刑」的特殊性格是甚麼？「成文法」公佈以後，「法」跟「刑」有甚麼關聯？依這些問題的瞭解，本文嘗試去說明法家與韓非的「法治」觀念的眞實內涵。

㈠古代的「兵刑合一」

古代的「刑」是甚麼？漢朝，班固在寫「刑法志」時，有這樣的說法，他說：「書云：天秩有禮，天討有罪，故聖人因天秩而制王禮，因天討而作五刑。大刑用甲兵，其次用斧鉞，中刑用刀鋸，其次用鑽鑿，薄刑用鞭朴，大者陳諸原野，小者致之市朝，其所繇來者上矣」（註五），再參照春秋時期魯大夫臧文仲的言論：「刑五而已，大刑用甲兵，其次用斧鉞，中刑用刀鋸；其次用鑽鑿，薄刑用鞭朴；以威民也，故大者，陳之原野，小者致之市朝，五刑三次」（註六），從以上資料顯示，所謂甲、兵、斧、鉞、都是戰爭所用的武器，皆「陳之原野」，原野卽是戰場，這表示征伐是謂大刑，而刀、鋸、鑽、笮都是用之於像墨、劓、刖等大刑的工具。處決刑犯的地點皆在市集處，表示「與衆棄之」的意思，而刑犯較輕者在朝廷。因此，「原野爲一，市爲一，朝爲一，未嘗截然別原野於市、朝之外」（註七）。由上古以來的刑罰的傳統，從是觀之，其主要的特質是表現在於「兵刑」不分之上。

據顧頡剛先生的意見，古代之所以兵刑之分，是因爲古代政治制度尚處樸陋階段，在官職的劃分上，並不嚴然，且有互相重疊的現象，在西周時期，可能有「司馬」與「司寇」的官職分立，「司馬」主軍旅而「司寇」主刑罰。但顧先生引〔國語〕之「晉語」中，范文子所言：「今吾司寇之刀、鋸日弊，而斧、鉞不行」進一步說明：卽使到封建城邦時期，「司寇之國併掌兵、刑者矣」，而兵刑亦未分職。

刑罰由來以久，據史册所載，夏王朝有「禹刑」、商王朝有「湯刑」，周有「九刑」。在維持人集體生活的秩序上，刑罰本然是一必要的工具，班固在「刑法志」的引論裡，指陳這個道理，他說：「聖人取類以正右，而謂君爲父母，明仁愛德讓，王道之本也。愛待敬而不敗，德須威而久立，故制禮以崇敬，作刑以明威也，……制禮作教，立法設刑，動緣民情，而則天象地，……刑罰威獄，以類天之震曜殺戮也」（註八），刑罰的作用在於顯示群體之領導者的威嚴，以確保群體秩序之維繫。但是，刑罰與用兵或戰事爲何在古代並不截然劃分爲二？除了有上面陳析的政治制度的樸陋的原因之外，我們尙且可以從上古時期集體生活之體制的情況，獲得部份的解釋。

就上古時期的歷史變遷來看，民族的生活體制到新石器時代的西元前三千年左右，因氏族群彼此之間的戰爭、兼併或婚媾，而逐漸擴大成爲聯結成幾個氏族而成的部落聯盟，以一個在兼併的戰爭中取得勝利而能征服許多氏族群的氏族的領導者，作爲這個較複雜之生活體制之「共主」。可能在這個時期，開始有刑罰，部落聯盟之「共主」用兵懲罰那些不服從其權威的被統治的氏族。〔尙書〕，「堯典」記舜之言說：「象以典刑，流宥五刑。鞭作官刑，扑作敎刑，金作贖刑眚災肆赦，怙終賊刑」這刑罰是施用於不服從共主之權威命令的氏族群或人民。另外也記錄舜勒命皐陶之辭：「蠻夷猾夏，寇賊姦宄。汝作士，五刑有服，五服之就」（註九），這刑罰則是用兵力懲罰來犯的其他的氏族群。

降至三代，整個民族在「部落聯盟」的基礎上，逐漸形成以一城邑爲領導中心而控制其他部落的雛形的國家體制，在商朝，「共主」之領導權是由子姓的氏族群所掌握。有雛形之國家體制的形成，這正代表者「共主」權威的增强，在此時，整個民族的文明也形成黃河中下游的區域以及此區域以外之地區的所謂「蠻」、「夷」的兩大領域。商王朝，從西元前十三世紀以後的甲骨文資料來看，不斷地用兵於這兩個區域，一方面懲罰黃河中下游地區不服從其權威的氏族，一方面則征伐「蠻」、「夷」的部族。或許子姓之族群敬鬼神，崇祭祀，因此，用來懲誡、討伐敵人和「蠻」、「夷」的刑罰也加進了宗教的儀式。商人在戰爭中俘獲敵人，須於朝歌（河南湯陰縣）行獻俘禮，然後用「用」或「施」的刳腸或斬頭的方式殺死，對於凱旋的軍隊所繫執的俘虜，商王要舉行迎接的儀式（註一〇）。在此，我們可以說所謂的刑罰變成了一種祭祀與慶典兼具的儀式。

西元第十一世紀，來自涇、渭流域地區的姬姓部落挾著武裝拓殖的精神，攻克殷商王朝，經過將近一個世紀的經營，建立起一個以血緣關係作爲分配政治權力和經濟利益之原則，把姬姓的宗室親戚分封於征服地上，讓他們在征服地上「封疆定界」，建立起城邑之軍事和行政中心，藉這封建之城邑的網路屏藩王畿的「封建城邦」的政治體制。在政治治理上，姬姓的統治貴族因當時氏族的社會結構，而瞭解到治理之不易，是故，一方面强調「明德愼罰，不敢侮鰥寡」的寬厚的治理原則，另一方面，則確立因襲各地之風俗、禮法而治的治理方式，簡言之，卽是採取「懷柔安撫的政策，土著氏族可以享受政治權利，但奉戴周人爲領袖的原則是不變」的政治治理的方式（註一一），由於血緣關聯的强調、寬厚之「德治」之原則的被認識，如此，因俗而治的懷柔安撫之政策就被確立。

在這個時期，於人的意識中，用兵的戰爭與刑人的刑罰依舊是不分的。在封建城邦的時期——或謂春秋時期——上層的統治貴族依然保持著這種意識。魯僖公二十五年（635B.C）晉文公因定王子帶之亂，有功，朝覲周襄王，周襄王與之陽樊、溫、原、欑茅之田，但陽樊不服，晉文公動兵圍之，蒼葛呼曰：「德以柔中國，刑以威四夷宜吾不敢服也。此，誰非王之親姻，其俘之也？」（註一二）；由蒼葛的這段話，可看出封建城邦時期，在刑罰的制度上，依舊沿襲殷商的傳統，用兵亦是一種刑罰，懲罰那些不服從領導者之主權的族群——包括蠻夷的族群；而蒼葛之所以强調「德以柔中國」，是因爲中國或黃河中下游地區的封建城邦國家彼此之間都有「伯叔甥舅」的直接或間接的姻親關係，故兵刑不宜於用之於中國。魯宣公十二年（597B.C）晉與楚在邲會戰，兩軍會戰之前，將晉國之上軍的隨武子（卽士會）曾說：「會聞用師，觀釁而動。德、刑、政、事、典、禮不易，不可敵也，不爲是征。楚君討鄭，怒其貳而哀其卑，叛而伐之，服而舍之。德、刑成矣。伐叛，刑也；柔服，德也，二者立矣……」（註一三），依士會的這段話，所謂刑罰卽是動兵討伐叛逆，所謂德卽是柔服順從者。封建城邦時期，兵刑與懷柔安服的政治治理，跟宗教的祭典和維持上下貴賤之社會階層的「禮」是爲城邦國家，甚至是整個封建體系的基礎。

透過以上的歷史分析，可以明瞭整個民族到封建城邦時期，用兵的戰爭與刑罰是合而爲一的一件事，兵刑合一，從當時的集體生活的體制來看，是反映出當時以氏族群爲基本組織的社會生活結構的特質，用刑正是對叛逆之族群用兵，訴諸軍事力量討伐罪。

當然，在封建城邦時期，用刑也不僅限於訴諸軍事武力討伐叛逆的族群，也用之於背叛國君的個人，甚至背叛整個社會群體的人。魯桓公十五年（697B.C），鄭國因祭仲專權，鄭厲公與祭仲之壻雍糾陰謀推翻祭仲，因雍姬密告而失敗，遂奔櫟。降至魯莊公十四年（680B.C），鄭厲公自櫟侵鄭，獲傅瑕，因傅瑕之幫助，而能入鄭，重獲政權，後殺傅瑕，且派人遣書告訴伯父原繁說：「傅瑕貳；周有常刑，既伏其罪矣。納我無二心者，吾皆許之上大夫之事；吾願與伯父圖」（註一四），鄭厲公大概是因剛重獲政權，在鄭國的地位尚未穩固，急需培養自己的黨羽勢力，故以利祿攏絡「合作者」，而以重刑懲罰叛逆者。鄭厲公之所以處決傅瑕是因爲他懷有「貳心」，同時，在處決傅瑕時，鄭厲公訴諸「周有常刑」的言辭。從是觀之，一城邦國家之國君掌握刑罰，在運用上，其作用目的在於維持自己的權威與權力，因此，用刑的首要對象當然是那些抗拒其權威與權力的叛逆者。春秋末期，晉國的范文子（卽士燮）對於「刑罰」的這種功能作用，有以下的言論：

「君人者，刑其民，成而後振武於外，是以內龢而外威……夫戰，刑也，刑之過也……細無怨而大不過，而後可以武刑外之不服者」（註一五）

所謂刑之用，於內致和，於外振威。但無論如何，刑正是宣戰，宣佈對那些忤逆者的戰事。

循就上面的闡明，古代的「兵刑」一方面透過「部落之生活體制」而具體顯現其特性，在氏族共同體的生活結構裡，個人是隱沒於群體中，而人祭彼此之間的關係是氏族共同體彼此之間的關係，而且，由於氏族共同體內部軍事、內政與祭祀彼此不分，是故，戰爭、刑罰與祭祀便混合爲一。由此觀之，本爲處理內政的刑罰是兼具了戰爭和宗教的性質。

另一方面，刑罰的意識也透過人集體生活的體制而顯現，這種人集體生活的體制不僅指個別的氏族，也同是指向由氏族群組合成的「部落聯盟」或城邑格式的封建體制。人由個體組合成群體，按常識的觀點，人是以能聚合更正大的力量，克服由外而至的威脅和困難，正如荀子所說的：能群而能有秩序，就能夠合諧，便能多力，「多力則彊，彊則勝物」（註一六）。無論如何，人一組合成群體，群體就變成一巨大之物，每個個體就受到這「共同體」的保護，就此，他不再生活在一種不安、漂泊、無力的狀態裡，居住在這「共同體」當中，他享受了群體給予他的種種利益：受照顧保護、和平安定……等等的利益，而能免除外在事物對他的敵意、傷害。從是觀之，個體就與由他組成的群體或共同體形成一種類似「債權人」與「債務人」的關係。這個「共同體」好似對每一個個體說：因爲我，你們獲得了許許多多的利益，你們對我是背負了恩惠的債務。是故，任何人一旦觸犯或背叛了這個是謂「債權人」的群體，這個群體必然要施與刑罰的懲誡。

從上面所引的臧文仲的話：「大刑用甲兵，其次用斧鉞，中刑用刀鋸，其次用鑽笮，薄刑用鞭扑，以威民也，故大者陳之原野，小者致之市朝」。依此來看，眞正的刑戮是指利用斧鉞，刀鋸和鑽笮而施行的處分，這與「鞭扑」的處罰是應分別爲二個類別。從性質來看，用斧鉞、刀鋸與鑽笮的刑戮，除死刑之外，都是割除人身體的鼻、耳、脚足等部份的所謂「肉刑」（註一七）爲甚麼會有這種「肉刑」的處分方式呢？或許我們可以解釋說：是源出自素朴的「以眼還眼，以牙還牙」的報復主義（註一八），然而，若從上面我們所闡明的人與群體之間的關係來看，或許可以說，一個人若是殺害或傷害了他人，這個人不純粹祇是觸犯了其他的另一個人，也觸犯了整個群體的秩序，被傷害的人或許可以寬恕這個「罪犯」，但整個群體卻不能寬宥這種破壞群體「約定」之秩序的行爲，因此，群體必然代表這個被傷害的人來懲治罪犯，懲治的方式卽是透過「補償」的方式，或者錢財的補償，或者，最直接的方式，卽是去除個人身體的一部份，以償還這個罪犯對群體之約定的破壞而所背負的「債務」。

就此，我們也可以理解封建城邦時期在行刑時是在平民聚結的「社」，而在傳統中國裡是選擇在市集，所謂「刑人於市，與衆棄之」的理由，一方面是收警視之作用，因刑罰之殘酷性，而加深人們恐怖的記憶，讓人們由此不會輕易犯下錯誤之事；另一方面，罪犯的行爲正等於破壞了他與衆人之群體之間的共同約定，因此，在處決罪犯時，無異是衆人在處決他，他好似變成一個被解除任何權利，不再有任何事物可資保護的衆人的敵人。對於這一個敵人，群體可以像戰爭的勝利者對待戰犯一樣，施之於殘酷的刑罰，以他的鮮血來釁祭勝利者或群體奉祀的神祇。

古代的這種「兵刑」傳統到西元前第六世紀時，因「法典」的公佈，而有了變化，現嘗試分析這種變化的意義，依此，瞭解韓與法家之「法治」觀念之所以形成的歷史脈絡以及韓非與法家「法治」觀念的其實質內涵。

㈡西元前六世紀的「法典」的公佈及其問題

從歷史發展來看，整個民族在春秋晚期出現了寫定本的，而且公佈給民衆的注典，其時間是在魯昭公六年（536B.C），鄭國的子產所頒佈的；另一次是在魯昭公二十九年（513B.C）由晉國的范宣子所頒佈的。成文法典的頒佈是整個民族從「貴賤嚴然劃分」的不齊的封建城邦社會，逐漸走向人民地位齊一化的中央集權國家的社會的這一過程當中，發生的一件重大的歷史事件。封建城邦時期的司法權操縱於公族或貴族的社會規矩遂破打破，而貴族和平民兩種階層的界線也就此消除，全體人民有了共同的法令規章以資遵循，一律成爲國家的「公民」（註一九）這樁歷史事件得以發生，是有其社會政治的背景。然而，從成文法典的公佈，可以看出國家的主權隨著成文治典的公佈而增强，同時，也表示在國家的統治領域內，人民不再是受封建領主統治和保護的「私民」，而是爲國家的「公民」，其地位一律平等。法令規章是寫成於文書，爲人民所共知，在國家法令底下，沒有封建城邦時期各封建領地之貴族的「私刑」，現在，犯罪之審理爲國家的官吏所負責。理想地來看，因成文法典的公佈，人民一方面不會受到傳統貴族的「任意獨斷」的治理，另一方面，在國家的政治體制中，各層秩的官員不會對人民玩弄權勢，這對人民而言也是一種保障，以及表示人民地位的提高。

法典的公佈，依當時的立法的情況觀之，法令是由當時新興的統治階層所制定的，他們因爲欲求打擊傳統的貴族，强化國家的權威，以及欲獲得當時是爲國家之經濟和社會基礎的「自耕農」對國家的向心力，而公佈成文法典的，它雖是有保護一般平民的意義在內，但它還是少數的統治階級的意志的表現。這些成文法典的內容，我們現在不得而知，從子產立法的意向「吾以救世也」的觀點來看，是可以領會到當時的統治階層欲圖以公佈於人民的，有一定客觀之準則的「法令」來消彌來自於被統治人民的因彼此紛爭而不得其平的憤懣情緒，以及消除因司法之權操縱在公族，而「有斷獄不平，輕重失中」（註二〇）的弊端，以維繫集體生活的和諧與安定，這對於國君維持其政權，確保國家的安全，是相當重要的。

「法典」的公佈是因應當時整個民族的政治社會和經濟的變遷。但在當時的列國當中，唯獨鄭國與晉國首開「成文法」的新制度；而且以後崇尚「法治」之家踐與觀念的政法家和思想家也大都來自鄭、晉兩地，如申不害來自鄭國，李性來自魏國，愼到來自趙國，韓非來自韓國。從是觀之，「法」的實踐與觀點是源自鄭與三晉等地。這些國家能比其他國家領先實行「法治」以及發展出「法」的觀念，若推究原因，也有其社會與政治的條件。比較鄭、晉（或商鞅所出的衞）等國與當時封建國家之性格上的不同，是可以看出：實行「法政」與出「法治」之觀念的這些國家，其人民是比較偏重於商業的活動（註二一）。注重商業活動之地區的民俗可能較爲「刁狡貪詐」，因此，國家的治理的途徑就必須偏重於「法典」的確立與公正嚴明的態度（註二二）。另外，若一個地區較偏重商業活動，那麼，商場的某些行爲的方式，也會影響這個地區的行政措施。在西元前六二一年，趙宣子執政，便「制事典，正法罪，辟刑獄，董逋逃……，由質要……行諸晉國，以爲常法」。（註二三）「質要」，依據楊伯峻的解釋，是謂「簿書賬目也」，「由質要」即「財物之出出，皆用契約、賬目以爲憑據定奪也」，若依鄭玄的注，「質要」即「質劑」，而孫貽讓加以發揮，而說：「質劑，不徒賣買用之，旅師平頒興積，歛之民而散之民，亦憑質劑以爲信焉。」（註二四）。由此觀之，「由質要」卽是把商場中「用劵契」的講求客觀公正與信用與相對等的原則應用到政治治理的層面上。而此種政治治理的原則，在一個社會愈趨向複雜化，趨向「商業化」，以及講求「分工」時，必然會受到重視。春秋時期，鄭、衞與晉等地因側重商業活動，而較注重公信與對等與客觀的治理原則，其地的知識階層也會比較注重研鑽「刑名之學」，是有其緣由。再者，從戰國時期的法家的「法」所呈現的客觀、公正，信用的義涵，也可以理解法家的「法」跟春秋時期的這一傳統有關。

然而，法典公佈也引起極大的反應，此種反應之言論的代表；在鄭國，是子產的朋友叔向，據他的評論，成文法典的公佈所帶來的結果是：「民知爭端矣？將棄禮而徵於書。錐刀之末，將盡爭之，亂獄滋豐，賄賂並行，終子之世，鄭其敗乎」（註二五），在晉國，則是孔子，他認爲「法典」一公佈後，晉國將喪失維繫政治和社會秩序的「法度」，這「法度」在過去是「經緯」人民的，使得「卿大夫以序守之，民是以能尊其貴，貴是以能守其業，直賤不愆，所謂度也」，現在，破壞了這可以嚴然劃分上下貴賤之階層秩序的「法度」，所帶來的結果是：「今棄是度也，而爲刑鼎矣，何以尊貴？貴何業之守？貴賤無序，何以爲國？」（註二六），國家和社會的秩序，蕩然無存。這些言論代表著維持傳統生活體制的人，對於因時代的變遷而提出改革的人的批判。這也卽是「傳統派」與「改革派」彼此之間的論爭。那麼，這種論爭的意義何在？

在封建城邦時代，統治貴族在處理犯罪的事務時是採取「議事以制，不爲刑辟」的原則，「不爲刑辟」並不表示這個時期沒有刑法，而是指一般平民並不知道刑法的具體內容，統治貴族在判決上是依照他對犯罪者的犯罪情形的具體瞭解，定其罪刑，即所謂「臨其時事，議其重輕」（註二七），現在，「法典」一公佈，人民知道刑罰的條款，以子產的評論，人民就有憑據可以和統治者爭論，不像從前中辯無門，完全聽命於統治階級的「制議」，人民「以徵於書」就「不忌於上」，就不可能再遵守封建的秩序的禮的規範（註二八）；就孔子評論的內容來看，這種意旨也相當的明顯。從歷史變動的角度觀之，我們可以說叔向與孔子是昧於當時時局的變遷，因爲到了這個時期，「政權逐漸建立在自耕農階層上，而非寄生於封建秩序之中」（註二九），是以國家政治的方向必須正視這個階層的存在。

但是，叔向與孔子的評論是有其更深一層的義涵在，而且，從對這義涵的瞭解，是可以部份地說明這「法」的傳統的意義。在叔向的評論之中，我們可以看出他評論的另一個重點或許在於：人民知道國家刑罰的條款要點之後，會把心思意志着重於如何規避刑罰或鑽法令之漏洞上，更甚者，刑罪條款一訴諸文字而成爲客觀的法條，就無轉圜的餘地，在執行上，一方面必須顧及到對法律條文的解釋的歧義，一方面也必須顧及到執法者是否公正合理，如果無法克服這兩個條件，那麼，由於法典祇陳述罰刑的一般原則而無法涵攝許多複雜具體的處境，必然會造成「亂獄滋豐」以及刑犯可能透過行賄公門的途徑而求刑免的後果。

另外，從孔子評論的觀點來看，他認爲成文法典一公佈，「貴賤不愆」的整個傳統封建的「禮」的世界勢力瓦解。在這裡，我們不免有一個問題，法典的公佈，就其作用的目的來說，也是試圖更有效地建立起政治和社會群體的秩序，可是，孔子爲甚麼會肯斷法典的公佈會使秩序瓦解呢？這個問題是關係到孔子對「禮」與「法」之秩序的觀念。對於這個問題，是無法從他這篇評論文章獲得解答的。從〔論語〕一書所傳達的觀念，我們是可以瞭解：孔子是站在人民道德的實質上，强調「禮」的教化功能，透過「禮」的薰陶與執守，人民才能表現出「有恥且格」的道德行爲，這是因爲「禮」是由人生活在一共同的群體當中循徑彼此交接，而慢慢地形成的爲群體中的人共同接受，同意的「不成文的規範」，這種「不成文的規範」由於是來自於人民的同意，不具任何外在的脅迫性，因此，國家的統治者能循禮而治，而且人民也能夠在生活上能切實實行「禮」，那麼，形成群體的秩序勢必比由「法」之脅迫所形成的秩序，更自然更合諧。這種把人的道德質素引入到政治和社會秩序之上的「禮」的觀點，是整個儒家思想學派政治理論的一個重心。

循就對於叔向和孔子的評論這種解釋，我們可以瞭解到卽使到春秋晚期國家依法典來治理政治事務，可是，這種法典的具體內涵依舊是傳統的刑罰的內涵，是以統治階層的意志爲導向，是「社會控制」的一種工具。依叔向和孔子的意見，這種「社會控制」的工具一旦形之以文字，會造成更嚴重的有關秩序之問題，除非國君與國家有更强大的勢力來解決這問題；同時，法典的公佈也會腐蝕人民的道德，除非國君與國家在政治統治上不注重人民自發的道德，或者，除非國君强調人民的道德也由國君與國家來塑造和帶動。二百多年以後的韓非與法家思想學派針對這些問題，而建立起更完整的「法」的理論與實踐。

法典的公佈雖然使得整個民族瞭解：在政治治理上透過文字表白的律令能保證政治治理的公平與公正的客觀性；而且，這成文法也能開始注意到是謂國家之基礎的自耕農階層或一般平民的權益；然而，誠如我們在上面所提出來的論析，這法典祇是把以前統治貴族司法之憑藉的「刑書」表達給人民得知而成之爲國法而已。因此，這個法典依舊保有傳統的「刑」的特質，是爲新興的統治貴族强化其權威的「社會控制」的工具。當時像叔向和孔子的保守主義者雖然看出「法典」治國的途徑可能造成的政治社會的弊端。但是，誠如沈剛伯先生所說的：「人口日增的農業社會之逐漸工、商化實乃一種不能避免的演變，……因此用法治來代替禮治，也就成爲勢所必至。」（註三〇）另外，重要的是，封建城邦體制式微後，整個民族從西元前第八世紀以後，就逐漸在發展一種新的政治體制，而這政治體制發展的取向，是朝向國家與國君之權力的集中，以及凝聚全民的意志力以達成提高軍事武力和經濟生產力的目標。在這種發展的途徑上，傳統的「禮治」逐漸被具强大脅迫力的「法治」所取代。從春秋時期陸續出現的許多「變法家」，他們在各國所推動的政治改革運動正是欲完成這新體制的實驗。

他們的政治改革運動雖然承繼了西元前第六世紀出現的「法治」的精神，但在他們的政治改革措施中，「法」被運用爲强化國家意志力與國君權威的統治工具；爲消除封建舊社會的遺俗，他們在「法治」的措施中，增强了兵與刑的脅迫力量。在春秋時期替齊桓公推動政治改革的管仲，據班固的理解，他的政治改革的大方向卽是：「作內政而寓軍令焉」，也就是以軍法或兵刑整飭整個生活的群體，嘗試把整個群體變成一所軍營，因此，「卒伍定虖里，而軍政成虖郊。連其什伍，居處同樂，死生同憂，禍福共之，故夜戰則其聲相聞，晝戰則其目相見，緩急足以相死」（註三一），繼之而起的政治改革家，在戰國時期，如吳國的孫武，齊國的孫臏，魏國的吳起，韓國的申不害，秦國的商鞅，在政治改革的方向上，除了更强化國君與國家的權威之外，也貫徹軍法或兵刑整飭整個生活體制的「作內政而寓軍令」的方針。這些政治的改革家的具體的改革政策，除商鞅有較詳細的資料外，都因史料闕如，而無法詳細得知。但班固在評論他們改革的效果時，說：「齊愍以技擊彊，魏惠以武卒奮，秦昭以銳士勝」（註三二）以及說明韓、秦兩國用兵用刑的慘烈與殘酷：

「陵夷至於戰國，韓任申子，秦用商鞅，連相坐之法，造參夷之誅；增加肉刑、大辟，有鑿顚、抽脅、鑊亨之刑」（註三三）

從這些片面、零碎的記述與簡略的評斷，也可以讓我們大概地明瞭；古代兵刑的傳統在戰國時期因這些改革者把軍令和內政混合爲一，而更爲强化；由於封建的體制的瓦解，用兵刑罰不服從周天子之權威的族群或邦國的軍事途徑，現在轉向爲國君以軍令軍法整飭、刑罰國家之國民的途徑。同時，血緣關係之原則被官僚政制之原則所取代，「德柔中國」的規矩也隨之消逝，國與國之間，以及國家與國民之間除了以兵刑相見之外，便無其他；而在這種歷史的處境中，國君與國家迫於來自於外的其他國家的勢力壓逼，爲强化其主權，更增强刑罰的嚴酷性。

對於古代的兵刑與西元前第六世紀後「法治」的途徑作如上的分析與說明，其主要的目的是希望能從歷史的觀點瞭解韓非揭櫫之「法」之觀念的淵源。韓非的思想是形成於戰國末年，而我們也知道整個民族從春秋開始，隨著政治、經濟與社會的激烈變遷，在思想上也逐一「突破」古代的諸種思想傳統，這種「哲學的突破」是在當時幾個重要的思想學派，如儒、墨、道、法等學派中完成的（註三四）。從韓非的思想來看，韓非思想雖然吸收了戰國這個時期所產生的許多新的歷史經驗，但是，在許多觀念上，它依舊含攝了傳統的素質。他所揭櫫的「法」的觀念是吸收了自西元前第六世紀由來的法典的傳統，因此，這「法」的觀念也具注重一般平民之權益的「平民性格」，然而，韓非的「法」，也是蘊涵著「尊君」與「國家至上」，或者廣泛來說，「群體」至上的意義，而且是把「法」當作是國君或國家的「社會控制」的一項工具。從是觀之，韓非所揭的「法」的觀念，其實質內涵，是因緣於縣來以久的古代的兵刑合一的傳統。韓非生活於這個傳統的脈絡當中，他的思想資源也部份汲取自這個傳統。

二、愼到與申不害對「法」的反省與韓非的評論

有了「法」與「法治」的實踐與家際的經驗後，接著而起的是對「法」與「法治」之政治經驗的反省，因而有了有關「法」與「法治」的理論。從先秦思想的發展來看，這「法」的理論的成熟確立是表現在於韓非的政治思想當中；然而，在他之前，已經有思想家提出了有關「法」的觀念，同時，韓非本人是透過對這些觀念的批判與鎔鑄，而形塑出他自己的「法」與「法治」的理論。從是觀之，在

剖析韓非的「法」的理論的義蘊以前，首先瞭解與說明韓非之前的思想家對「法」的反省而所提出的觀念，對於瞭解韓非「法」與「法治」理論之所以形成的思想理路，是有所助益的。

㈠愼到與申不害的「法」之學說

據我們從有限的史料所得來的認識，在韓非之前的「法」的思想家是以愼到與申不害爲代表。但是，這兩位思想家所留下來的作品又都是斷簡殘篇的，因此，要全盤地呈現他們的「法」的思想是不可能的。在此，祇能就這些斷簡殘篇的有限資料，對他們所提出的「法」與「法治」的觀念，作一點分析與說明。（註三五）

從西元前第六世紀以來，整個民族開始有「法治」的實際經驗，從而，到西元前第五世紀，有了對這「法治」之政治經驗的理論上的反省。理論上的反省除了辯解「法治」的政治的有效性之外，也對「法」與「法治」的實踐，提出了一種理想性的觀點，以作爲實際實行的引導。這種理想性之觀點的思想來源，是取之於道家的所謂「黃老之學」。關於此，太史公在記述申不害與愼到的學說時，有如此的看法：

「申不害者，京人也，故鄭之賤臣，學術以干韓昭侯。昭侯用爲相，內脩政教，外應諸侯，十五年，終申子之身，國治無彊，無侵韓者。申子之學，本於黃、老，而主刑名……申子著書傳於後世，學者名有。」（註三六）

關於愼到的生平與學說，太史公說：

「自騶衍與齊之稷下先生，如淳于髡、愼到、環淵、接子、田駢、騶奭之徒，各著書，言治亂之事，以干世主。……愼到，趙人，田駢、接子齊人。環淵楚人。皆學黃、老道德之術，因發明序其指意，故愼到著十二論……。」（註三七）

在論說申不害與愼到學說的淵源時，太史公都提到黃、老之學。這表示太史公是認爲愼到與申不害的思想是跟道家有著關係，甚至往後的韓非亦跟道家有關；而這黃、老之學，依太史公的見解，似是起源自齊國的「稷下學派」。由太史公的這種看法，我們或許可以說老子的思想到齊國的「稷下學派」的學者中，有了發展與轉化，而成了「法治」學派的學者講求國君「南面之術」的重要的觀念的資源。

然而，黃、老學說的內容是甚麼呢？由於歷史資料的欠缺，我們現今已無法知其概梗。近人有人考證出現存〔管子〕一書中的「心術」、「內業」、「白心」等篇是「稷下學派」的宋鈃與尹文子的作品，而依此闡明黃、老學說的思想內涵（註三八），但這種斷定是有問題（註三九）。職是之故，爲謹愼之緣故，在此不牽强地闡明愼到與申不害跟「黃、老道德之術」的思想上的關聯。而祇依有限的資料，分析與說明愼到與申不害的「法」的學說，並就此，嘗試解釋從愼到與申不害的「法」的學說到韓非之「法」的學說之間的轉化。

愼到與申不害，跟韓非一樣，他們論說言辯的對象均是當時的國君，向國君闡明國家治亂的道理，以獲取國君的賞識，誠如太史公所說的：「各著書，言治亂之事，以干世主」。因這種思想的取向，他們自然提倡「尊君」的思想；認爲一個國家若無一最高的統治者，則無法成其爲一個國家，如是，國君在上，臣民在下，而成一主從的關係，是國家成立的一根本條件。愼到與申不害依此各發展其「法治」的學說。

來自齊國「稷下學派」的愼到的「法治」思想家，依現存有限的資料來看，他的思想取向及思考的問題跟後來的申不害並無多大的區別。他們同樣探究：國君與群臣的理想的關係是甚麼？以及欲實現此種理想的關係，國君必須循就甚麼治理的途徑？或者，一位理想的國君，所謂「明君」或「聖君」的條件是甚麼？然而，比較兩人思想的重點，則可以看出申不害思想的重心，是侷限於君臣的關係的這主題上；而愼到的思考方向比較寬廣，旁涉到整個國家的理想的政治治理原則，卽思考治理國家的「常道」；愼到認爲一旦迷失了這個「常道」，國家就陷於混亂與貧弱的境況，誠如他所說的：「今也國無常道，官無常法，是以國家日繆。」（註四〇）既是如此，那麼，愼到所揭的「國之常道」是甚麼？

在思考這問題上，愼到依國君的地位與臣僚的地位，以及國君與臣僚的關係和國君治事的理想原則等這些主題，提出他對這問題的主張。

愼到跟後來的申不害一樣，都認爲國君與臣民的地位與職司是不一樣的。國君的地位是群體的最高領導者，其職司是統御與領導；而群臣和人民是居於被統治者的地位，其職司是服從領導與從事實際的事務。由於地位與職司的差異，國君與臣民的行爲的取向與原則也就不一樣。

愼到在此認爲國君居統御與領導的地位的憑藉在於他掌握著「勢」，因他掌握有「勢」，故他可以强使他人依據他的意志與意見來行事，他說：

「毛嬙、西施天下之至姣也。衣之以皮褐，則見者皆走，易之以元錫，則行者皆止，由是觀之，則元錫，色之助也，姣者辭之，則見者皆走。……故騰蛇遊霧，飛龍乘雲，雲罷霧霽，與蚯蚓同。則失其所乘也。故賢而屈於不肖者，權輕也。不肖而服於賢者，位尊也。堯爲匹夫，不能使其鄰家，至南面而王，則令行禁止。由此觀之，賢不足以服不肖，而勢位足以屈賢矣。故無名而斷者，權重也，弩弱而增高者，乘於風也，身不肖而令行，得助於衆也。」（註四一）

所以，不管一個人的智能和才幹如何，祇要他一登上領導者這個位置，他就掌握「勢」，而得以使他人屈從於他的意志和主張。他之所以能夠如此，是「得助於衆也」，這意思是說，他的「勢位」是衆人認定的而且賦予他的。愼到在此說明了領導者之地位的本質與來源；也就此，他不認爲權勢在握的國君必須是一位最賢能的人。往後的韓非在建立起他的「法治」的理論時，特別論析愼到的此種「勢」與「重勢輕賢」的主張，而更進一步地發展出他「人爲設造之勢」的「法治」論點。

由於在上位的國君不必是一位賢能的人，因此，國君在從事領導和統御的工作時，不能妄想「盡瞻下」，也就是，不要企圖悉管纖芥之事，縱然國君是一位賢能之人，他也不能有這種企圖，否則，必定把自己弄得「勞苦耗顇」，他說：

「君之智，未必最賢於衆也，以未最賢而欲以善盡被下，則不贍矣。若使君之智最賢，以一君而盡贍下，則勞，勞則有倦。倦則衰，衰則復反於不贍之道也。是以自任而躬事，則臣不事事。是君臣易位也，則臣皆事事矣。是君臣之順，治亂之分，不可不察也。」（註四二）

在此，愼到跟申不害一樣都認爲一位理想的國君是無爲而治的國君；但在論析達成無爲而治的途徑上，申不害較側重於國君與官僚體制中的臣僚的關係，而愼到則涉及國家統治之基本原則。

愼到認爲國君的權位總然是衆人所認定與賦予的，而且國君不必是一位賢能的人，那麼，國君在從事政治統治的工作時，必須能「因循」衆人，這「因循」的途徑可分爲兩方面來說，首先是「因循人之情」，關於此，愼到說：

「天道因則大，化則細，因也者。因人之情也。人莫不自爲也，代而使之爲我，則莫可得而用矣。……故用人之自爲，不用人之爲我，則莫不可得而用矣。此之謂因。」（註四三）

愼到認爲人的行爲動機在於自利自爲，瞭解了人的此種情性，國君不要强求人必須爲國君而有所作爲，反而必須因循人此種情理，讓他們本著自利自爲的動機行事，而能盡其所能，完成他們所應做的事。

其次，愼到的「因循」也是「因民之能爲資，盡包而畜之」，就是，國君必須因臣民的能力，而統御他們，使他們能發揮其最大的才能，關於此，愼到說：

「民雜處而各有所能，所能者不同，此民之情也。大君者，太上也，兼畜下者也。下之所能不同，而皆上之用也。是以大君因民之能爲資，盡包而畜之，……是故不設一方以求於人。故所求者無不足也。大君不擇其下，故足，不擇其下，則易爲下矣。易爲下則莫不容，莫不容故多下，多下之謂太君。」（註四四）

國君爲了讓臣民各自發揮其才能，就必須放任他們自作自爲，不要預設一種絕對的標準，來箝制他們的才能。在此，我們可以發現愼到的思想尚且保存著老子的「天地相合，以降甘露，民莫之令而自均」的放任無爲而無不爲的政治主張。同時，從這裏，也可以看出：降至韓非的思想，韓非和愼到雖然同樣認爲人的情理在於自利自爲，可是，韓非卻要求國君在從事政治統治工作時，必須讓臣民自利自爲的「私利」轉變成爲替國君國家而作爲的「公利」行爲，並且要求國家設定一終極的價値準則來規約臣民的所有言論與行動。

在這裏，我們也可以多少看出愼到之所會揭櫫如是之觀念的理由，這理由在於他强調國君的一切所爲並非以圖利一己之利益爲目標，他說：

「古者，立天子而貴之者，非以利一人也，曰：天下無一貴，則理無由通，通理以爲天下也。故立天子以爲天下，非立天下以爲天子也。立國君以爲國，非立國以爲君也。立官長以爲官，非立官以爲長也。」（註四五）

所以，最高政治統治者的設立以及統治機構的設置並非爲國君與各階級的長官的利益，而是爲整個國家整個天下的安定合諧，所謂「通理以爲天下」。在這裡，我們繼而追問的問題是：如何才能使得天下安定呢？國君如何才能「通理以爲天下」呢？關於這問題，愼到提出「公誠」、「公正」、「公信」「公審」與「公義」的政治主張。愼到認爲人群要安定合諧，這個人群必須是一個正義公理的政治和社會，而這樣的政治和社會的建立和維繫則必須靠「法」，愼到以如是的言論來强調「法」的重要性：

「法雖不善，猶愈於無法，所以一人心也。夫投鉤以分財，投策以分馬，非鉤策爲均也，使得美者，不知所以德，使得惡者，不知所以怨，此所以塞願望也。故著龜所以立公識也。權衡所以公正也。書契，所以立公信也。度量所以立公審也。法制禮籍，所以立公義也，凡立公，所以棄私也。」（註四六）

「法」的意義在於表現群體的「公義」，因爲「公義」之原則的確立，人不會因爲自爲而彼此產生爭端，也不會因自爲而過份地逞其私慾，從是觀之，「法」的功能在於排解人群的紛爭，以及限制人過度的私利私慾，愼到說：

「法之功，莫大使私不行，君之功，莫大使民不爭。」（註四七）

又說：

「法者，所以齊天下之動，至公大定之制也。故智者不得越法而肆謀。辯者不得越法而肆議，士不得背法而有名，臣不得背法而有功。我喜可抑，我忿可窒，我法不可離也。骨肉可刑，親戚可滅，至法不可闕也。」（註四八）

「法」因爲有度量，限制，以及表現人群之「公義」的特性，所以依循它，是可以有效地排解人群的爭端，限制人民過度的私慾，所謂「去私塞怨」，就此它可以建立與維繫人群的安定與和諧。

因此，我們也能瞭解愼到對「法」的統治那麼有信心的理由，愼到相信「法」，除了認爲它是一如「劵契」、「符節」那樣客觀的設準而可以確立國家的「公信」之外，他也相信「法」的根源是來自於人間，來自於人普遍的要求，就此，他說：

「法非從天下，非從地出；發於人間，合乎人心而已。治水者，茨防決塞，九州四海，相似如一，學之於水，不學之於禹也。」（註四九）

愼到純粹以「人間世」的觀點去闡明「法」的根源，因此，排除「法」的宗教性格，不認爲「法」是由一超越人間的「聖人」所創設。「法」的產生純粹是人心的普遍需求，愼到引「大禹治水」爲隱喩，無非是藉此說明「法」因爲是人設造的，因此是可以變動的，但無論如何變動，「法」都是依據人心普遍的需求，這猶如我們學禹治水時，不是學禹的技術，而是瞭解水的根本性質。

在說明「法」的運用時，愼到也依此表示他對「法」之根據的看法，他說：

「故治國無其法則亂，守法而不變則衰，有法而行私，謂之不法。以力役法者百姓也，以死守法者有司也，以道變法者君長也。」（註五〇）

愼到認爲一個政治上軌道的國家，其百姓是奉守法令，官吏堅守法令的公正性與權威性，儘管如此，「法」還是不能一成不變的，但「法」之變動有一定的依據，國君在變法上，如須依據這不變的原則，這原則，愼到猶之爲「道」。關於「道」，愼到並沒有詳盡精微的說明；然而，依現存的資料來說，「道」可以說是「天理」與人之「情性」。愼到相信宇宙萬物有一不變的理則，人也有普遍共通的性質，「法」的起源與「立法」的根據都取之於此。

愼到雖然沒有明白說明國君是否也跟群臣和百姓一樣也必須奉守法令，但作爲一位最高的統治者與「立法者」而言，他是關繫著人群的治亂安危，他說：「民之治亂在於上，國之安危在於政」。就此，愼到就必須特別講求國君處事的原則與態度。有關於此，愼到首先强調國君必須絕對地以「法」來治理政治事務，他說：

「爲人君者不多聽，據法倚數以觀得失。無法之言，不聽於耳，無法之勞，不圖於功，無勞之親，不任於官。官不私親，法不遺愛，上下無事，唯法所在。」（註五一）

依愼到的這言論，明顯地，「立法」與「司法」的權力都操之於國君一人之手，但這並不表示說國君一人是可以任意獨斷地行事的。從以上的論析，「法」有其人之情性與「道」的根據，也就是說，「法」具有它獨立的理則；在司法上，國君若要具體表現「法」的性質與精神，他必須依「法」的理則行事。愼到雖然沒有特別强調國君也必須奉守國家之法，但是，在「法治」的運作層面上，「法」的客觀性，公正性與公信性本身就會制衡國君本人。由是觀之，一位奉行「法治」的國君不是一位隨心所欲，任所欲爲的，或如李斯所說的「犖然行恣睢之心」的統治者。愼到說：

「君人者，舍法而以身治，則誅賞予奪，從君心出矣。然則受賞者雖當，望多無窮；受罰者雖當，望輕無已。君舍法，而以心裁輕重，則同功殊賞，同罪殊罰矣。怨之所由生也。」（註五二）

任所欲爲的統治者必然造成臣民的怨恨，這樣的一位國君失去了臣民之「衆」的支持時，他的「威勢」也就失去了力量。而國君憑藉的「威勢」一旦喪失力量，他的統治權力也必然消失。愼到的這種理論比起儒家孟子所指的「有不忍人之心遂有不忍人之政」的理念，是更注重政治治理的客觀制度之層面的意義。但是，在「一人之治」的專制政治的歷史經驗的客觀限制下，愼到並無法更深一層地思索「法」在客觀制度的運作上從政治層面獨立出來的問題，繼而探討立法權與司法權之獨立的可能性，以及從客觀制度來確保「法」的公正性、公信性與客觀性的問題。愼到既然肯斷整個國家的安危攬繫在國君一人身上，因此，考慮到政治的根本問題時，他還是回到「人治」的問題上，而思考：國君必須具有甚麼樣的人格上的條件才能符應「法」的正當性的運作？關於這項問題，愼到提出了下面的看法：

「古之全大體者，望天地，觀江海。因山谷，日月所照，四時所行，雲布風動，不以智累心，不以私累己。寄治亂於法術，託是非於賞罰。屬輕重於權衡，不逆天理，不傷情性，不吹毛而求小疵。不洗垢而察難知。不引繩之外，不推繩之內，不急法之外，不緩法之內，守成理，因自然，禍福生乎道法，而不出乎愛惡，榮辱之責在乎己，而不在乎人。」（註五三）

這段引言也見之於「韓非子」的「大體」篇，在此，不免有一問題，這段文字是否是愼到寫成的？若依「莊子」的「天下」篇對愼到思想的評述，這段文字所呈現的思想跟「天下」篇對愼到思想評述的論點，是相符合的：

「公而不黨，易而無私，法然無主，趣物不兩；不顧於慮，不謀於知，於物無擇，與之俱往。古之道術有在於是者，彭蒙、田駢、愼到聞其風而悅之。齊萬物以爲首……知萬物皆有所可，有所不可。……是故愼到棄知去己而緣不得已，聆法於物，以爲道理……椎拍輐斷，與物宛轉，舍是與非，苟可以免。不師知慮，不知前後，巍然而已矣。……全而无非，動靜无過，未嘗有罪。是何故？夫無知之物，無建已之患，無用知之累，動靜不離於理，是以終身無毀。……」

（註五四）

就此，或許我們可以說這段文字是愼到所寫，而爲後來的「法家」學者將之錄之於〔韓非子〕一書中。

依上引的文字來看，國君要得當地運用「法」，必須使自己成爲一位「不覺」、「無私」、「無主」、「不兩」（心意不二）、「不以智累心」、「不以私累己」——卽所謂「棄知去己」——的純然客觀的人。他必須無愛惡之激情，無個性之發抒，無道德之意識、不逞强使能、不勞神於智慮。依戰國時期的人對愼到學說的評論：「愼到之道，非生人之行，而至死人之理」。這位理想的國君是一位如稿木死灰般了無生氣的人，也正如老莊所頌揚的「至人」、「眞人」和「聖人」一樣，如果我們說在愼到的思想裏，「法」是國君統治國家的工具，那麼，國君反過來說是「法」的工具，作爲一項工具而言，他是不必有激情、個性、生命之力與巧慧知能的。也唯有這樣的國君纔能「守成理」、「因自然」、「聽任於法」、「案治亂於法術」、「託是非於賞罰」。終至於無爲而無不爲。

愼到從思考「勢」與「法」的意義和功用當中，提出了「法治」纔能造成公正、公義與公信的國家，他否定了「人治」或「心治」的政治主張，不認爲光靠國君的道德身心就必能導致合諧安定的人群秩序。而肯斷治國的憑藉在於「勢」與「法」，唯有靠客觀的公正的「法」的治理，國君才能護持其「勢」。然而，在「一人之治」的專制政體的歷史的政治經驗的限制下，愼到無法開出「法治」之客觀制度如何運作的政治主張；最後祇能又回到「人治」的思想理路來，而思考配合「法」之運作的國君的人格條件，就此，愼到把老莊的「絕聖棄智」、「絕仁棄義」、「絕巧棄利」的政治主張運用於其上，而言明爲人君者，當深藏若虛，容貌若愚，雖有過人之才智，亦必黜之抑之，不以自矜自用；認爲唯有無激情、無個性、無巧智、棄知去己的國君纔能切適運用「法」，而彰顯「法」的公正、公信與公義。這種「非生人之行」而「至死人之理」的有關理想之國君的政治主張，如何能夠運用來要求同樣具有一般人之激情、個性、好惡的國君呢？如果我們說儒家希望透過道德良心來馴政治權力的政治主張，祇是一種「道德理想主義」的訴求，那麼，前期法家的愼到也同樣以非一般人所能達成的人格修養來要求是爲一般人的國君，最後也是一種理想的訴求。這也顯露出先秦諸子在思考政治問題上所臨遇的困境。

、年代稍晚於愼到而同時也是前期法家的申不害，在思考政治的問題時，也跟愼到一樣思索著國君與臣僚的地位與相互的關係，以及合理之君臣的關係如何的問題，同時也提出如何達成這理想之關係的政治主張，兩人思想的基本差別，依現存的有限殘缺的資料來看，在於：愼到偏向於整個國家的基本政治原理，而申不害較側重於國君對臣僚支配與控制的這一論題，現就論析申不害的政治主張。

首先，申不害認爲國家的政治主體在於國君與官僚。因此，他思想的起點在於考究國君與臣僚的理想關係。就此，申不害認爲理想的君臣的關係是：在國君一人的統治下，群臣集體同一的服從他，每一位臣僚都能各盡所能，把事務處理好，關於此，申不害說：

「明君如身，臣如手。君若號，臣如響。君設其本、臣操其末。君治其要，臣行其詳。君操其

柄、臣事其常。」（註五五）

但如何才能達成這種理想的境況？就此，申不害提出了「正名」的治理的觀念，在舖陳其「正名」之治理的觀念的論證上，申不害首先賦予「名」一種形上的地位，他說：

「名者，天地之網，聖人之符；張天地之網，用聖人之符，則萬物之情，無所逃之矣。」（註五六）

在此，申不害的「名」的觀念隱晦難解，但若扣著老子的「有名，萬物之母」的觀點，或許可以這樣解釋：「名」是人爲的名號、名詞與象徵，這樣的「名」是人運用來呈現存在物存有的實況，或者，用來呈現事物之意義的；同時，依據這個時期的思維所呈現的「人爲構造」（註五七）的論證模式，這「名」是「聖人」所創設的。

然而，申不害的「名」的觀念的主要義涵並非在形上的層面顯現，而是在政治的層面上。他認爲國君要有效地控制群臣，必須透過「正名」的途徑，他說：

「名，自正也，事，自定也；是以有道者自名而正之，隨事而定之也。鼓不與於五音，而爲五音主。有道者不爲五官之事，而爲治主。君知其道也，臣知其事也。十言十當，百爲百當者，人臣之事也。非君人之道也，昔者堯之治天下也以名，其名正則天下治。桀之治天下也亦以名，其名倚而天下亂也。是以聖人貴名之正也。主處其大，臣處其細，以其名聽之，以其名視之，以其名命之。鏡設精無爲，而美惡自備。衡設平無爲，而輕重自得。凡因之道，身與公無事，無事而天下自極也。」（註五八）

首先，申不害認爲國君與君僚所爲之事是各自相異的，國君的主要職事在於統御君僚與人民，而君僚與人民的職務則在於服從領導與盡其能力做事，誠如荀子所說的：「人主者，以官人爲能者；匹夫者，以自能爲能者也。」（註五九）職是之故，國君執事的理則遂跟臣僚執事的理則不相同；在國君則是「道」，在臣僚，則是「事」，卽如申不害所說的，「君知以道也，臣知其事也。」在此，國君爲了欲使臣僚能盡其能力做事，他必須規定君僚執事的範圍，給予他們各自的職稱，或者，賦予他們所謂的「名份」，然後，依據他們是否有完成其「名份」所要求的事，來督責他們。這就是申不害所說的：「主處其大，臣處其細，以其名聽之，以其名視之，以其名命之」。以臣僚各自有的「名份」督責臣僚，這卽是「因之道」，由於「名份」不是私相授受，而是公衆的規定，因此，國君祇要循就此一公衆規定的「名份」而從事政治的統治工作，這就猶如工匠憑藉尺度方圓的準衡，可以客觀正確地裁量材料，依此把材料製造成合乎工匠要求的器物，國君就此能有效地統御群臣。申不害把這一套「因之道」的統御，稱之爲「法治」，他說：

「君必有明法，正義，若懸衡以稱輕重，所以一群臣也。」（註六〇）

申不害的此種「一群臣」的「法治」的觀念也反映出當時整個民族在政治上發展「官僚政治體制」的經驗，而在理論上，如何能建立起一個理想的，運作有效的「官僚體制」正是當時崇尚「法治」的思想家思考的主要問題。在思考這問題上他們也把當時商業活動的「用質劑」或「立契約」的方式，應用於政治的層面上，「爲人臣者操契以責其名」（註六一），有了契，與「名」的約定，國君在統御上就有了客觀的憑藉，這客觀的憑藉猶如工匠用的規矩方圓一樣，國君可以憑此責成臣僚的「實事」，「法治」學派所强調的「綜核名實」的觀點依此而呈現。

申不害就此認爲國君若能建立起如此理想的「官僚系統」，國君只憑藉著「官僚法」統御群臣，他就可以無爲而有大作爲，可以無事安靜，而能使政治上軌道，他說：

「天道無私，是以恆正；天道常正，是以清明；地道不作，是以常靜，地道常靜；是以正方。舉事爲之，乃有恆常之靜者，符信受令必行也。」（註六二）

由是觀之，國君從事政治統治時不必「事必親躬」，每事自爲，而使自己「勞苦耗顇」。一位理想的國君，正如申不害所說的：

「聖君任法而不任智，任數而不任說。黃帝之治天下，置法而不變，使民安樂其法也，君之所以尊者，令；令不行，是無君也，故明君愼令。」（註六三）

是不必運用智慧、言辯的說服，就可以使「天下定」，「天下靡」，而這樣的國君是法令運用得當的國君。

申不害建立起來的這一套「法治」學說，依後代的學者的評論，是「刑名」之學，誠如太史公所說的「申子卑，施之於名實」，這「刑名」的義涵是循名責實，簡言之，以「法令」督責群臣的統治途徑。」（註六四）

㈡韓非對愼到與申不害之「法」學說的評論

韓非在建立其「法治」的學說上，是吸收前期法家的商鞅、愼到與申不害的觀念而形成的。但韓非吸收他們的觀念是透過反省的批判而加以綜合的途徑。因此，欲明瞭韓非「法」與「法治」學說的意義，有必要先闡明韓非對前期法家之觀念的理解、解釋與批判。在闡明韓非所揭之「富國强兵」之政治目標的歷史經驗的資源時，已經論析了韓非的思想與商鞅「新政」之實踐經驗的關聯（見本書第二章第二節）。職是之故，這一章節就專論析韓非對愼到與申不害的觀念的承受與發展。

透過上面的分析，愼到與申不害都是强調「法治」的重要性，但愼到的「法」是整體國家之治理的根本原則，而申不害的「法」則是國君支配與統御臣僚的原則。儘管如此，在他們的思想中，「法」均是國君從事政治統治所憑藉的客觀的工具，由於它具公正性與公義性，所以國君憑藉的它，可以有效地排解人群中的糾紛，以及齊一臣僚與人民的言論與行爲。

在往後論析韓非所指的「法」的義蘊時，可以看出韓非基本上是承受愼到與申不害的此種「法」的觀念。然而，韓非在闡釋愼到與申不害的「法」的學說時，則特別强調愼到的「勢」的觀念與申不害的「術」的觀念。這並不是說韓非不瞭解或誤解他們兩人的思想，而是在承受他們的觀念時，韓非特別指明他們「法治」思想的重點，並且依此批判他們論點的不足，以建立起他自己的學說。

對於愼到的「勢」的觀念，韓非直截的批判說：

「勢之於治亂，本末有位也。而語專言勢之足以治天下者，則其智之所笑者矣」。（註六五）

韓非並非全然否定愼到之「勢治論」的理論，而是認爲愼到在思考政治治理的終極原則上，祇提出「勢」，認定祇憑藉著「勢」卽可治平天下，這樣的理論並非正確。其理由在於愼到沒有覺識到「勢」欲成爲一種終極的政治治理的原則，尚必須預設一些條件，而這些條件又是人爲之力量所沒有辦法達成的。現在，把韓非批判愼到的「勢治論」的思想論證加以重建和說明。

甚麼是「勢」呢？依韓非對愼到之理論的瞭解來說，「勢」，簡言之，是意指在人的集體生活體制裡爲衆人所認定的，具有主使人之力量的權力位置（所謂的「權重位尊」的「勢位」）。在此，愼到是認爲任何人祇要獲得或者登上此一「勢位」，則可以制服衆人。關於此，韓非解釋愼到的言論說：

「身不肖而令行者，得助於衆也。堯教於隸屬，而民不聽，至於南面而王天下，令則行，禁則止。由此觀之，賢智未足以服衆，而勢位足以絀賢者也」（註六六）

這種「權重位尊」的「勢位」由於稟具衆人之認可的脅迫力量，因此，韓非也承認是國君統治的一重要的條件，然而，祇憑藉著這「勢位」是否就可以治平天下？「勢位」是否可以成爲政治統治的終極原則呢？對於這問題，韓非是抱持著否定的觀點。

首先，如果依愼到的觀點而認定專憑「勢位」卽可以治平天下，那麼，歷史上爲何會有治亂興衰的現象？由這樣一種簡單的歷史觀察，韓非說明了這種「權重位尊」的「勢位」必須由賢明的人掌握之，纔可能保證治平天下，若由一個暴虐的人登臨之，則「勢者，養虎狼之心，而成暴亂之事者也」（註六七），因此，「勢位」本身尚不是自足的，必須依賴於得「勢位」之人的賢明與否。關於這個論點，韓非總結說明道：

「今以國爲車，以勢爲馬，以號令爲轡銜，以刑罰爲鞭筴，使堯、舜御之，則天下治；桀、紂御之，則天下亂，則賢、不肖相去遠矣！」（註六八）

據此而論，依照愼到的觀點，不論賢與不肖，祇要掌握了「勢位」，卽可以完善地治理天下。然而，韓非卻不認爲光憑藉「勢位」，國君就可以治平天下。韓非擧例說，如果有像堯、舜一般賢明的人掌握了「勢位」，那麼，卽使民衆有像桀紂一般的殘暴的人，國家還是依舊穩定不亂；但是，如果有像桀紂一般暴虐的人掌握了「勢位」，那麼民衆當中卽使有像堯、舜一般賢能的人，國家也就混亂衰敗了。韓非就此提出了「勢治」和「勢亂」的觀點。而且肯斷地說：「勢治者不可亂，而勢亂者不可治也。」（註六九）「勢位」隨著掌握它的人的知能和才幹，而有不同的效應和政治的結果。

依此來看，韓非似乎是肯定了「賢能之治」的政治主張，而認爲居「勢位」的人必須是像堯舜一般賢能的人，國家方能大治。其實不然，韓非把這種依賴人的質性和才幹而運作的「勢」稱之爲「自然之勢」。對於此種「自然之勢」，韓非提出了以下的兩種否定的論點。

首先，他認爲如果「勢位」必須由像堯舜那麼賢明的人來掌握，纔能帶來良好的政治的結果，那麼，這就得承認「千世亂而一治」，人群必經常處於混亂無秩序的狀態，因爲像堯舜那麼賢明的人是「千世而一出，是比肩，隨踵而生也」（註七〇）如果必須期待賢明的人，人群方得有秩序，那麼思想家追尋治理國家的恆定原則的努力也必定是毫無意義的了。這種「勢」因依賴人偶然的知能和才幹，所以無法成爲政治治理的確定、穩固的原則。

其次，在批判此種「自然之勢」的觀點上，韓非也提出了「賢」與「勢」在邏輯上爲矛盾，不相容的論點。關於此，他說：

「賢何事焉？何以明其然也？客曰：人有鬻矛與盾者，譽其楯之堅，物莫能陷也，俄而又譽其矛曰：吾矛之利，物無不陷也。人應之曰：以子之矛陷子之楯何如？其人弗能應。以爲不可陷之楯，與無不陷之矛。爲名不可兩立也。夫賢之爲勢不可禁，而勢之爲道也無不禁，以不可禁之勢，此矛盾之說也；夫賢勢之不相容亦明矣。」（註七一）

這段引文，從「夫賢之爲勢」以下有脫誤，因此難懂。據陳奇猷先生的考釋，訂正爲「夫賢之爲道也勢不可禁，而勢之爲道也無不禁，以不可禁之賢，處無不禁之勢，此矛盾之說也。」。但據梁啟雄先生的考釋，訂正爲「夫賢之爲勢不可禁，而勢之爲道也無不禁，以不可禁之勢與無不禁之道，此矛盾之說也。」（註七二）經由這兩位先生的考釋修正，這段文字則較爲明白易懂，雖然兩位先生訂正的文字，其文義略有差異，但這似乎無關於我們對韓非的觀點的理解。

依據韓非的論點，「勢位」如果爲賢明的人所掌握，那麼，「勢位」的力量不但不能規約這位賢明的人，反而，「勢位」因賢明的人的操作，而有良好的政治的結果，依此來看，「賢之爲勢不可禁」。然而，依愼到對「勢位」之本質的看法，「勢位」卻是可以屈服任何人，甚至可以「絀賢者也」。如此，「勢之爲道也無不禁」。總地來看，一是不受限制的「賢」，一是可以限制任何事物的「賢」。

由這兩項概念的義涵來看，「賢」與「勢」是矛盾，不能相容的概念名詞。

透過這種論辯，韓非最後提出了「人爲之勢」的觀點，這種「勢」是人爲可以設造的，足以成爲政治統治的終極憑藉，而這「人爲之勢」，換一個名詞來說，卽是「慶賞之勸、刑罰之威」的法。他說：

「抱法處勢則治，背法去勢則亂……夫棄隱括之法，去度量之數，使奚仲爲車，不能成一輪。無慶賞之勸，刑罰之威，釋勢委法，堯舜戶說而人辯之，不能治三家。夫勢之足用亦明矣，而曰：必待賢，則亦不然矣」（註七三）

韓非把人爲設製出來的「法勢」比喻成「良馬固車」；而且肯斷地說，祇要「法」設造得完備，中等之資才或者不是那麼賢明的君王祇憑藉著「法」就可以治平天下。由韓非舖設出來的「人爲之勢」的理論，一方面是否定愼到的「勢治論」，一方面則是否定儒墨兩家的「尙賢論」。而在這種批判與否定的論點背後所蘊含的意義，則是一種尋找客觀，確定的政治統治憑藉的思想意向。

對於韓非所提的此種批判「勢治論」的觀點，我們必須注意的是：韓非並非否定「勢位」的政治效用，反而肯定國君必須憑「勢位」的力量，來從事政治的統治工作，他說：「民者因服勢，勢誠易以服人」（註七四）一般人民是很容易就震服於「勢位」之下的，因此國君必須善於利用「勢位」的力量來統治人民。他說：「萬乘之主，千乘之君，所以制天下而征諸侯者，以其威勢也。威勢者，人主之筋力也，今大臣得成，左右擅勢，是人主失力。人主失力而能有國者，千無一人。」（註七五）

就此，韓非諄諄告誡當時的國君不得使「勢位」旁落，一位失其「勢位」的國君，就喪失其統治的力量。另外，從我們對愼到的「法」之觀念的理解，愼到並沒有「尙賢」的論點，也並沒有否定，反而强調「法」之治理的重要性與有效性。那麼，韓非爲甚麼會非難愼到的「勢」的論點？可能的理由是：當時思想界對愼到的學說的評論有「愼子蔽於法而不知賢」與「（愼到）笑天下之尙賢」（註七六）的說法。韓非依當時的此種批評與論，透過他的辯證的思考理路，一方面否定「尙賢」的議論，一方面吸收「勢位」的觀念，將之融合於他的「法治」的觀點當中。

對於申不害的學說，韓非在吸收與融合上，特別將申不害的「法」解釋爲「術」，同時批判重「術」而不重「法」所可能造成的不良的政治後果，以及評論申不害之「術」在操作上的缺陷。首先韓非批判申子害重「術」不重「法」所造成的不良後果，他說：

「申不害，韓昭侯之佐也。韓者，晉之別國也。晉之故法未息，而韓之新法又生；先君之令未收，而後君之令又下。申不害不擅其法，不一其憲令，則姦多。故利在故法前令則道之，利在新法後令則道之。利在故新相反，前後相悖，則申不害雖十使昭侯用術，而姦臣猶有所譎其辭矣。故託萬乘之勁韓，十七年而不至於霸王者，雖有術於上，法不勤飾於官之患也。」（註七七）

韓非的這段言論也涉及「法」之一致性與恆定性的問題，關於這問題，在往後論析韓非「法」的理論時，會有所說明。依韓非的理解，申不害的「法」卽是「術」，而所謂「術」卽是「因任而授官，循名而責實，操殺生之柄，課群臣之能者也，此人主之所執也。」（註七八）它是國君統御臣僚，使臣僚在「官僚系統」中依其「名位」或「職位」而能切實執事的治理原則。國君藉由這種「術」的治理原則，是可以使臣僚切實作事而發揮其才能，同時也可以使全體臣僚為國君效命。但是，祇靠著「術」來治理臣僚，是無法讓整個國家有序秩且富强的。因為不注重「憲令著於官府，刑罰必於民心」（註七九）的「法」的治理，一方面會導致人民的紛爭而不得客觀公平解決，繼而造成强者欺凌弱者，激起人民的怨怒的不良後果，這樣，整個國家不得安定而有秩序。另一方面，沒有國法，國家的官吏會利用其政治的職權，侵陵或剝削一般的平民，繼而擴大其自己的勢力，所謂「臣無法，則亂於下」。同樣地，國君祇崇尚「法治」，而沒有督促與控制官僚的「術」，也造成「戰（爭）勝利大臣尊，益地則私封立」，讓官僚坐大其勢力與威望的不良的政治後果，透過這樣的評論，韓非强調「法」與「術」是「正不可一無，皆帝王之具也」。而把申不害的「術」與商鞅的「法」結合了起來。

然而，申不害所講求的「術」的控制，本身是否就完備而無缺陷呢？關於這問題，韓非提出了他的看法：

「申子未盡於術也。申子言治不踰官，雖知弗言。治不踰官，謂之守職也可，知而弗言，是不謂（按陳奇猷之注，「謂」作報告解）過也。人主以一國目視，故視莫明焉；以一國耳聽，故聽莫聰焉。今知而弗言，則人主尚安假借矣？」（註八〇）

按照申不害所揭的「綜覈名實」或「循名責實」的「正名」的觀點，國君要使「官僚系統」發揮其力量，必須確立起每一個臣僚的「名位」或「職稱」，而且嚴格規定各「名位」與「職務」不得相踰越；就此，國君以每一個臣僚所居的「名位」的職務來責成每一個官僚。能把自己份內該作好的作好，是謂「守職」的官僚，國君給予奬勵，反之則施於懲罰。韓非基本上承認這種「正名」觀念的正確有效性。但是，基於「全面控制」的觀點，韓非認爲申不害的「術」還是不足的，國君若要對每一個官僚施於個別的人身控制，則必須詳細掌握每一個官僚的言行的細節。當然，以國君一個人的力量是無法達成這種目標的。要達成這種目標，國君必須「以一國爲目視」、「以一國爲耳聽」，在實踐的方式上，國君必須分化整個官僚系統的每一個成員，讓他們彼此相互監視，也鼓勵，甚至強迫他們把同儕不軌的言論或行爲報告給國君。繼而讓他們互相監視、互相猜忌、互相畏懼，藉此，使官僚彼此不會相互聯絡，造成朋黨的集團勢力，而危害到國君權位的安全；一方面，讓官僚彼此畏懼，而全然服從國君的權力威勢。韓非認爲唯有訴諸此種「全面控制」的手段，國君方能完全支配每一個臣僚。

韓非透過對商鞅，愼到與申不害的前期法家之學說的闡述與批判，繼而融合「法」、「術」與「勢」的觀念，而建立起完備的「法治」的學說。由是論之，在韓非的「法治」的學說中，「法」、「術」與「勢」是融成一體的。關於這種融會，我們引二段韓非的言論，卽可明瞭。

「君執柄以處勢，故令行禁止。柄者，殺生之制也；勢者，勝衆之資也。」（註八一）

國君居「勢位」，操刑殺與賞罰的「法令」，則可以讓全體人民震攝於他的政治統治下。關於此，他說：

「設法度以齊民，信賞罰以盡民能，明誹譽以勸沮，名號，賞罰，法令三隅（按陳奇猷注釋，「隅」作參合解），故大臣有行則尊君，百姓有功則利上，此之謂有道之國也。」（註八二）欲使國家有秩序且富强，國君必須憑藉「法」、「術」與「勢」的統治憑藉。韓非在此融會了前期法家的觀念與實踐的經驗，而成爲戰國時期的「法家」學派的集大成者。以下分析韓非「法」與「法治」之學說的意義，並依其思想的理路，闡明他對「法治」之有效性所舖陳的論證。

三、韓非「法」之觀念的義涵

韓非所揭櫫的「法」，就其基本意義來說，是一種懲誡與刑罰的運作，以及獎勵和賞賜的施捨。而這種慶賞與刑罰之運作所懸的鵠的在於：一方面保持國家之最高統治者的權威與權力；另一方面，透過這種「法」的運作，試圖使得國家的人民在生活和行動上能完全符應國家所追求的富與强的這一唯一的目標與價值，就此，齊一整體的人民，讓全體人民凝聚出一股强大的意志力量。

這種「法」，廣泛地來說，是建立與鞏固人之集體生活之體制的安全、安定的一種手段，而且，以韓非的思想來說，是唯一的手段，他說：

「聖人之治也，審於法禁，法禁明著則官法；必於賞罰，賞罰不阿則民用。民用官治，則國富，國富則兵强。而霸王之業成矣！霸王者，人主之大利矣」（註八三）

又說：

「明主之所道制其臣者，二柄而已。二柄者，刑德也。何謂刑德？曰：殺戮之謂刑，慶賞之謂德。爲人臣者，畏誅罰而利慶賞。故人主自用其刑德，則群臣畏其威而歸其利矣。」（註八四）

在這兩段言論裡，我們可以理解韓非的「法」是蘊含著工具性與賞罰的意義。現依次地說明。

在呈示「法」的性質時，韓非常以工匠從事其製造業所運用的工具，如規矩、繩直、準夷、權衡、斗石當作譬喻指明「法」的質性，關於此，韓非說：「無規矩之法、繩墨之端，雖王爾不能成方圓。無威嚴之勢、賞罰之法，雖堯舜不能以爲治」（註八五），又說：

「……巧匠目意中繩，然必先以規矩爲度；上智捷舉中事，必以先王之法爲比。故繩直而枉木斲，準夷而高科削，權衡懸而重益輕，斗石設而多益寡。故以法治國，舉措而已。法之阿貴，繩不撓曲，法之所加，智者弗能辭，勇者弗敢爭。刑過不避大臣，賞善不遺匹夫，故矯上之失，詰下之邪，治亂決繆，絀羨齊非，一民之軌，莫如法」（註八六）

「法」，由此觀之，在韓非的思想裡，就如同繩直、權衡一般，是一種可以擺脫人之主觀情意之干涉的工具；憑著這種工具，國君在從事政治統治工作時，可以保證其客觀性、確定性與公平性，是故，它是能「絀羨齊非」，能齊一化整個國家之人民的唯一途徑。

韓非肯定人爲設造的「法」才是國君統治所依憑的一客觀、確定且有效的工具。這種「法」在實際的運作上是帶有嚴苛的刑罰的脅迫力量。運用重刑，所謂「峭其法，而嚴其刑」（註八七），懲罰那些破壞國家之秩序，不遵守「國富兵强」這一終極之價值，以及提倡不符合國家之利益的所謂「蠹蟲」的人物。由於「峭其法，而嚴其刑」，刑罰的嚴酷性，是故，國君在執法上，必須捐棄仁慈之心意，擺脫任何道德的考慮，他說：

「所謂重刑者，姦之所利者細，而上之所加焉者大也；民不以小利蒙大罪，故姦中止者也。所謂輕刑者，姦之所利者大，上之所加焉者小也；民慕其利而傲其罪，故姦不止也……今輕刑罰，民必易之。犯而不誅，是驅國而棄之也，犯而誅之，是爲民設陷。是故，輕罪者，民之垤也。是以輕罪之爲民道也，非亂國也則設民陷也。」（註八七）

唯有嚴酷的刑罰，才能「防漸杜微」，使人民尚未犯罪之前，能衡量得失輕重，而且，使人民在心理上能產生畏懼之感，能禁止他們做出罪惡之事，所謂「民畏所以禁」（註八八）因此，一位心懷仁慈，不願意運用重刑的國君反而是誘導人民犯下重罪，若至於此，不懲誡，則國家混亂無紀，懲誡之，則便成一位不仁慈的「爲民設陷」的領導者。這樣的論證正如同西方十六世紀佛羅倫斯的政治思想家馬基維利（Machievalli）在論證國君之「嚴酷和仁慈」的論題上，所陳述的言論，於「君王論」一書中，馬基維利認爲：一位君王如果一開始就試圖表現仁慈的行爲，他就會「讓惡行坐大」，而祇在「掠奪、搶刼與謀殺等重大罪行」發生後纔用重刑，這種行爲是比一位君王在一開始就以酷刑「殺雞儆猴」更爲殘酷（註八九）。

韓非的「法」是具有告訴人們「何者不當爲之」的消極性格，除此之外，尚且具有告訴人們「何者應當爲之」的積極性格。對於那些作了不應當作的事情的人，即所謂犯了國家之「禁忌」的人，國君或國家必須處以嚴厲的刑罰，而對於那些能做應當做之事情的人，國君則給予獎勵，所謂「應當做之事」，以韓非思想的脈絡來說，即是能爲國家或國君在經濟上勞動生產，在戰場上能立戰功的人。在此，國君不但是一位執法者，也是一位施恩者，藉著酷刑，讓人民畏懼國君的統治；藉著施恩惠，國君除了加强其權威之外，也能夠使人民瞭解國君的意向，以及整個國家所强調的價值取向，就此，人民的行爲更能符應國君與國家的需求。這種把「刑罰」與「慶賞」合一的「法」的觀念正是韓非「法」之觀念的主要特質，他說：

「……是以賞莫如厚而信，使民利之；罰莫如重而必，使民畏之，法莫如一而固，使民知之。故主施賞不遷，行誅無赦。譽輔其賞，毀隨其罰，則賢不肖俱盡其力矣」（註九〇）

透過賞刑、恩威並用的「法」的統治途徑，整體人民必能爲國君與國家奉獻其生命。

在運作上，「法」除了顯現出「賞」與「刑」的誘發力與脅迫力之外，「法」本身必須是具有公正無私的客觀性，以及平等性，而且必須是成文的，公佈給人民知曉的，如韓非所說的，「法莫如一而固，使民知之」，以及「法者，憲令著於官府」（註九一）「法」若不是成文的，讓民衆知曉，則人民無從遵守國君與國家所欲求的規範；「法」若不是公正無私與平等，那麼，賞刑無信，必然使「法」徒具虛文，而無法發生效用。關於「法」的這兩種性質，韓非在其著作中，祇提出而沒有詳論，但是，爲「法家」學派另一本著作「商君書」（註九二）對於「法」的這種性質有較清楚的論述；現就以〔商君書〕裡的言論來說明韓非之「法」，甚至是法家之「法」的此種性格。

韓非是認爲「法」必是成文的，也就是「法」是由國君與國家的機構制定與頒佈，而爲全體人民所共知。對於「法」提出這種觀念，這是跟整個民族從西元前第六世紀由鄭國的子產與晉國的范宣子頒佈「刑書」所成的傳統，有著密切的關聯。由於「法」是告知民衆的，因此，法之條款的刋佈，其內容必須是詳盡而且是易於明瞭的，〔商君書〕對此有以下的言論：

「……聖人爲法，必使之明白易知，名正，愚智徧能知之。爲置法官，置主法之吏，以爲天下師，令萬民無陷於險危，……法令明白易知，爲置法官吏爲之師以道之知，萬民皆知所避就，避禍就福，而皆以自治也。故明主因治而治之，故天下大治也」（註九三）

然而，「法」的制定的程序，以及告之人民的途徑又是如何？〔商君書〕也有明白的規劃，現作一描述。在「定分」篇中，「欲使天下之吏民，皆明知（法　而用之如一而無私，奈何？」關於這個問題，有如下的見解：首先，「法」的制定權是操在國君手中，「法」制定後，成文書的「法」一則放置於「天子之殿」，一則放置於「禁室」，以此表示「法」的神聖性。

然後，由國君選擇官僚成員爲「法官」，設置的方式爲：「天子置三法官，殿中置一法官，御史置一法官及吏，丞相置一法官」，除了在中央官僚系統中設置三位法官外，地方官僚系統從郡到縣「皆各爲置一法官及吏」，這些法官及吏代表國君在地方上執行「法」，所謂「各主法令之民」，他們必須熟讀詳記「法」之程式，不得擅自「剟定法令」損益法令之文字。在功能的劃分上，「法官」負責執行法令，「法」透過這種官僚體系的運作，能夠：

「天下之吏民，無不知法者，吏明知民知法令也，故吏不敢以非法遇民，民不敢犯法以干法官也。吏遇民不循法，則問法官，法官卽以法之罪告之，民卽以法官之言正告之吏，吏知其如此。故吏不敢以非法遇民，民不敢犯法。如此，則天下之吏民，雖有賢良辯慧，不敢開一言以枉法；雖有千金，不能以用一銖，故知詐賢能者皆作而爲善，皆務自治奉公，民愚則易治也，此皆生於法明白易知而必行」（註九四）

由「法」的控制所導致的政治統治的理想狀態，這也是韓非預期的國君治國的終極目標：

「故明主之國，無書簡之文，以法爲教；無先王之語，以吏爲師；無私劍之悍，以斬首爲勇。是以境內之民，其言談者必軌於法，動作者歸之於功，爲勇者盡之於軍。是故無事則國富，有事則兵強，此之謂王資。旣畜王資，而承敵國之亹，超五帝，侔三王者，必此法也」（註九五）

這種理想的政治統治的狀態卽是整體人民的言行一律皆符合國君與國家之「法」的要求，一方面，代表國君與國家的政府官員瞭解「法」之嚴酷性，而不會憑著政治權威因一己之私利，任意獨斷地治理人民；另一方面，一般的平民瞭解到「法」的嚴酷性，在行動上，能謹愼，能「避禍就福」，不犯國君與國家之禁忌，在言談上，不會宣揚有損國君與國家之威望與利益的言論，甚至是保持沈默，「社稷之所以立者，安靜也」（註九六），整體人民就變成一大群沒有臉孔、沒有個性、沒有喜怒哀樂的沈默的勞動生產的動物，群體爲著權柄在握的國君奉獻生命的一切。

韓非與法家所揭櫫的「法」是國君必須堅決實行的與脅迫和獎賞之作用的統治工具，它是訴諸文字的、詳盡爲民易知的「法典」，而且必須通過層層分職分責的國家的官僚統治機構的運作，方能從上下達到廣大的人民群體當中。這種「法」要保證其功能作用，而不致於使之徒具虛文，則尚必須具有穩固的一致性，以及公正性和公平性。這些性質在韓非以度量、權衡、規矩、方圓爲譬喻指陳「法」的義蘊時，已經明示出來了。

「法」如果如規矩方圓一樣的話，那麼，它是秉具著穩固確定的一致性，同時，由於「法」是訴諸文字的，如果「法」的文字不夠精確，必定引起解釋上的歧義，如果「法」時時變動，除了加深且增加釋法上的歧義的紛亂之外，尚且使得人民在遵守「法」上，喪失確定的準則，甚至會誘發人民在新法與舊法的空隙中，逐獲利益，韓非就此說：

「不一其憲令則姦多故，利在故法前令則道之，利在新法後令則道之，利在故新相反，前後相勃」（註九七）

「法」如果因時時變動而失去一致的準則性，「法」就喪失其威信，人民就不會服從國君與國家的權威。關於「法」的致一性與「不變性」，在此，從韓非思想的脈絡來看，又引起韓非思想的一個問題。

依韓非的歷史觀念，人的生活環境是隨著時間的變動而變革，所謂「古今異俗，新政異備」（註九八）。韓非提出這種歷史觀點，其主要的思想論點在於批判儒家的「德治」理論以及理證「法治」之所以適用於「當今之世」的理由。然而，我們若把這種觀點推演到「法」的可變與不變性的問題上來，可明顯看出：揭櫫「不法先王之政」的觀點的韓非也必然會認爲「法」必須隨著歷史環境的變動而有所更動。依這種思想的理路，舉一例說明：設若在某一段時期裡，有某一位國君因當時的處境制定某種「法」，時過境遷，新起的另一位國君可能因新的歷史處境而感到前一位國君立的「法」不能順應新環境的需求，而更動舊法，如此，法的穩固一致性必然無法被保持。由是觀之，韓非的思想裡似乎存著其所揭的歷史觀點與法之不變性如一性之觀點，兩者之間的矛盾衝突。關於這一個問題，韓非並沒有清楚的提出解決之途徑，但是在〔商君書〕當中所顯示出來的觀點，是可以有助於我們釐清這一矛盾衝突。

在釐清這一矛盾之觀念之前，在此，附帶說明古希臘時期的哲學家亞里斯多德對此問題的看法，或許更能讓我們清楚瞭解韓非或法家之思想學派所揭示之「法」的觀念。這樣的附帶說明並非比附，而是希望能由此更明白「法」之變動性的問題。在〔政治學〕（The Politics）一書中，亞里斯多德認爲「法」不可能以文字詳盡、細節地規定人民的諸種行爲；成文的「法」祇可能規定「普遍的原則」（the general principle），而執法的行動則依賴特殊的情況和案例；職是之故，「從這些考慮，誠然，是有某些情況要求有所變革，而且，也有必要改變某些法律」（註九九）但是，在衡量法律的變動上，亞里斯多德基於政治實踐的智慮明愼（phronesis），必須衡量變動法律的有利性與人民因習慣於法律之易變性所帶來的危險，這種危險表現在於人民因法律的時時更動，而蔑視法律的尊嚴，繼而不服從國家的權威。依此，亞里斯多德提出這一句有名的論點：「我們必須容忍部份立法者與統治者的少數的錯誤」（註一〇〇）而亞里斯多德提出這種法之觀點，尚有一相當重要的理由，那就是：「法本身並沒有力量來確保人民的服從性，除了習慣之力量外，因此，輕易地就改變既定之法而制定新法，此意味著削弱法的力量」，而且，由法本身的更動，會引發出許多甚爲困難的問題，譬如，法的更動是部份的或整體的？以及誰有資格來更動法律等等。依亞里斯多德的政治理論，政治的目標在於培養出能實踐「公利」與道德優美的公民，在實現的途徑上，「法」並非是唯一的途徑，一個群體的良好風俗習慣和健全的教育更是重要之事。

韓非與法家的「法」由於立法的導向在於提高國君的利益與權威，以及出自於「價值一元論」的立場，是故，這種「法」就像是一鐵箍一般，緊緊地箍制住國君統治下的全體人民。這種「法」必須是穩固一致性，對於「法」之不一致性、不確定性，以及因時代的變遷有所變動的危險性，（商君書）有如下的看法：

「今法令不明，其名不定，天下之人得議之，其議人異而無定。人主爲法於上，下民議之於下，是法令不定，以下爲上也。此謂名分之不定也。夫名分不定，堯舜猶將皆折而姦之，而況衆人乎？此令姦惡大起，人主奪威勢，亡國滅社稷之道也」（註一〇一）

「法」的不確定性、不一致性，（商君書）的作者以「名分不定」給予說明，爲消除「法」的變動不一致性與歧義性，「法」必須「定名分」，「名分定」的觀點是此書作者爲「法令以當時立之者，明旦欲使天下之吏民，皆明知而之如一而無私，奈何？」這問題，所提出來的答案。分析這一觀點，可知：韓非與法家着重於「法」的確定性、穩固性。「法」一旦制定，不得「損益一字」，且典藏於「禁中」，但是，據上面所提出的，有關於韓非思想中的歷史觀與「法」之如一性之間的矛盾衝突的疑難，我們在此引〔商君書〕所提的「名分定」的觀點，作一說明：

「今先聖人爲書，而傳之後世，必師受之，乃知所謂之名；不師受之，而人以其心意議之，至死不能知其名與其意。故聖人必爲法令置官也，置吏也，爲天下師，所以定名分也。名分定，則大詐貞信，民皆愿慤，而各自治也。」（註一〇二）

「法」一旦確定，則不容更動，然而，在「法」的傳承上，可能因歷史的處境而有需要變革，在此，〔商君書〕的作者提出的解決途徑是透過政治力量的途徑，也就是說，「置官也，置吏也，爲天下師」，法之解釋與更動後的疑義一切皆依賴國君及其官吏的權威，在此，我們可以說，統治者的權威高於「法」的權威，通過政治的控制力量，能使人民透徹瞭解統治者與被統治者的「分位」，這就可以保證「法」不會在變動上因「名」（卽是文字上的釋義）的混淆與不確定和不如一性而帶來危險。

韓非與法家的「法」挾著嚴酷的刑罰與利誘的獎賞，而且在其背後挺立著强大的政治控制力量，因這種性格，韓非在强調「法」的公正性與平等性時，是意指以國君與國家的意向與利益爲依歸的公正性與平等性，是故，在韓非的「法」的統治下，「公正」不是人道德表現的合宜正當性，也不是在整個社會當中，每人「各守其位，各安其位」的自發性地守禮的行爲，而是指國君在執法上對於犯國家之禁忌的人，不論其爲何人，都應當給予嚴酷的刑罰，對於有功或作爲有利於國君與國家的人，則給予厚重的獎賞。在此，「法」的公正是要迫使人民廢「私詞」、「私意」與「私欲」，一切行爲都與國君與國家的「大利」或「公利」爲指向。

同時，論及韓非「法」之平等性，這種「平等性」，從韓非所承受的傳統的觀點來看，是整個民族自西元前第六世紀成文法典的公佈後，以及戰國時期許多有名的「變法家」對於「法」之性質的强調與提倡，就當時歷史變動的觀點論析之，「法」之平等性的被强調與提倡是整個民族從社會階級等差有別與不齊的封建城邦的政治結構，走向權力意志集中的國家政體，所必然有的現象。成文法典被公佈卽表示以國君權力爲重心的國家統治機構的權威强化且加大，也表示在「法」的統治底下，全體人民不再是分屬於封建領主治理下的「私民」，而是地位一律平等的「公民」（註一〇三）。這種歷史經驗在韓非之思想的轉化下，使之成爲一種合理化的理念，而更顯得明白且具說服力。承受這樣的傳承，韓非是肯斷「法」的平等性，但在國君一人極權的統治下，這種「平等性」是指全體人民一起同樣地喪失「立德、立言、立功」的政治行動力。

由於「法」是一種客觀性、公正性與公平性的統治工具，以韓非思想的脈絡論之，權種「法」在執行上，必能使得國家的整體人民忘記有國君與國家統治機構的存在，在此，韓非引老子的「太上，不知有之」的言論來說明「法治」的最高理想。

「明君見小姦於微，故民無大謀；行小誅於細，故民無大亂，此謂：圖難於其所易，爲大者於其所細也。今有功者必賞，賞者不得君，力之所致力；有罪者必誅，誅者不怨上，罪之所生也。

民知誅賞之皆起於身也，故疾功利於業，而不受賜於君。太上，下智有之；此言太上之下民無說也，安取懷惠之民？上君之民無利害，說以悅近來遠，亦可舍已」（註一〇四）

依老子的政治理論，國君治國的最高境界在於人民不知有國家與國君的存在，這種境界的達成是循經國君與國家不干涉人民之言行或者「無為」的途徑。在此，韓非吸收了老子的這一種政治觀念，而加以引申，而認為：國君與人民的相對待的關係，在理想上，不是出自於慈惠、恩情與畏懼、怨恨的主觀的情緒的關聯。使民「懷惠」、使民「怨恨」都足於使政治紊亂、人民腐化；依韓非的論點，國君會讓人民「懷惠」、「怨恨」，是廢棄「法」的治理所得來的結果，就此，他說：「惠之為政，無功者受賞而有罪者免，此法所以敗，法敗而政亂，以亂政治敗民，未見其可」（註一〇五）。由是觀之，國君祇有循徑公正、平等與客觀之「法」的統治，才能使國君與人民兩者皆擺脫主觀之情緒之關聯。這是因為在客觀、公正與平等之「法」的規約下，人民必然會覺識到賞罰的來源不是出於國君本人的恩寵與憤怒，而是出自於自己的行為不能脗合「非人格性」的「法」的規範，繼而體會到行為的對錯的根源是來自於自身，有此體會，韓非與法家認為人民方有可能「自治」，也才可能致力於為國君和國家所認可的事業，所謂「疾功利於業」。如此，不論國君或者是人民，其行為均不再受原始之本能傾向或情性所制約，而是受客觀之法則所規定，韓非與法家在思想的層面上，試圖去尋求客觀性之政治治理的技藝，也正是反映出整個民族從春秋中期到戰國的歷史發展過程中逐漸擺脫以血緣情感為支配原則的封建城邦制，而走向客觀之以官僚體制為中心的國家政制的時代精神。

四、韓非對「法」之有效性的理證

在思索國君統治人民的技術上，韓非爲甚麼會那麼地肯定「法」的有效性？分析與說明了韓非所揭之「法」的觀念的義涵之法，接著，有必要分析與說明韓非在理證「法」之有效性上所舖設的論證。就理論的層面上來說，這些論證一方面關涉到韓非對人之情性的論點，其中也牽涉到韓非和荀子兩者之思想的關係；另一方面則關涉到韓非對歷史之發展所抱持的觀點，以及關聯到他之所以强調「法治」而捨棄「德治」的部份的思想理由。

關於韓非思想中的「人性論」的觀點，一般論者都會詳細剖析，也强調韓非之「人性論」是承續荀子的「性惡論」的學說而發展出來的。是故，在韓非的「人性論」裡，人的本性是自利、自爲、自私的，人的心智又是爲一己之利害之考量的計算心。就此，有學者評論說：「（自利之性與計算之心）二者相結，人在之內遂漆黑一片，不似荀子尚有一虛靜認知之心，透出一線光明，可做爲由惡轉善的橋樑。韓非心性俱惡，道德規範與教育師法兩路皆斷，已無以扭轉這一心性的沈落，唯有訴之於賞罰之法，與君勢之威權了，這就是韓非師承荀子，而背乎荀子的轉關所在，也是韓非否定道德，又否定學術之可能的根本原因」（註一〇六）

以韓非曾師荀子的這一事實來看，荀子的思想是有部份影響了韓非思想的形成。荀子對於人性是提出「人之性惡也，善，僞也」的理論，這種理論跟孟子所揭的「性善」理論恰成對反。從戰國時期以來，人之性是善抑是惡的問題也爲思想家和學者所熱衷討論，在結論上却莫衷一是。現在，依荀子思想的脈絡，對此問題作一釐清，荀子在考察人之本善時，提出了如下的看法，他說：「凡性者，天之就也，不可學，不可事」（註一〇七）。「性」卽是人與生俱來的，無法變動更改的，具「必然性」的傾向，依現代的用語，荀子的所謂「性」卽是荀子提出「情」與「欲」，也就是他所說的「性之好、惡、喜、怒、哀、樂」（註一〇八）。這種情性，荀子認爲是人天生固有的，人不可能絕對根除它，因此，任何一種學說若強調「去欲」或「寡欲」的道德實踐觀點，則是不淸楚瞭解人之本能欲望的眞相，就此他說：「凡語治而待去欲者，無以道欲而困於有欲者也。凡語治而待寡欲者，無以節欲而困於多欲者也」（註一〇九）。由於人之本能欲望無法全然被根絕，因此，人最多可能僅在於節制它們而已。然而，荀子在其學說中，爲甚麼要求人必須節制其本能欲望呢？是因爲：「然則從人之性，順人之情，必出於爭奪，合於犯分犯理而歸於暴」（註一一〇）。如果人順著這種動物性的本能欲望而行動所爲，不知規約它們，那麼，人在群體中所表現出來的行爲必然是爭奪、暴虐。更從人群體的生活來看，人若是無法節制其本能欲望，則在相互侵奪、暴虐的生活世界中，必然無法形成一文明的生活秩序。

由以上的分析，我們可以這樣說：荀子所提出來的「性惡論」，正確論之，是指人無法規約情性而導致出邪惡之行爲的結果，他就這邪惡的行爲結果，論說「人之性惡」。由於在用語上，他把「本然」的語詞和價值之「應然」的語詞相混淆，致使他的「性惡論」顯得曖昧不清。同時，就荀子的思想立論的根本來看，他思想立論的根本在於他所强調的「禮治論」，禮是用來規約人不良的行爲的，而針對人之所以會表現出不良的行爲，必然會使荀子轉向「人是甚麼？」的這種問題上，而就此提出「人是本能欲望的存有」的「人性論」的觀點。

在韓非的思想裡，我們看看不出有如荀子一般明顯的這種問題意識。在考察人的情性上，韓非側重於經驗上的事實，即是他所說的「參驗之知」，他是從人在生活層面上所表現出來的行爲，來理解人實際行爲的表現。這種行爲的表現不單單祇是自私自利的行爲，也是「慈惠而輕財」「慈惠則不忍，輕財則好與」的慷慨的行爲（註一一一）。以及「心中欣然愛人也，其善人之有福，而惡人之有禍」的「寬惠行德」的「仁愛」的行爲（註一一二）。注重「參驗之知」的韓非，不像孟子與荀子，對於「心性」之問題是不感到興趣。

既然人在其生活層面上，既表現出道德的行爲，也表現出不道德的行爲，那麼，韓非在論說人之情性時，爲甚麼偏向人陰暗人惡的行爲的表現？甚至，提出「君不仁，臣不忠」的理想的政治狀態，而試圖把道德劃規於政治的領域以外？

首先，從韓非的思想模式來說，上面我們在分析韓非之「法」的性質時，曾說明韓非以工匠從事其製造業所憑藉的準繩、度量等工具來指陳「法」的性格。更廣濶地看，當韓非强調國君憑藉著客觀的「法」的統治工具來從事政治統治的工作時，無異是說，以譬喻說明，國君如同一位工匠，他藉著穩固一致且客觀的工具，試圖製造出一件完美的工藝成品，也就是，政治就會有秩序而且造成富庶强大的國家，由是觀之，國君在統治其人民時，一方面無庸考慮到自己的行爲是否合乎道德的原則，另一方面也無需着意於其人民是否有優美的道德行爲的表現。就比如，一位工匠運用方圓規矩，製造工藝成品，在製造上，這位工匠祇致力於如何把工藝成品製造得精良；而不必思量自己的道德修爲，卽使他必須注意到所運用的素材的質地，但是，不論素材的質地如何，一位手藝高超的工匠憑藉精巧的雙手與準確的工具，是可以「化腐朽爲神奇」的。在製造的工作層面上，道德的修爲是不相干的。在此，韓非是以人製造事物的作爲能力的觀點，來思索人的政治實踐的行動，其思考的意向在於欲求政治實踐的客觀性與穩定性。

從行動所依憑的價值觀點的立場來看，韓非是肯定欲求國家之安全、秩序與富强的這一唯一的基本價值，基於這種價值一元論的思想原則，韓非否決了包括道德之價值在內的所有的價值。依照他的政治理論，國君與國家所需求的人不是「好的人」（good man）而是有利於國君與國家之富强的「好的公民」。同時，以韓非對價值之衝突的認識來說，「好的人」是跟「好的公民」相衝突的，譬如，重孝順的公民必然是一位在戰爭中不會勇無畏地殺敵的「好的公民」，一位追求「遺世獨立」之個體自由的人也必定不是一位努力耕種，爲國家勞動生產的「好的公民」。在此，韓非是反逆世俗與儒家所接受的「道德觀點」。

最後，回復到上面所提出的問題。韓非之所以特別地着重於人不良的行爲的表現，其論證的理中是在於證成跟其師荀子在理證「禮治」之重要性的理由，有相似之處。關於「法之控制」的有效性的理由，韓非說：

「凡治天下，必因人情。人情有好惡，故賞罰可用；賞罰可用，則禁令可立，而治道矣矣。君執柄以勢處，故令行禁止。柄者，殺生之制也；勢者，勝衆之資也……是以明主不懷愛而聽……」（註一一三）

所謂人情有好惡，依韓非的觀察，是人表現在其生活層面上的，「安利如、辟危窮」、「喜利畏罪」、「利之所在，民歸之，名之所彰，士死之」、「民者，固服於勢，寡能懷於義」、「民固驕於愛，聽於威矣」（註一一四），這種追逐個人的利益，遠避災禍的行徑。國君的法是因應人的這種常情之行爲而制定出來的，據此，「法」就具有威嚇和利誘的力量在，透過這種力量的運使，人民才能在被迫之以「必然之力量」下，而服從國家與國君的權威與價値的標定。

更進一步論之，韓非不願意從人可能爲道德之善的立場，去思索國家政治治理的原則與途徑，是基於他對一般人的這種逐利避害之行爲的看法。由於人，大部份的人，所表現出來的行爲均是自保自利的行爲，因此，國君面對著衆多的人民，是不可能有任何幻覺，認爲人民會自動自發地做出對國君或國家有利益的事情來，他說：

「夫嚴家無悍虜，而慈母有敗子，吾以此知威勢之可以禁暴，而德厚之不足以止亂也。夫聖人治國，不恃人之爲吾善也，而用其不得爲非也。恃人之爲吾善也，境內不什數；用人不得爲非

一國可使齊。爲治者用衆而舍寡，故不務德而務法」（註一一五）

在「爲治者用衆而舍寡」的原則下，國君必須瞭解道德高超的人僅是少數，誠如韓非所說的「蓋貴仁者寡，能義者難也」（註一一六）；另一方面，德行高超的人並無用於國家的富强，更甚者，道德的行爲很容易在社會上造成聲譽，而這種來自民間的聲譽，依韓非的見解，對國君的威望是一種損毀，在韓非所列舉的，爲一國之國君「宜禁其欲，滅其迹」（註一一七）的社會類範，其中就包括「寬惠行德，謂之仁者，重厚自尊，謂之長者」的人。

總結地來說，一般人的行爲表現都是自利自爲、巧詐的，「趨利避害」的，他們在沒有强大且必然的力量壓迫下，是不可能主動地爲國君與國家所標榜的「大利」行動有所爲的，韓非就此說：

「從是觀之，則聖人之治國也，固有使人不得不爲我之道，而不恃人之以愛爲我也。恃人之以愛爲我者危矣！恃吾人不可不爲者安矣！」（註一一八）

而這種具强大具必然之力量的事物，即是國君因人情而制定的「法」，一國之國君祇要善於運用這「設利害之道」的「法」，必能使國家齊一而有秩序，韓非說：

「明主知之，故設利害之道，以示天下而已矣。夫是以人主不口敎百官，不目索姦衺，而國已治矣」（註一一九）

韓非從人自利自爲、「趨利避害」的行爲表現，去理證「法」的有效性，而「法」的有效性則表現在於，經由它的威嚇與利誘的控制，更强化人盤算利害得失的計算之心智，使人更能表現出「趨利避害」的行爲，也就是，更能約制自己的欲望，更爲「謹愼」。從是觀之，刑罰的實際效應畢竟是在於加强人的謹愼，延長人恐懼的記憶，因此，也使人瞭解到人對於許多事物而言是太過於微弱，最後則是人自我批判的改進。這一切的實際效果，即是增强畏懼、增進謹愼、主宰欲望。畏懼、謹愼、主宰欲望、自我批判的行爲正是韓非與法家思想學派所要求的人的「自治」的行爲。但這種「自治」並非如孔孟所說的，發自「道德良知」的自然自發地約制欲望，而是透過外在强大的壓迫力量，造就出來的結果。

在理證「法」之有效性之，韓非除了鋪設了他對人之一般表現之行爲的觀際的論證之外，尚且提出了一種解釋整個民族歷史發展過程的歷史觀點，來强調與印證「言先王之仁義，無益於治」（註一二〇）而賞罰之「法」通用於今的理念。就此論證他否定「德治」肯斷「法治」的思想論題。

從韓非著作的內容，我們領會到他是一位甚爲注重歷史經驗的思想家，〔韓非子〕一書中的「內儲說」、「外儲說」和「說林」諸篇文章，均表現出韓非豐富的歷史知識，他以豐富的歷史知識與具體的歷史事例向當時的國君指陳個人和國家滅亡的理由，而提供給國君一種有利於政治統治的歷史教訓。同時，就他理論的形成論析之，韓非的政治理論是部份地由反省歷史的經驗而凝煉出來的。譬如，他提出來的「治之至也」的政治統治的理想狀態的言論，其立論的基礎是奠定在他對秦國商鞅變法的歷史事實的反省，這種歷史的知識也是提供他理證「法」之有效性的一主要的根源。關於此，韓非有時是以相當具體的事例來印證，有時候，則是安置於一種解釋整個民族歷史發展過程的解釋觀點上而加以論證。

韓非在考際整個民族的歷史發展過程時，首先，很機械地將之劃分爲三個階段，卽上古、中世與當今，繼而賦予這三個階段各自一種「時代的特質」，他認爲上古時期，人的行動原則在於仁義道德，中古時期在於計算成敗的智謀，而他生活的「當今之世」，則是暴力、權勢和軍事武力，誠如他所說的：「上古競於道德，中世逐於智謀，當今爭於氣力」（註一二一），在解釋這三個階段的「時代之特質」及其行動之原則的形成的因素上，韓非提出如下的觀點：

「古人亟於德，中世逐於智，當今爭於力。古者寡事而備簡，樸陋而不盡，故有珧銚而推車者。古者人寡而相親，物多而輕利易讓，故有揖讓而傳天下者」（註一二二）

又說：

「今之爭奪，非鄙也，財寡也。輕辭天子，非高也，勢薄也。重爭士橐，非下也，權重也」（註一二三）

又說：

「古者，丈夫不耕，草木之實足食也，婦人不織，禽獸之皮足衣也。不事力而養足，人民少而財有餘，故民不爭，是以厚賞不行，重罰不用，而民自治。今人有五十不爲多，子又有五子，丈夫未死而有二十五孫，是以人民衆而貨財寡，事力勞而供養薄，故民爭」（註一二四）

在韓非的眼裡，他生長其中的戰國時期是一個「力多則人朝，力寡則朝於人」的，以力相爭奪的環境。依他的解釋觀點，這種歷史環境之所以形成的主要因素在於整個民族的歷史發展，到他生長的時代，人口數目膨脹而增加，可是，相對地，經濟的生產力並沒有隨著人口的膨脹而增加，除了經濟生產力沒有提高外，從社會來看，社會上，「商賈技藝之士」和「修文學、習言談」、崇尚「微妙之言」的知識份子隨著歷史的變動與發展上更趨於複雜，而大幅度增加，因此，「百人事智，而一人用力」。在「無耕之勞」的階級愈多而耕種的人數並沒有增加的情況下，整個時代不免發生「經濟的匱乏」。順著這個觀點，韓非認爲：經濟的匱乏會導致因獲得生活之基本資源而相傾軋相爭奪的生活境況，在這種生活的境況裡，人民的性格必然是巧僞、險詐，誠如〔商君書〕所說的「今世巧而民淫」（註一二五）「古之民樸以厚，今之民巧以僞」（註一二六），也正是韓非所說的「急世之民」（註一二七）的寫照。

歷史環境的變遷而導致出這種生活的實況，以及人民的情性和行動之原則，就此，韓非揭櫫一種類似「歷史相對論」的主張，他認爲：政治的統治憑藉並沒有常經常道可遵循，而應該隨著歷史的變遷而有所變革，他說：「是以聖人不期修古，不法常可，論世之事，因爲之備」（註一二八）關於此，韓非更進一步地說明：

「不知治者，必曰：無變古、無易常。變與不變，聖人不聽，正治而已。然則古之無變，常之毋易，在常古之可與不可。伊尹毋變殷，太公毋變周，則湯武不王矣。管仲毋變齊，郭偃毋更晉，則桓、文不霸矣」（註一二九）

既然政治統治的憑藉必須隨時代的變遷而有所變革，那麼因上古和中世的環境而適用於當時的「德治」

的原則與手段，必定不適用於當前的以力相爭奪的時代當中，不明瞭於此，而欲圖以仁義之政來教化巧僞之民，必定會招來國家的大患，韓非說：

「夫古今異俗，新故異備，如欲以寬緩之政，治急世之民，猶無轡策而禦馬，此不知之患也」（註一三〇）

因此，在一個「今世彊國事併，弱國務力守」（註一三一）而民情巧僞、淫浮的時代裡，「仁義、辯智，非所以持國也」（註一三二），這種否定「仁義之治」的觀念，在「商君書」裡有更具體的發揮：

「國有禮有樂、有詩有書、有善有修、有孝有弟、有廉有辯——國有十者，上無使戰，必削至亡；國無十者，上有使戰，必興至王。國以善民（之法）治姦民者，必亂至削；國以姦民（之法）治善民者，必治至彊。國有詩書禮樂孝弟善修治者，敵至必削國，不至必貧國。不用八者治，敵不敢至，雖至，必却；興兵而伐，必取，取必能有之；按兵而不攻，必富」（註一三三）

否定了仁義之「德治」的理論，韓非與法學思想學派提出了「不務德而務法」的政治統治的理論，欲使一個國家不遭受亡國的悲慘命運，國君必須力行「修刑重罰」的政策，透過刑罰恩賜的彊力與威嚴，誠如「商君書」所說的：「刑生力，力生彊，彊生威，威生惠，惠生於力」（註一三四），才能「舉力以成勇戰」，使全體人民「幷力疾鬥」而導致國家的富强。

就先秦時期的思想發展來看，儒家和法家思想學派在思索人集體生活的秩序如何被確立和維繫的這一問題上，都有一共同的認識，覺識到人群體的生活由於世代的遞嬗，或者歷史的變動而有所變遷，如果這一群體生活缺少一種穩定的架構，以助人安排他們在這個世界中的生活，以及規約人際之間的事務，那麼，是無法確立起一合諧的秩序。在思索這穩定的架構時，儒家學派提出了「先王之道」的傳統或禮的觀念。對於群體秩序的建立，儒家是希望以「先王之道」的傳統或「禮」作爲基礎，因爲這種架構本身包括著自然自發生成的，以及經由人民同意的不成文的規範，在這種不具强大的外在脅迫力的規範的規約下，人民比較有可能產生自發性的道德秩序。然而，以韓非或法家的論點來看，是認爲所謂的「先王之道」的傳統一方面歧義而曖昧，另一方面隨著時代的變遷，傳統會喪失其意義，而無法脗合時代的需求，再加上論事論言「以功用爲鵠的」的實用觀點，韓非棄絕了「先王之道」的傳統；至於「禮」，由於韓非不相信人會自然地爲善與自然地形成秩序，因此，不認爲「禮」是可以穩定社會的質素。否定了儒家所揭「先王之道」與「禮」的觀點，韓非試圖尋求一種更穩定、客觀的質素；據以上的探究，也瞭解到這質素即是「法」。在一個已趨向複雜化的社會當中，單靠著傳統的禮俗是無法解決這複雜化的社會內部的許多紛爭，無法穩定這個社會的秩序，關於這一點，韓非是有其政治理論上的洞識。

因此，韓非的思想，在試圖建立起一更穩固、客觀的政治治理的途徑的這層面上，洞識力是表現在他的「法治」的觀念，而其問題也正是出自於這個觀念。韓非是想擺脫人治、德治、禮治的政治治理途徑，繼而尋求一種更有效更客觀的「以法治理」的途徑。以他設想的譬喻來說明，「法」就像工匠所使用的規矩方圓，祇是一種工具而已，靠著這一工具，是否能保證國君必能得當且有效地治理其國家？因爲，一項工具能被運用得當、有效，還得依賴使用工具的人的素質，包括他的手藝技巧；有關於「法」的觀念，韓非的思想理論隨卽產生執法之人，或運用「法」這項工具的人的素質或「德性」的問題，對於這個有關於國君的「德性」的問題，將另一專題論析之，就此也去解釋老子的「道」的形上觀念會被韓非吸收、融會的思想上的理由。

以現代的角度來看，韓非的「法治」是否能建立起一個對人民有利，能保障人民的自由與公義的良好的政治體制？「法」既然祇是一項工具，那麼，「法律本身可以或者傾向寡頭或專制的治理，或傾向平民的治理」（註一三五），依韓非的思想，顯然，「法」是傾向於國君獨裁專治的，是國君爲鞏固其利益和權力而設制的「社會控制」的工具。這爲國君之利益與權力而設想的統治工具，一考慮到人民對其遵守的理由，則當然不在於這「法」是經過人民的同意，或者人民本身卽是立法者。韓非的「法」由於是那麼具體地以國君個人的利益設想，因此，在韓非的思想裡，國君的一切政治治理的方針與策略如果都預期順應人民的需求，必然會導致國家亂亡的境地，他說：「爲政而期適民，皆亂之端，未可與爲治也」（註一三六），這種言論跟他對人民的看法息息相關，他說：「民智之不可用猶嬰兒之心也」；人民祇知顧及眼前的私人的利益，而不會考慮國家整體的長遠的利益，因此，國君在行政立法上，是「不必牽於世俗之言」（註一三七），也就是，不必爲人民的言論、喜好和厭惡之事物與風俗習慣所牽制。

由於「法」不是來自於人民之同意或公意，國君在執行這「法」時，如果我們不是誇張或言過其實，是可以解釋爲國君與臣民呈現出「上下交戰」的狀態，依此，韓非的「法」正是一種戰爭的宣示，把那些違反或破壞國君之權威，犯國家之禁忌的，以及危害整個群體之利益的「蠹蟲」視之爲國君與國家的敵人，而以嚴酷的兵刑對待之。對於這種「法」之可行性或有效性，韓非在理論上提出他對人的行動與歷史的觀點，而鋪陳其論證。除此之外，在解釋他所揭櫫的「法」之觀念的歷史根源時，我們尚且可以說明它是跟古代的兵刑不分的傳統有著實質上的關聯。整個民族從上古時期到戰國時代，在政治體制上雖然從部落和部落聯盟的體制，經由封建城邦制而發展到中央集權的國家制，然而，任何一個時期的政治權力或集體生活的政治主權都是透過戰爭的暴力而形成的，而掌握這政治主權者，從早期的某一姓氏的部落到戰國的單一的個人，因此，任何一個時期的政治措施都是爲鞏固最高統治者的利益和權力而設置的，那爲人的群體生活不可缺乏的「刑罰」也順此經驗，從早期以「兵刑」對付叛逆的族群與個人，發展到春秋戰國的「作內政而寓軍令焉」的軍法統治，其間，雖然有自西元前第六世紀的法典之公佈的一轉折，而使當時及以後的執政者注意到國家之軍事、經濟基礎的「自耕農」階層的權益和社會的公義，但法典依舊跟古代兵刑的精神是互通的，依舊是以統治者的利益爲取向，還是一種「社會控制」的手段。韓非生活於這種傳統的脈絡當中，其「法治」的思想也從其中汲取主要的資源。他的「法治」的觀念是有其政治上的洞識，但這種「法」並不是用來建立起一個讓人民可以憑其言論和行動參與於群體之政治事務的自由與開放的空間。

五、兼論韓非政治思想中有關「道」與「法」、「術」觀念之問題

關於韓非的政治思想，尚有一問題必須提出來加以說明的，那就是，老子的「道」的概念被納入到韓非的思想中被轉化與運用的問題。有這問題是源自太史公對韓非思想之淵源所提出的論點，他說：「韓子引繩墨，切事情，明是非，其極慘礉少恩，皆原於道德之意」。太史公是認爲韓非建立起來的這一套「極慘礉少恩」的法治學說，其思想的源頭是可追溯到老子的觀念上。然而，講求觀念與言論之「實效性」且排斥「微妙難懂之言」的韓非在建立其法治的學說上，是否有必要把老子那「微妙難懂」的「道」的概念運用於其中？其次，在今本的〔韓非子〕一書中，有論及「道」的篇章僅見於「主道」、「揚權」、「大體」與「解老」和「喻老」等，但這些篇章在考證上都是有問題的，它們可能並不是自出於韓非之手。如是看來，要把韓非的法與術的思想跟老子的「道」的概念相關聯起來，是有韓非思想上與其作品的考證上的問題。

從韓非思想的傳承來看，我們是可以看出韓非的法治的學說是從愼到與申不害和商鞅的思想中接引而來的，其中，愼到與申不害的觀念跟齊國的稷下黃老學派的學說有關聯，甚至愼到本人則出自於稷下學派。因此，在思想的傳承上，韓非也可能受到老子之思想的影響，且也可能是：韓非在[illegible]

到與申不害的思想時，去除掉愼到與申不害的老子思想的成份，而祇接受他們較爲實際的「勢」、「術」、「正名」等法治的概念。然而，這些推想也祇是臆測，除非韓非能復生，否則得不到實證。

再者，從韓非思想本身的理路來看，他的法治思想的整體若不涉及「道」的概念，本身也成一自足的系統。在建立其思想理論上，他確立起一很明確的富國强兵的政治治理的終極目標，同時預設這一富强之國家所必需的「集體同一」的政治社會之秩序；然後，考究實現這一種秩序與這一種目標所必須付諸的手段或途徑，關於技術層面的這一途徑，韓非提出了融合「法」、「勢」與「術」的「法治」學說。韓非也依此種基本的架構（framework）開展了他政治思想的整體，而呈現了他的「人性論」、「歷史觀」、「公利觀」、「參驗論」、「實效論」等等。另外，韓非卽使是論究及那「藏於國君之胸中」，「以偶衆端而潛御群臣」的「不欲見」之「術」時，也是很實際地，精微細密地陳述如何能「潛御群臣」的方法，關於這一點，我們從〔韓非子〕的「八經」篇裏可以看得出來，這「八經」篇也可以說是韓非教導國君運用「術」的手册。由是觀之，歸根究底地來說，韓非的政治思想是否必須有一「道」的概念以作爲它的根基？

基於這些考慮，在論析「道」與「法」和「術」概念上的關聯時，以附論或並論的方式來處理。

㈠由「法」與「術」轉向「道」的思想理路

學者在處理「道」的概念在韓非思想中的轉化與運用時，是把「道」當作爲韓非思想整體的根基，而呈現「道」的形上義涵。這種闡釋的方向可以使韓非的「法治」學說有一形而上的根基，而顯得更爲嚴密完備。然而，上面已說過，崇尙實踐而不務玄虛之言論的韓非是否有必要運用「道」的概念？如果是，那麼，韓非基於甚麼思想的理由運用「道」的概念於他的「法治」的思想當中？

在韓非與法家思想裏，國君的地位是至高無上的，是超越於臣僚與人民之上的，同時就「法」的觀點來說，韓非與法家雖然強調「法」的公信性、公正性與客觀性，但「法」並不獨立自官僚的行政體系，它是國家行政系統的一部份，而且國家的最高統治者掌握著立法權與司法權。由於國君獨攬著「法」的一切權力，那麼，遂有一個問題發生？如何保證國君制定的「法」是健全的？如何保證國君在執法上可以呈現「法」的公正、公信的性質或精神？

另外，從支配臣僚的「術」來看，韓非強調「術」的運用是藏於國君胸中，不爲臣僚明瞭的，關於這種「術」的義涵，韓非明白地說：

「人主之大物，非法則術。法者，編著之圖籍，設之於官府，而布之於百姓者也。術者，藏之於胸中，以偶衆端而潛御群臣者也。故法莫如顯，而術不欲見。是以明主言法，則境內卑賤莫不聞知也，不獨滿於堂。用術，則親愛近習莫之得聞也，不得滿堂」（註一三八）

這種「親愛近習莫之得聞」的「術」如何運用？在「八經」篇裏，韓非以「因情」、「主道」、「起亂」、「立道」、「參言」、「聽法」與「類柄」等主題陳述運用「術」的方法，但是，那麼繁複的「術」的運用方法，其基本的原理是甚麼呢？同時，要正確地適當地運用「術」，國君必須具備甚麼個人的條件？

韓非之所以有必要提出這問題，是因爲國君獨攬一切的權力，而且國家之安危攬繫在他一人身上，同時，在他的學說裏，把「道德」、「尚智」、「尚賢」的觀念排斥於政治領域之外，認爲國君不必要有仁義之心，不必要有超凡的知能與才幹；他所提的這一套「法治」的學說是把國君當作是「中資以上」的人來看待，宜稱「中資之才」的國君祇要「聽法任勢」與「服術行法」都可以造成一個有秩序且富强的國家。但是，講求「參驗之知」而注重客觀現實的韓非也瞭解到國君也具有一般人的弱點，這些弱點一旦暴露出來，可能會導致國家的滅亡。在「亡徵」一篇裏，韓非列舉出國家滅亡的徵兆，其中有許多是出自於國君本人的性格的弱點，譬如：「怯懾而弱守，蚤見而心柔懦，知有謂可，斷而弗敢行」、「殺戮不辜者」、「變褊而心急，輕疾而易動發，心悁忿而不訾前後者」，「藏怒而弗發，懸罪而弗誅，使群臣陰憎而愈憂懼，而久未可知者」、「緩心而無成，柔茹而寡斷，好惡無決，而無所定求者」、「饕貪而無饜，近利而好得者」、「淺薄而易見，漏泄而無藏，不能周密，而通群臣之之語者」、「很剛而不和，愎諫而好勝，不顧社稷而輕爲自信者」等，這些是爲國君人格上的缺失與弱點都足以造成國家的禍害。

在此，韓非是希望能透過「法」與「術」的實施與運用，以避免國君人格之缺陷或弱點在政治上所造成的破壞力，因爲「法」畢竟是如規矩方圓一般客觀的工具，國君果眞能切實執行或奉守「法」，那麼，必能免除他主觀上的性情或人格的干擾。但是，就如上面我們提出來的問題，立法權既然也是操在國君手中，那麼，如何保證國君立的「法」是健全的？「法」是人爲設造的，既然是人爲設造的，制定「法」的人的性情與知識必定影響「法」的性格。立法的人如果是殘暴的，那麼「法」必定殘酷，誠如韓非所說的「暴人在位，則法令妄而臣主乖，民怨而亂生。」（註一三九）；同時，在探討韓非的「法」之觀念的義涵時，也看出國君立法時，是不必「欲得民之心」的，因為「民智之不可用，猶嬰兒之心也」（註一四〇），換句話說，立法者是不必順應人群的風俗民情，所謂「聖人為法（於）國者，必逆世」（註一四一）而且國君依「法」是要改變世俗的價值觀與人民的性格。從是觀之，健全的「法」得以被制定必須預設立法之人的人格與知識的健全，同時，也得預設有一超越民智、民心與世俗之意見的一種終極原則，以作為立法的根據。

同樣地，國君運用「術」是欲求支配與統御群臣，而「術」的運用一方面在於「循名實而定是非，因參驗而審言亂，是以左右近習之臣，知偽詐之不可以得安也」（註一四二）也就是以實際的功效來驗證臣僚的言論與行為。另一方面，則在於「使天下不得不為己視，天下不得不為己聽。故身在深宮之中而明照四海之內」（註一四三），國君要能夠如此，必須「賤得議（原文為德義，據陳奇猷改）貴，下必坐上，決誠以參，聽無門戶」（註一四四），以及「使人臣必有言之責，又有不言之責……人主使人臣言者必知其端以責其實，不言者必問其取舍以為責，則人臣莫敢妄言矣，又不敢默然矣，言默者則皆有責也。」（註一四五），簡要地來說，讓群臣能相互監視，相互打報告，不專聽一人之言，而且從群臣的行為的動機和結果來審查他們的實際行為；對於默然不言的臣僚，也必須探問其不言之理由，來斷定他不言是否適當。不管如何，由於「術」的運用純粹是國君個人之所為；所以「術」

的運用是否得當要看國君個人是否有個人運用「術」的條件。

經由以上的分析，關於韓非思想中的「法」、「術」與「道」的概念，是有兩樁問題：一是立法所依憑的超越的根據，另一則是「服術行法」的國君所具備的個人的素質的條件。在此，我們透過這兩項問題的解答，嘗試去說明韓非思想中的「道」與「術」和「法」的關聯。

韓非在說明國君的制定「法」的方向時，强調立法的目標一方面在於使整個人群有一種和諧的秩序，他說：

「故（聖人）治國也，正明法，陳嚴刑，將以救群生之亂，去天下之禍，使强不陵弱，衆不暴寡，耆老得遂，幼孤得長，邊境不侵，君臣相親，父子相保，而無死亡係虜之患。」（註一四六）

這和諧的秩序是：强者不欺陵弱者，衆人不暴虐少數人，有紛爭得以排解，人民的言行皆合乎國家所設的標準，人民的行爲不是出自於自利自爲的動機，而是出自於「公利」。另一方面，有這樣的群體的秩序產生，整個國家必能實現富與强的目標，他說：

「聖人之治也，審於法禁，法禁明著則官法；必於賞罰，賞罰不阿則民用，民用官治，則國富，國富則兵强，而覇王之業成矣！覇王者，人主之大利矣。」（註一四七）

國君立法而治，其目標是建立人群秩序與建立起一富强的國家，而爲民衆造福。但這種群體的秩序與目標的意義，一般的民衆是不瞭解的。因爲不瞭解，所以對國君與國家的措施，常生厭惡、反感的心理與態度，譬如，嚴刑重罰是建立群體秩序所必要訴諸的手段，但一般民衆卻厭惡它，因此，國家生存與運作的理則是跟人民生活的理則有至大的矛盾與衝突。依此來看，國君立法的方向是不必顧慮到是否順應民心，是否符合人民的輿論，也不必循就風俗民情。關於這一點，韓非很堅決地說：

「故聖人爲法於國君，必逆於世，而順於道德，知之者，同於義而異於俗；弗知之者，異於義而同於俗。天下知之者少，則義非矣。」（註一四八）

他強調國君立法爲造福民衆的國家秩序與富強着想，是不借反逆風俗民情，所以，在立法上，是「必逆於世而順於道德」，是「同於義而異於俗」。然而，在這裏，「順於道德」與「同於義」是甚麼義涵呢？「道德」與「義」的義涵，從韓非反儒家的仁義道德之治的態度與觀念來看，顯然並非個人實踐仁義的道德意義。在此，有必要把「法」與「道德」彼此的關係，加以說明；韓非在說明「法」的性質時，有下列一段的言論：

「故鏡執淸而無事，美惡從而比焉；衡執正而無事，輕重從而載焉。夫搖鏡則不得爲明，搖衡則不得爲正，法之謂也。故先王以道爲常，以法爲本，本治者名尊，本亂者名絕。凡智能明通，有以則行，無以則止。故智能單道，不可傳於人。而道法萬全、智能多失。夫懸衡而知平，設規而知圓，萬全之道也。明主使民飭於法，知道之故；故佚而則功。釋規而任巧，釋法而任智，惑亂之道也。亂主使民飭於智，不知道之故，故勞而無功。」（註一四九）

在這段引論當中，韓非提出了幾個論點：(1)「法」猶如「鏡子」與規矩方圓的「衡」一般，是一種客觀的衡量美醜，善惡的工具。⑵國君治國必須以「法」爲基本的原則。所謂「懸衡而知平，設規而知圓」的治理原則。⑶依「法」治理，國君可以無爲而無不爲，所謂「佚而則功」。⑷然而，在國君立法與執法之上，有一種更根本的指導原則，這卽是「道」。國君在立法上，以這個「道」爲最基本的原則，在執法上，也以「道」爲基本的指導原則。韓非反對國君在統治國家時，逞其巧智；但這並不表示韓非是「反智」的，或者說，認爲國君不需要有「智慧」。韓非所反對的「智」是「辭辯而不法，心智而無術，主多能而不以法度從事者」（註一五〇）的要弄「小聰明」的「巧智」。依此來看，韓非對國君在「智能」方面的要求，是國君必須能「智能明通，有以則行，無以則止」，卽是能明通萬物，有所爲則行之，無所爲則止之。這種「智」，韓非稱之爲「智能單道」，按陳奇猷對這名詞的注釋，卽是「智能盡於道也。換言之，卽智能當以道爲依歸，智能以道爲依歸，則非巧飾之智能也」（一五一）。這種以「道」爲依歸的「大智」因爲有未可言喻的默會的層次，故不可傳於人，卽是並非有一套系統的知識可傳授。

總結地來說，國君「服術行法」而有效地從事統治的工作時，在立法上與執法上，都必須以「道」爲依歸，如此，國家的「法」與國君的作爲方有理性的正當性，這卽是他所說的「逆於世，而順於道德」、「同於義而異於俗」的言論的義涵。現在，我們所要論析的是韓非如之何闡明這種「不可傳於人」的「道」，以及依據「道」而行動有所爲的「德」的意義。

㈡韓非對「道」與「德」的闡釋

在解釋「道」的義蘊時，韓非說：「所謂有國之母，母者，道也，道也者生於所以有國之術，所以有國之術，故謂之有國之母。」（註一五二）在此，韓非是從政治的層面去闡釋「道」的意義。從觀念來說，「道」是後設的，它的意義是淵源於國家能被維持與維繫的「術」。「術」是就實踐層面的意義來說，而「道」則是指實踐的原理的這意義來論說的。

韓非從理論上來說明「道」的意義時，是扣緊「理」與「物」的關係來加以闡釋。而「理」跟事物的關係是：事物的意義因「理」而彰顯，所謂「理者，成物之文也」（註一五三）在此，韓非更進一步地論析說：

「凡物之有形者易裁也，易割也。何以論之？有形則有短長，有短長則有小大，有小大則有方圓，有方圓則有堅脆，有堅脆則有輕重，有輕重則有白黑。短長、大小、方圓、堅脆、輕重、白黑之謂理。」（註一五四）

由此觀之，「理」是人依事物的質性，並且是透過把事物相互比較的途徑，而確定的有關事物之屬性的概念。任何一個事物均有一可以藉之而表現其屬性的「理」，所以「萬物各一理」。人設定事物之「理」後，使「萬物莫不有規矩」，事物與事物之間，藉由「理」遂不至於相迫，相互混淆，事物之世界遂可以呈現井然有序的秩序；人透過「理」，繼而能夠裁割，治理「事物之世界」。所謂「理定而物易割也」，韓非說：

「物有理不可以相薄，物有理不可以相薄故理之爲物之制。萬物各異理。」（註一五五）

依韓非之「理」，宇宙自然之間的任何一事物都各自有其「理」，職是之故，「理」是繁複多樣的，同時，「理」是人制定出來而賦予事物之上的，但據韓非的論點，事物之世界是處於變動不居的狀況，有生成變化的現象彰顯，他說：「夫物一存一亡，乍死乍生，初盛而後衰，不可謂常」（註一五六），「物」的世界既然是變動不居的，那麼，依「物」而立的「理」之規矩也有無常的變動性，所以，「定理有存亡，有死生，有盛衰。」（註一五七）

韓非對老子之思想的闡釋而提出的觀點是：「物」是有變動的，「理」是人爲「物」所設的規矩，並且規矩之「理」隨時空的「物」的變化而變化等觀點，這都是爲人的普通常治可理解。但是，韓非的「物」與「理」的觀點並不在此而盡其義蘊。據韓非的闡釋，「物」與「理」是繁複多樣，而且是變動不居的。在這繁複多樣與變動不居的「物」與「理」的世界之上，韓非揭櫫了「道」。

對於「道」，韓非提出了如下的闡釋的論點，首先，他認爲「道」使「物」與「理」得以彰顯其存有的意義，他說：「道者，萬物之所然，萬理之所稽」，「道者，萬物之所以成也，故曰：道，理之者也。」（註一五八）「物」與「理」由「道」而得以彰顯與確立其意義，宇宙自然與人間世界的意義因「道」而顯現，他說：

「天得之（道）以高，地得之以藏，維斗得之以成其威，日月得之以恆其光，五常得之以常其位，列星得之以端其行，四時得之以御其變氣，軒轅得之以擅四方，赤松得之與天地統，聖人得之以成文章。道與堯、舜俱智，與接輿俱狂，與桀、紂俱滅，與湯、武俱昌，……宇內之物，

恃之以成。」（註一五九）

天的「高」、地的「藏」，日月的「光」、五常的「序位」，星辰的「運行」、四時的「氣節」，黃帝的統御、聖人的文物制度，湯武的興起，桀紂的滅亡，堯舜的智慧，接輿的狂蕩等等，舉凡宇宙自然之事物與變化，人間世的人物的才智與文物制度的意義都因爲「道」而彰顯。

「道」成之爲彰顯「物」與「理」之意義的根基，但這裏所謂的「根基」並非「第一原理」的意思，它並非一固定或可掌握的準則，或者如一般學者所解釋的「事物的客觀規律」或「裁量各種事物的標準或尺度」。「道」既然彰顯「物」與「理」的意義，那麼，在觀念的層次上，它的意義是不同於「物」與「理」的。「物」與「理」是多樣，無常，可見、可掌握、可制割；那麼，「道」是「至一」、不可見、無法掌握，不可制割。關於「道」的此種實情，韓非說：

「唯夫與天地之剖判也具生，至天地之消散也不死不衰者謂常。而常者，無攸易，無定理，無定理，非在於常所，是以不可道。」（註一六〇）

又說：

「凡道之情，不制不形，柔弱隨時，與理相應。萬物得之以死，得之以生；萬事得之以敗，得之以成。道譬諸若水，溺者多飲之卽死，渴者適飲之卽生。譬之若劍戟，愚人以行忿則禍生，聖人以誅暴則福成。故得之以死，得之以生，得之以敗，得之以成。」（註一六一）

如果說「理」是人爲了制割「物」而所立的概念或規矩，它有一定的位所，是多樣的與無常的；那麼，使「理」與「物」的意義得以彰顯的「道」，就「無常操」——也就是無一定的操持——無一定的位所、無一定的理則，而且隨著「理」而與「理」相應。韓非以「水」爲譬喻來指稱「道」的此種實情；也以「玄虛」與「周行」的概念來說明「道」的意涵。「道」因爲是「玄虛」，是「周行」，故它可以稽合萬物之「理」，可以盡隨萬物之規矩。因爲如此，「道」跟「物」的關係遂不是支配與控制，而幾乎可以說是無所作爲的，它祇是讓「物」與「理」的意義彰顯。

上面已說過，韓非是以政治治理的取向，來闡釋「道」的意義。職是之故，韓非就得把「道」落實到政治的層面上，說明「道」的政治實踐的意義，他說：

「道者，萬物之始，是非之紀也。是以明君守始以知萬物之源，治紀以知善敗之端。」（註一六二）

「道」落實到政治運作的層面上，遂成爲國君認爲萬物之根源與善、惡行爲之動機的主要資源。同時，韓非也强調「道」的認識與運用，是專指國君一人而言的。國君對「道」的認識與運用，即是國君的「德」。關於此，韓非說：

「夫道者，弘大而無形，德者，覈理而普至。至於群生，斟酌之，萬物皆盛（按陳奇猷之注釋，「盛」與「成」通），而不與其寧。……故曰：道不同於萬物，德不同於陰陽，衡不同於輕重，繩不同於出入，和不同於燥濕，君不同於群臣。凡此六者，道之出也。道無雙，故曰一。是故明君獨道之容。君臣不同道，下以名禱，君操其名，臣效其形，形名參同，上下和調也。」（

一六三）

在這段引言裏，韓非提出了幾個論點：(1)「道」無形無狀，誠如上面我們對「道」的分析；但是，「道」盡隨萬物之規矩，而具體表現在物之理上。能明驗物之理而無所偏失，這卽是「德」(2)「道」是「一」，而且不同於萬物，也不同於萬物之「理」(3)「道」是專指國君一人而言的，因此，「君臣不同道」。類比來看，君與臣的關係就如同「道」與物之「理」的關係。國君能體會「道」而認識「道」，繼而把「道」實踐於政治治理的層面上，卽是有「德」的國君，唯有有「德」的國君，所謂「知道理」的國君，方能保全自己的權位，使國家有秩序而富强。然而，一位「有德」的明君到底是如何呢？這是我們必須探討的問題。

在說明「德」的觀念義涵之前，有必要先釐清一項問題，卽是有關「道」之體會與認識的問題，韓非提出甚麼見解；「道」是無形，不可見的，無法捉摸的，無法以概念或定理表示的，既然如此，國君如何得以認識「道」呢？關於這個認識上的問題，韓非說：

「人希見生象，而得死象之骨，案其圖以想其生也，故諸人之所以意想皆謂之象也。今道雖不可得聞見，聖人執其見功以處見其形。」（註一六四）

韓非在這裏，以人觀見大象爲譬喻來說明國君對「道」的體會與認識。他認爲人如果無法觀見活生生的大象，也可以憑藉著大象的骨頭的圖像，意想活生生之大象的形態。依此類推，「道」雖然不可聞見，但「道」是體現在萬物之「理」的規矩當中，所以憑藉著「道」在「理」中的顯現，國君是可以意想其形態。

此種比喻雖然指出認識「道」的途轍，可是尚且未能清楚說明「道」之認識論的義蘊，對於一種毫無對象可言的「道」，人如何去體會與認識呢？依韓非思想的理路來看，卽是透過「冥想默會」（contemplation）的途徑。韓非就此闡釋國君之「德」的義蘊。

韓非分兩個層面來闡釋「德」的義蘊，一是國君保全自己的權位，「德者，得身也」（註一六五）。其次是國君爲保全其權位，而應具有的內在的人格修養以及配合這「德」的實踐，「德者，內也。」（註一六六）。在說明韓非的「德」的義蘊上，本文着重於第二個層面。就往後的分析來看，韓非的「德」也是吸收了愼到的「棄知去己」的無爲的觀念與申不害的「刑名」（或謂「正名」的觀念。）

國君的「德」從內在人格的修養來說，是指國君從於「道」而服於「理」，而所處的「靜」與「虛」的精神。而這種精神卽是國君在體會與認識「道」時的「冥想默會」的狀態。那是「無爲」的「靜」與「無思」「虛」。韓非進一步解釋說：

「所以貴無爲無思爲虛者，謂其意無所制也。夫無術者，故以無爲無思爲虛也。夫故以無爲無思爲虛者，其意常不忘虛，是制於爲虛也。虛者，謂其意無所制也。今制於爲虛，是不虛也。虛者之無爲也，不以無爲爲有常，不以無爲爲有常則虛，虛則德盛，德盛之謂上德。」（註一六七）

韓非認爲如果以爲「道」是無形，無物，而依此在認識與體會「道」時，心思意念執着於「無爲」「

無思」，那麼，這卽是把「道」當成爲一有客觀存在的「理」的對象，而去認識它。如此，就不是體會與認識「道」的「冥想默會」。體會「道」時的「冥想默會」，是心思意念不受任何事物與概念所束縛，處於純粹「虛」與「靜」的狀況。韓非的此種認識論可以說是荀子的「虛壹而靜」之理論的翻版，對此，韓非是特別強調荀子的「人生而有知，知而有志，志也者，藏也，然而有所謂虛，不以所以藏害所將受謂之虛」的觀點。繼而提出「思慮靜」與「孔竅虛」的概念。總結地來說，國君有「德」正是「以無爲集，以無欲成，以不思安，以不用固」（註一六八）卽是無情緒，欲望而寂然安靜，無思無慮。

國君要如此「服於道從於理」，首先必須約束本能欲望的「血氣」，善於控制自己的情緒，不使「嗜欲無限，動靜不節」（註一六九），因而不受外物所驅使；如是，則能篤定那身體之一切官能的主宰者的「魂魄」，卽「其神不淫於外也」（註一七〇），而保持安然寂靜；全幅的人格的玄虛而不滯而能「與世周旋」。統治人群和天下的國君，在治人與治天下之先，必須能首先治理自身，依韓非的言論來說：

「〔書〕之所謂治人者，適動靜之節，省思慮之費也。所謂事天者，不極聰明之力，不盡智識之任。苟極盡則費神多，費神多則盲聾悖狂之禍至，是以嗇之。嗇之者，愛其精神，嗇其智識也。」（註一七一）

所謂「嗇」，卽是約制的意思，約制自己的情緒，智能，知識，不「勞心傷神」，而能清澈滌透的視聽與智識。此種視聽與智識發用於政治的層面，則是：

「知治人者其思慮靜，知事天者其九竅虛。思慮靜，則故德不去。孔竅虛，則和氣日入。……夫能令故德不去，新和氣日至者，蚤服者也。故曰：蚤服是謂重積德。積德而後神靜，神靜而後和多，和多而後計得，計得而後能御萬物，能御萬物則戰易勝敵，戰易勝敵而論必蓋世，論必蓋世，故曰：無不克。」（註一七二）

也就是經由「嗇」的節制，無爲放任，而培育虛與靜之「德」的途徑，終究能「經緯天地而材官萬物」，達成「御萬物」與支配人的目的。

㈢「道」與「德」的政治義涵

韓非從「法治」、「勢治」與「術治」的思想，轉向「道」與「德」的思想最主要的轉承的理路在於：韓非雖然强調「法治」的所謂「制度之治」。可是，在韓非「法治」思想的脈絡裏，「法」並沒有脫離政治的領域而獨立，立法與執法集中於國君一人之身，同時，也肯定國君一人是整個群體的治亂的關鍵所在。在這種思想的脈絡裏，韓非從「法治」的思想轉向「人治」的思想，而講求國君能健全地立法與執法的個人的條件，但韓非把仁義道德的實踐排除於政治的領域之外，是故，他所要求的國君不是一位有道德良知的仁義之君。韓非接取了老子的「道」與「德」的概念，主要是爲解決這「人治」的問題，倒不一定是「替人君壓迫人民的超越地位找哲學的根據，替人君的專制獨裁的法令找哲學的根據。」（註一七三）

經由以上的分析，韓非的「道」並沒有含蘊價值的意義。由於它是綜攝萬物與萬理的，是故它不同於萬物與萬物，但萬物與萬理因爲它而呈現個別的意義；它既然是綜攝萬物與萬理，因此它沒有一定的程式、形狀，無一定的位置，不可聞見而無法用概念加以掌握，因此是「玄虛」，它隨物與理的變動而變化，而周而復始的運動，沒有一特定的目的，而盡隨萬物之理與稽合萬物與物之理。

據此，「道」不成爲人認識的對象，人無法用認識萬物與萬理的途徑，去把握「道」；人祇能在「虛壹而靜」的「冥想默會」的思維中，而體會「道」的存在及其意義，在體會「道」的「冥想默會」中，人無欲、無情、寂靜、無爲，不對物與理作勞心傷神的苦思苦慮，由於全然寂靜、虛無、所謂「孔竅虛」，是故耳目與魂魄能清朗，而顯照萬物之理。韓非把此種對「道」的「冥想默會」的精神狀態稱之爲國君之「德」。一位理想的明君是能參與與體會「道」而有「德」的國君。

此種「道」與「德」如之何能運用於政治統治的層面？首先一位能「虛無服從於道理」的國君因爲能靜觀「道」的玄虛與周而復始的運動，而能不以一先存在的概念或僵硬的原則來看待事物與事物，所謂「意無所制」，心思與意念不受任何的束縛，如此，能夠如「道」一般的「不制不形，柔弱隨時，與理相應」，所以能「盡隨萬物之規矩」而「與世周旋」。這樣的國君必能洞察國家治亂與衰的道理與洞悉世事的變化，而依此能制定健全之「法」，能「救群生之亂」。「道」就如此體現在國君的「立法」上。

就控制臣僚而言，一位能「虛無服從於道理」的明君因爲體會「道」而「體道則其智深，其智深則其會遠，其會遠衆人莫能見其所極。唯夫能令人不見其事極，不見事極者爲保其身，有其國。」（註一七四），簡言之，體「道」的國君，其智慧深邃遠大，入莫知其極，而令人有莫測高深的神秘感與畏懼感。而使人有莫測高深的神秘感與畏懼感卽是國君運用「術」的基本原則。韓非在「主道」與「揚権」兩篇中，精微而詳盡地闡明「道」與「術」在政治統治的層面上的相互關聯，而也就此綜合了愼到與申不害的政治觀念。但無論如何，貫穿於其間的祇是這樣的一個主題：國君體「道」而智慧深遠，而讓人有莫測高深的神秘感與畏懼感。

首先，韓非認爲一位體「道」的國君是可以「無事無爲的」，能無事無位的條件在於國君憑藉其「勢位」而能掌握「正名」的權力。國君依照各臣僚的才能，而賦予其職稱位置，讓臣僚其職稱位置的範圍內，發揮其最大的才能，國君並依此「綜覈名實」，責成臣僚。這就是韓非所說的「用一之道，以名爲首，名正物定，名倚物徙。故聖人執一以靜，使名自命，令事自定，不見其釆，下故素正。因而任之，便自事之」（註一七五），而這種「正名」的統治途轍，韓非又說：

「夫物者有所宜，材者有所施，各處其宜，故上下無爲。使雞司夜，令狸執鼠，皆用其能，上乃無事。」（註一七六）

「正名」除了有此種義涵之外，它也含蘊著「形名參同」的意思，關於此，韓非說：

「人主將欲禁姦，則審合刑名者，言與事也。爲人臣者陳而言，君以其言授之事，專以其事責其功。功當其事，事當其言，則賞；功不當其事，事不當其言，則罰。故群臣其言大而功小者則罰，非罰小功也，罰功不當名也。……故明主之畜臣，臣不得越官而有功，不得陳言而不當。越官則死，不當則罪。守其業其當所言者，貞也。則群臣不得朋黨相爲矣。」（註一七七）簡要地來說，所謂「形名參同」卽是國君統治群臣是透過「符契之所合，賞罰之所生」（註一七八）的途徑，讓群臣的言之名與行之實能相互符合，國君依名實相符與否來考核群臣的行政積效。

另外，一位能「服從於道理」的國君因「體道深而智深與會遠」，是故，他不會任意地表露自己的喜怒哀樂的情緒，欲望，意向，個性等等，使群臣無法瞭解國君，而心生恐懼之情。關於此，韓非明白地說：

「君無見其所欲，君見其所欲，臣將自雕琢；君無見其意，君見其意，臣將自表異。故曰：去好去惡，臣乃見素，去舊（按陳奇猷，「舊」字疑爲「奮」）去知，臣乃自備。故有智不以慮，使萬物知其處；有行而不以賢，觀臣下所因；有勇不以怒，使群臣盡其武。是故去智而有明，去賢而有功，去勇而有強，群臣守職，百官有常，因能而使之，是謂習常。」（註一七九）

國君不任意表露自己的意向、情緒、個性，也使群臣不致於因而惴測國君的心思，讓群臣不會乘國君的弱點而做出危害國君而圖利自己的事。但最重要的還是欲達成「明君無爲於上，群臣竦懼乎下」的政治統治的目標。這樣的國君可以「智慮不用而國治」，也可以能「有處女子之色，無害於治」（註一八〇）。透過這種統治的方式，韓非認爲國君可以實現老子所揭示的「無爲而無不爲」的統治的最高目標。

韓非儘管强調客觀的「法」的統治，但因「法」不獨立；因爲群體的治亂興衰攬繫於國君一人身上，韓非的「法治」的思想理路轉向「人治」上來。他除了把「勢位」賦予國君身上，也給予他立法，執法與行政的最高權力，最後尚且案望國君有非常人的「德」的內在修養和人格的塑造。把如此沈重的擔負加諸於一個人身上，除非這個人是一位超越群圜的神祇，否則無法擔負這沉重的負擔。先秦諸子在思考人群的政治問題上，由於客觀歷史與政治經驗，無法開啟權力劃分與分擔的政治思想的理路，遂無法從客觀制度的層面，去思索一建立起一合理之群體秩序如何得以建立起來的原理。對於政治統治者的權力一方面賦予一最高超的地位，另一方面則訴求仁義的道德或「服從於道理」而自我約束的途徑，冀望他不致於殘暴，任意獨斷而造成人群的禍害。但這種訴求終歸祇是一種訴求，落實在實踐的層面上，究竟是無法產生實際的效應。韓非把「道」運用於「法」與「術」的觀念當中，所帶來的效果，從以後歷史的發展來看，誠如徐復敬先生所說的：「由術所建立的人君崇高的地位，不是由神所授，而是由術的人工所製造出來的現世上的神，……臣民在法令賞罰驅策之下，本已完全處於被動的地位。發展到了韓非，法與術相合，對臣民的防制愈嚴，通過法中的嚴刑峻罰以抑制挫折臣民的意味更重；於是皇帝的崇高不可測度的地位，更由臣民的微末渺小而愈益在對比中彰著。」（註一八一）講求「法」之客觀治理的韓非不但無法在觀念上開啟制度之治的理論途徑，反而加强了「一人之治」的專制與極權的統治性格。

【附註】

註一 見沈剛伯，「從古代禮、刑的運用探討法家的來歷」，原載於（大陸雜誌）第七卷第二期（民國六十二年），後收錄於杜正勝編（中國上古史論文選集）頁一二三三～一二四五。

註二 同上文，頁一二三四。

註三 （荀子集解），「王制」篇。

註四 同上引沈剛伯之文，頁一二三六。

註五 班固，（漢書）（台北，世界書局影印，民國六十一年）「刑法志」。

註六 （國語）（台北，漢京文化事業公司影印，民國七十二年）卷四，「魯語上」。

註七 關於古代兵刑不分的考證，詳見顧頡剛，「古代兵刑無別」收錄於其著作（史林雜識）頁八二～八四。

註八 班固，（漢書）「刑法志」。

註九 屈萬里，（尚書今註今譯）（台北，商務，民國六十八年）「堯舜」。

註一〇 關於殷商王朝行刑的這種儀式，見李學勤，（殷代地理簡論）（台北，木鐸出版社影印，民國七十一年），頁九。

註一一 參見杜正勝，「周代封建制度的社會結構」（中央研究院歷史語言研究所集刊），五十本三分，（民國六十八年九月）。

註一二 楊伯峻，（春秋左傳注）「魯僖公二十五年」。

註一三 同上書，「魯宣公十二年」。

註一四 同上書，「魯莊公十四年」

註一五 （國語）「晉語六」。

註一六 王先謙，（荀子集解），「王制」篇。

註一七　參見杜正勝「從肉刑到徒刑——兼論睡虎地秦簡的法制史和社會史底意義」。

註一八　同上文章對「刑罰」之起源的解釋。

註一九　參見杜正勝，「編戶齊民的出現及其歷史意義——編戶齊民的研究之一」，（史語所集刊）五四本三分（民國七二年九月）。

註二〇　竹添光鴻，（左傳會箋）（明治乙未，井井書屋）「魯昭公六年」箋注；「是子產鑄刑書之意也，當時，鄭之公族侈汰，有斷獄不平，輕重失中，故作此以分之，以救當世」由此觀之，鄭國公佈刑書的用意之一在於消除刑罰之權縱操在封建舊貴族手中的現象，以利國家之一統。

註二一　參見上所引的沈剛伯之文章，依沈先生的說明，商業化較深的國家比當時封建的國家更有「法治」之要求與「法」的觀念。

註二二　同上，頁一二四〇。

註二三　（左傳），「文公六年」。

註二四　見楊伯峻的注釋，（春秋左傳注）（台北，源流出版社影印，民國七十一年）「文公六年」

註二五　楊伯峻，（春秋左傳注）（台北，源流出版社影印，民國七十一年）「魯昭公六年」。

註二六　同上書，魯昭公二十九年。

註二七　作添光鴻（左傳會箋）「魯昭公六年」會箋引杜預注。

註二八　關於這種解釋觀點，參見杜正勝，上引之「編戶齊民」之文章。

註二九　同上。

註三〇　見上所引之沈剛伯的文章，頁一二四三。

註三一　班固，（漢書），「刑法志」。

註三二　同上。
註三三　同上。
註三四　關於「哲學之突破」之在春秋戰國時期思想發展史的意義，參見余英時，〔中國知識階層史論〕（台北，聯經，民國六十九年）頁三〇～頁三八。
註三五　以下對愼到與申不害之「法」的學說的分析，依淸代嚴可均校輯之〔全上古三代秦漢三國六朝文〕（台北，宏業書局影印）所輯之申不害的殘文，也依淸，錢熙祚校輯之〔愼子〕（台北，世界書局影印），來分析他們的思想。
註三六　〔史記〕，「老莊申韓列傳」。
註三七　〔史記〕，「孟子荀卿列傳」。
註三八　郭鼎堂在其〔十批制書〕就持著此種看法。
註三九　見湯一介等編寫〔中國哲學史〕（北平，中華書局，一九八〇年）第四章，頁一〇三～一一一。
註四〇　〔愼子〕，「威德」篇。
註四一　同上。
註四二　同上，「民雜」篇。
註四三　同上，「因循」篇。
註四四　同上，「民雜」篇。
註四五　同上，「威德」篇。
註四六　同上。
註四七　同上，「愼子逸文」
註四八　同上。

註四九　同上。

註五〇　同上。

註五一　同上書，「君臣」篇。

註五二　同上，「君人」篇。

註五三　同上書，「愼子逸文」。

註五四　（莊子集釋），「天下」篇。

註五五　（申子），「大體」篇。

註五六　同上。

註五七　參見林毓生先生，The Crisis of Chineses Consciousness,（the University of Wisconsin Press，一九六九）PP，二六～五六。

註五八　（申子），「大體」篇。

註五九　（荀子集釋），「王霸」篇。

註六〇　（申子），「申子逸文」。

註六一　同上書，「大體」篇。

註六二　同上書，「申子逸文」。

註六三　同上

註六四　見上所引王叔岷先生文章，頁九三。

註六五　（韓非子集釋），下冊，第十七卷，「難勢」篇，頁八八七。

註六六　同上，頁八八六。

註六七　同上，頁八八七。

註六八　同上，頁八八九。

註六九　同上，頁八八八。

註七〇　同上，頁八八八。

註七一　同上，頁八八八。

註七二　同上，頁八八八。

註七三　同上，頁八八八～八八九。

註七四　同上書，下冊、第十九卷，「五蠹」篇，頁一〇五一，韓非對此也說「民因驕於愛，聽於威矣」。頁一〇五二。

註七五　同上，下冊，第二十卷，「人主」篇，頁一一一八。

註七六　〔荀子集釋〕，「解蔽」篇。

註七七　〔韓非子集釋〕，下冊，第十七卷，「定法」篇，頁九〇六。

註七八　同上，頁九〇七。

註七九　同上，頁九〇六。

註八〇　同上，頁九〇七。

註八一　同上書，下冊，第十八卷「八經」篇，頁九九六。

註八二　同上，頁一〇三七。

註八三　同上書，下冊，第十八卷，「六反」篇，頁九四九。

註八四　同上書，上冊，第二卷，「二柄」篇，頁一一一。

註八五　同上書，上冊，第四卷，「姦劫弒臣」篇，頁二五〇。

註八六　同上書，上冊，第二卷，「有度」篇，頁八八。

註八七　同上書，下冊，第十九卷，「五蠹」篇，頁一〇五二。

註八八　同上書，下冊，第十八卷，「六反」篇，頁九五一。

註八九　參見 Quentin Skinner，〈馬基維利〉（台北，聯經出版公司，民國七二年），蔡英文中譯，頁五〇。

註九〇　〈韓非子集釋〉，下冊，第十九卷，「五蠹」篇，頁一〇五二。

註九一　同上書，下冊，第十七卷，「定法」篇，頁九〇六。

註九二　〈商君書〉並非商鞅本人的著作。從書中所反映的政治和社會的實況，可以斷定其爲戰國末年的作品。而且，從思想的內涵來看，它比〈韓非子〉一書更着重於「法治」的實際的實行策略，就此，或許可以說〈商君書〉的作者以韓非思想的一些原則爲主，而更細密地提出實踐的途徑。因此，就瞭解法家整個學派的思想來說，它可以補足韓非論述不足的地方。

註九三　陳啓天，〈商君書校釋〉，（台北，商務印書館，人人文庫版，民國六七年），「定分」篇。

註九四　同上。

註九五　〈韓非子集釋〉，下冊，第十九卷，「五蠹」篇，頁一〇六七。

註九六　同上書，下冊，第十七卷，「詭使」篇，頁九三九。

註九七　同上書，下冊，第十七卷，「定法」篇，頁九〇七。

註九八　同上書，下冊，第十九卷，「五蠹」篇，頁一〇五一。

註九九　Aristotle, The Politics（Penguin Classics, London, 一九七九）PP，八二～八三。

註一〇〇　同上書，PP，八三。

註一〇一　〈商君書校釋〉，「定分」篇。

註一〇二　同上，

註一〇三　有關於整個民族從封建城邦制進展到集權國家制的社會變遷的歷史解釋，見杜正勝，「編戶齊民的出現及其歷史意義——編戶齊民的研究之一」（《史語所集刊》五十四本三分，民國七十二年九月）。

註一〇四　《韓非子集釋》，下冊，第十六卷，「難・三」篇，頁八五三。

註一〇五　同上，頁八五三。

註一〇六　見王邦雄，《韓非子的哲學》（台北，東大，民國七十二年）頁一〇七。

註一〇七　王先謙，《荀子集解》（台北，世界，民國六十年）「正名」篇。

註一〇八　同上書，「正名」篇。

註一〇九　同上書，「正論」篇。

註一一〇　同上書，「性惡」篇。

註一一一　《韓非子集釋》，下冊，第十八卷，「八說」篇，頁九七二。

註一一二　同上書，上冊，第六卷，「解老」篇，頁三二九。

註一一三　同上書，下冊，第十八卷，「八經」篇，頁九九六。

註一一四　同上書，下冊，第十九卷，「五蠹」篇，頁一〇五二。

註一一五　同上書，下冊，第十九卷，「顯學」篇，頁一〇九六～頁一〇九八。

註一一六　同上書，下冊，第十九卷，「五蠹」篇，頁一〇五一。

註一一七　同上書，下冊，第十七卷，「詭使」篇，頁九三六。

註一一八　同上書，上冊，第四卷，「姦劫弒臣」篇，頁二四七。

註一一九　同上。

註一二〇　同上書，下冊，第十九卷，「五蠹」篇，頁一〇四二。

註一二一　同上。

註一二二　同上書，下冊，第十八卷，「八說」篇，頁九七四。

註一二三　同上書，下冊，第十九卷，「五蠹」篇，頁一〇四一。

註一二四　同上，一〇四〇～一〇四一。

註一二五　〈商君書校釋〉，「開塞」篇。

註一二六　同上。

註一二七　〈韓非子集釋〉，下冊，第十九卷，「五蠹」篇，頁一〇五一。

註一二八　同上。

註一二九　同上書，上冊，第五卷，「南面」篇，頁二九八。

註一三〇　同上書，下冊，第十九卷，「五蠹」篇，頁一〇五一。

註一三一　〈商君書校釋〉，「算地」篇。

註一三二　〈韓非子集釋〉，下冊，第十九卷，「五蠹」篇，頁一〇四二。

註一三三　〈商君書校釋〉，「去彊」篇。

註一三四　同上。

註一三五　見上引之亞理斯多德的〈政治學〉，中譯本，見吳壽漢的〈政治學〉（商務印書館，一九八一年）頁一六八～頁一六九。

註一三六　〈韓非子集釋〉，下冊，第十九卷，「顯學」篇，頁一一〇四。

註一三七　同上，頁一一〇三。

註一三八　同上書，下冊，第十六卷，「難・三」，頁八六八。

註一三九　同上書，下冊，第十八卷，「八說」篇，頁九七五～九七六。

註一四〇　同上書，下冊，第十九卷，「顯學」篇，頁一一〇三。

註一四一　同上書，上冊，第四卷，「姦劫弒臣」篇，頁二四八。

註一四二　同上，頁二四六。

註一四三　同上，頁二四七。

註一四四　同上書，下冊，第十八卷，「八說」篇，頁九七三。

註一四五　同上書，上冊，第五卷，「南面」篇，頁二九七～二九八。

註一四六　同上書，上冊，第四卷，「姦劫弒臣」篇，頁二四八。

註一四七　同上書，下冊，第十九卷，「五蠹」篇，頁一〇五一。

註一四八　同上書，上冊，第四卷，「姦劫弒臣」篇，頁二四八。

註一四九　同上書，上冊，第五卷，「飾邪」篇，頁三一〇。

註一五〇　同上書，上冊，第五卷，「亡徵」篇，頁二八六。

註一五一　見陳奇猷的注釋，「飾邪」篇，頁三一〇。

註一五二　同上書，上冊，第六卷，「解老」篇，頁三五三。

註一五三　同上，頁三六五。

註一五四　同上，頁三七七。

註一五五　同上，頁三六五。

註一五六　同上，頁三六九。

註一五七　同上，頁三六九。

註一五八　同上，頁三六五。

註一五九　同上，頁三六五～三六六。

註一六〇　同上，頁三〇九。

註一六一　同上，頁三六六。

註一六二　同上書，上册，第一卷，「主道」篇，頁六七。

註一六三　同上書，上册，第二卷，「揚搉」篇，頁一二二。

註一六四　同上書，「解老」篇，頁三六八。

註一六五　同上，頁三二六。

註一六六　同上。

註一六七　同上，頁三二八。

註一六八　同上，頁三二六。

註一六九　同上，頁三六一。

註一七〇　同上，頁三二六。

註一七一　同上，頁三四九。

註一七二　同上，頁三五一。

註一七三　見任繼愈，「韓非的社會政治思想的幾個問題」，收入於〈中國古代哲學論叢〉（台北，帛書出版社，民國七十四年），頁一四八。

註一七四　〈韓非子集釋〉，「解老」篇，頁三五二。

註一七五　同上書，上冊，第二卷，「揚搉」篇，頁一二一～一二二。

註一七六　同上，頁一二一。

註一七七　同上書，上冊，第二卷，「二柄」篇，頁一一一～一一二。

註一七八　同上書，上冊，第一卷，「主道」篇，頁六八。

註一七九　同上，頁六七。

註一八〇　同上書，「八說」篇，

註一八一　後復觀，「周秦漢政治社會結構之研究」（台灣，學生書店，民國六四年）頁一三六～頁一三七。

第五章 結 論

韓非的思想一方面吸收了戰國這個時期的政治經驗，而具體地反映出整個時代的某些歷史眞相；另一方面也承受先秦時期某些思想家的觀念，而反映出這個時期的思想問題，是故，它的思想旣豐富，也複雜。本文的研究祇是顯露出這豐富又複雜的思想的一部份的觀念而已。

從這篇文章的分析與說明當中，我們可以看出韓非思想的一重大的問題是在於：韓非把人追求的基本的價値化約成一項單一的價値，而以這單一的價値或者所追求的終極目標爲起點，建立他的整體政治理論，也使他推展出集權與極權控制的政治主張。這項政治理論的結果就是把本質上是多元與多姿多彩的政治生活的領域，透過人爲的政治的統治力量，將之壓縮成一勉强齊一化的一種秩序，法家所講求的「壹刑」、「壹政」、「壹敎」以及「壹民」便是這種秩序的最好寫照。在要求建立起「不同而勉强爲之和」的秩序的政治主張下，韓非對人性的最嚴重的貶損不在於他强調「人皆有好利之心」的「性惡論」的觀點，而在於他把個人視之爲某一種巨大的存在物，如國家，的工具。

同時，就韓非的價値觀點來說，依我們對價値的觀點，人所追求的價値並非同時一樣的，當然，在歷史發展的過程當中，人的價值觀或許時時會改變；然而，廣泛地來看，還是有某些基本的價值爲人以不同的方式共同地去追求的，譬如：幸福、知識、正義、美德、友誼、藝術的創作、體能的運動、遊戲的活動、自由、理性的組織與秩序，或者甚至是政治的權力，或者是宗教的信仰。這些價值對人來說，都是基本的，不能成爲其他價值的手段，也就是說，一個人或許一生祇追求某一種價值，但是，他無法因此視其他的價值爲無意義，甚至排斥它們。

然而，從韓非的政治思想當中，可以看出他是理解到價值彼此之間是無法相容並立，尤其是「道德的價值」與「政治的價值」。在基本的價值彼此無法獲得協調下，他的政治理論並不從「手段」的方向去思考如何同時護持這些無法獲得協調的各種基本價值，而是肯定唯有求國家與國君的富強與秩序才是唯一的、必須爲全體人民共同認同與執守與追求的價值。韓非的這樣的主張，雖然我們可以從他所處的歷史環境以及他對這歷史環境和歷史經濟的理解當中，也可以從當時思想趨勢逐漸醞釀出來的「一元論」與「人爲架構論」的思想形態裏，瞭解韓非之所以揭櫫這種「價值一元論」的因素。

然而，從這一套政治思想的實踐後果來論，設想一位國君確實要來實現這目標，那麼，他勢必迫害那些懷疑或反對這目標或價值的人，勢必整肅那些可能阻礙這目標之實現的人，這時候，他必然會殘酷地殺戮人民，使整個國家充滿著恐怖統治與全面控制的氣息。

先秦時期的思想發展總結於韓非的「法治」的思想體系當中，反省地來看，或許使人會有如勞思光先生在「中國哲學史」裏對韓非思想的評論：「韓非思想雖受儒、道、墨之影響，然本身有一否定論之價値觀念爲其骨幹，故所取於諸家者，皆爲技術末節，用以補成其學說；其基本精神乃一大否定，而諸家之說適爲此否論所利用，此則中國古代哲學史之一大悲劇，亦文化之一大刧運也。」然而，韓非的思想並非以一「否定論之價値觀念爲其骨幹」，倒反是積極肯定國家之富强爲唯一之絕對價値，並依此建立起他整體的「法治」理論。

韓非會發展出這樣一套的「法治」學說，是有其特殊的歷史背景。韓非所處的時代正是封建城邦制已經崩潰瓦解的時代，在這個時代當中，每一個國家都進入了一「以力相爭」、「力多則人朝之，力少則朝人」的生存競爭劇烈的境況。每一個國家爲求生存，無不以富國强兵爲政治治理的目標，而且强化中央的統治權力，也以嚴刑峻罰試圖摧毀國家境內的足以阻撓集權中央的各種舊有的封建勢力。這種政治發展的取向具體表現在韓非之前的各「變法家」的實際的政治改革的行動當中，如吳起、商鞅、李悝與申不害。注重經驗事實，講求「參驗之知」的韓非處於此種歷史的境況，是相當能掌握此時國家之生存的理則。所以，在建立起他的「法治」學說時，韓非是透露出一種理念：他認識到當時的每一個國家都處於「存亡危急」的時刻，而肯定每一個國家要免於滅亡的命運，國家的每一個人民必須絕對服從一强有力的領導者，而且每一個人在言行上祇能奉守與朝向對國家的生存有利的唯一目標，這就是，「集體同一」的秩序與富國强兵的目標。對於這個目標無用或有阻撓的言論與行爲都應該被捨棄，同時，國君與國家也應該以法令禁止它們。這猶如一個人在遭船難而快要滅頂時，他行動的唯一目標卻是求生存，而且必須拋棄對這生存有害的所有的東西。

從客觀的歷史處境，我們或許可以比較瞭解韓非之「法治」思想的性質。以後，秦統一天下，尙且持續運用這一套源出於「存亡危急」之非常時期的「法治」學說，依這一套學說來當成爲整個王朝的政治意識形態，而在政策的實行上，造成整個王朝的體制「反智識」、「反文化」的性格，形成統治者與被統治者的尖銳的對立關係；同時，更嚴重的是，依韓非與法家的政治思想路綫所期望造成的生活的體制是行政、立法與執法的權力全操縱在中央與國君手中，「法」不但不能從行政系統中獨立，而且也是國家控制人民之言行的工具，廣大人民的言行必須符合國家與國君的意識形態與政令的要求，同時嚴禁人民一切論政、議政的活動，社會生活的任何層面的活動均爲政治統治的勢力所籠斷，而使社會各層面沒有自主發展的自發動力。這樣的一個王朝的政治社會的結構，一旦臨遇了經濟社會政治各方面的問題時，就無法有自我改進與調適的能力。如此，很容易造成整個秩序結構的瓦解。

就韓非之「法治」學說本身來說，韓非在思考羣體秩序的建立與維繫上，是試圖擺脫「道德之治」與「人治」的途徑，也肯定唯有訴諸客觀的「法」的統治途徑纔是唯一可靠與有效的途徑。關於「法」的意義與「法治」之有效性，韓非在理論上也營建了許多的論證。其中，最引人注意的論證是有關人自利自爲之行爲動機的人之情性的觀點。對於人之自利自爲的動機以及利益在政治社會層面上所呈現的意義，先秦時期的儒墨學派都會意會到，然而，儒墨兩家對人之利益的欲望與追求都沒有積極地正視它，而沒有把它擺在政治的層面去思考它的意義和作用，就儒墨兩學派的觀點，人的利益的動機與追求是造成羣體秩序、瓦解的一重要的因素之一，所以，人克服或節制自利自爲的慾望，羣體方有可能形成秩序。關於這一點，墨家嘗試以「兼愛」與「交相利」的人相處的方式，化解人因利益所造成的衝突；而儒家則嘗試以「禮」的規範和仁義的道德實踐來約束人的利益之慾望與追求，希望就此建立起一「里仁爲美」的和諧的道德秩序。在儒家學派裏，特別是孟子，以「道德良知」來作爲人之道德實踐的人性的基礎，並且在理論上把此種「道德良知」和羣體之秩序的建立相聯貫。此種以「道德良知」爲取向的學說更淹沒了對人之自利動機和行爲在政治層面上呈現之意義的重視。

注重經驗之實證的韓非是淸楚地看出利益在人與人之間所扮演的重要的角色，他甚至把人的情性化約到人的自利自爲的利益的算計上。在着重於客觀之「法」的治理的觀點下，韓非或許在制度的層面可以提出合理排解人之利益的緊張對立與衝突的途徑。但是，基於他政治思想中的「價值一元論」的基本原則，他把人在社會上爲著自己的聲望、生活而從事的種種活動，都看成爲「私利」的行爲，就此，他提出「公利」的政治主張，而判定「公」與「私」的設準祇標定在於國家之富强的利益上，凡是對國家之富强有利的行爲就是「公利」的行爲，反之則是「私利」的行爲。並且在理論上要求國君若果欲求富强的話，就必須使全體的國民都能表現合乎「公利」的行爲。

不但如此，韓非尙且認爲若要確保人民能表現「公利」的行爲，那麼就必須徹底地改造人民的性格。韓非預期塑造出來的人民的性格正是質樸與剛强且服從的性格；簡言之，即是農民與戰士的性格。韓非的這種理念多少也反映出當時的歷史事實。在戰國時期所發展成形的中央集權一人專制的政治體制，其經濟力與軍事力的基礎是奠定在農民與戰士身上。由是觀之，若要强化國家的力量，依當時的歷史境況來看，勢必積極培養這兩種人的力量。而且；從統治的觀點來看，人民的性格若是質樸與易於服從，那麼，國家的統治者在政令的貫徹上與羣體秩序的維繫上，更能達成效果。循就這樣的歷史事實，韓非從理論上思索國家的秩序與富強時，便強調「赴險殉職，死節之民」、「寡聞從令，全法之民」、「力作而食，生利之民」、「嘉厚純粹，整穀之民」、「重命畏事，尊上之民」、「挫賊遏姦，明上之民」是一欲求國家秩序與富強所需要的人民的性格。

如果要實現羣體的秩序與達成富強的目標，要在生存競爭激烈的時代中，「拯救」一個國家，韓非強調任何一個國家的統治者必須在統治的途徑上訴諸「以法控制」的途徑，而且認定這個途徑也是唯一的途徑。韓非對「法治」那麼有信心，除了有他的人之情性與歷史解釋的論證之外，最重要的是韓非認爲「法」是一項客觀的工具，透過這種「法」的統治，國家的統治者可以擺脫主觀之情緒的干擾，可以捨棄傳統的講求人與人之間的情感與道德的相維繫的關係，由於「法」有客觀的程式作爲憑藉，而有實證的效果，由於「法」背後挺立著國家的脅迫的刑罰的統治力量，而能夠讓人民從心理上產生對國君之威勢與國家統治力量的畏懼，職是之故，國家的統治者憑藉這客觀實證的與有實際效應力量的「法」，是可以塑造整個人民的言行與性格，整飭羣體的秩序，以達成富強的目標。

從韓非對「法」之意義的陳述與說明當中，也可以看出其中明顯地呈現一種信念，而此種信念在荀子的「制天命而用之」的「勘天」思想中已淸楚地表露，這種信念依我們的闡釋是表現出過度膨脹的「人本主義」的色彩，認定人的力量無限，它不但可以管理天地，支配萬物，克服大自然，利用大自然；也可以用來塑造一完美理想的政治秩序，甚至塑造出一理想的完美的「人」。

荀子的「勘天」的思想在突破傳統的「天」有意識、有人格的信仰，在突破傳統的認定「天」對人事干預的「天命」的思想上，是極有意義和價值，這也表現出整個民族在克服大自然的挑戰而創造文明之過程中的對人之行動的自信心。然而，荀子把此種人創造文明的營構創設的活動能力應用在人形構人間秩序的活動與人改造自己的本性的道德實踐上。這種觀念呈現於他的「禮」的理論上。荀子把「禮」的政治制度和規範看成像檢驗尺寸的法度，檢驗重量的權衡，檢驗曲直的繩墨、檢驗方圓的規矩。而這一套「禮」是由一位道德、智慧、才幹超凡的「聖人」所創造設制的，而人，由於他秉具著動物性的本能，因此必須受這一套「禮」的鍛鍊、砥厲和陶冶，才能成就道德人格，同時，一個羣體中的每一個人都必須接受「禮」的治理，才能形成人間的秩序。人接受「禮」的砥厲時，就像是彎曲的木料或粗糙的礦石原料受到工匠鏤刻、琢磨一樣，經過此種「製造」的過程，粗糙的原料纔能變成精美的成品。以這種思維模式來思考羣體秩序之建立的途徑，是意味著人可以合法地應用暴力，來完成他欲求建立或實現的理想籃圖，這猶如人在征服自然時，是合法運用暴力來砍伐樹林、開鑿高山峻嶺一樣；也猶如工匠在製造工藝成品時，運用强大的力量去剝削與治理那些「不成材」的原料。在荀子，人的這種征服的力量是偉大無限量的。

荀子的此種理念和思維模式也爲韓非所承受，這種思想的承受清楚地表現在韓非的「法」與「法治」的學說當中。韓非的「法」跟荀子的「禮」一樣，是法度、權衡、規矩的工具，國君運用它來建立秩序和達成富强之目標的工具或手段。然而，荀子在說明「禮治」的意義時，尚部份承認「禮」的「注錯習俗」的性質，以及「習俗移志」的轉化途徑，也就是說，他尚且承認風俗習慣的陶冶人之情性的作用。是故，他的「禮治」並非完全是一種勢力的控制。可是，在韓非，由於他宣稱「道德」、「風俗習慣」在政治治理上的無效性，而且認定人的情性是表現在自利自爲上，除非脅迫之以「必然的勢力」，否則無法主動地做出對國家有利的事情，職是之故，韓非認定「法」的統治之所以有效，在於「法」的强而有力的控制力、制割力與塑造力，而且這種力量是人爲設造的。「人本主義」發展到韓非思想中，表現出「人是萬能」的極端的觀念義涵。

韓非的「法」與「法治」的觀念的形成，就思想史的角度來看，是跟西元前第六世紀的成文法典的公佈有著相當密切的關係。法典的公布或「法治」的實踐和觀念是整個民族在發展上社會趨於複雜以及隨著經濟的進展而趨向「商業化」所帶來的結果。商業交易上「立質劑」或立券契或契約的方式普遍被使用後，也影響到政治的層面上來，或許由於立契約的交易方式可以有客觀的憑藉以保證言行上的公信與排除主觀情感之維繫的不確性，是故，這種方式影響到政治治理的層面上來時，傳統封建時期的依「血緣情感關係」或「假血緣情感關係」維繫封建秩序的原則也被轉化，在社會的變遷愈趨向複雜的情況下，要解決人羣的紛爭，維持社會與政治的秩序，勢必運用比情感的維繫更公正、客觀的治理方式；而此種方式是訴諸文字（所謂「名」），而把刑罰的程式或條款公訴給人民知道；由於有文字的程式以及公諸給民衆，是故，所謂的「法」有了訴諸公衆領域的客觀性與公信性。依此，官吏在治理人民時，會因爲有了客觀之程式的憑藉，不會造成任意獨斷的治理的情況。

雖然隨著社會生活的複雜化與商業性，有了客觀、公信之治理方式的要求，也因而有了法典的公佈。但是，從歷史的發展角度來看，這種「法典」依然脫離不了古代「兵刑」的性格，也就是說，「法」的成立不是循經人民的意見，而是代表國家統治者的統治方向與意志。到戰國時期，像吳起、申不害與商鞅這些「法治」的政治改革者，在從事「變法」的運動時，是明確地表現此種「法」的性格，這性格也誠如班固所說的「寓軍令於內政」。他們爲强化國君與國家的主權，爲了摧毀舊有封建的殘餘勢力及封建的習俗，爲了形塑出一「集體同一」的羣體秩序，不借加重「法」之刑罰的殘酷性，雖然他們也强化「法」的公信性與公正性，但是，「法」的實質內容依舊是古代「兵刑」的內涵。

韓非的「法」與「法治」的學說同時吸收了以上的由歷史發展出來的質素。他一方面在學理上强調「法」的客觀性、公正性、公信性，將「法」比喻成像規矩方圓尺度的衡量的工具。一方面强調「法」的制定是由國家的最高統治者所制定，他說一般的人民，所謂「羣氓」，是愚昧的，沒有能力瞭解國家生存的理由與國家發展的長遠目標，他們祇顧目前的「小利」，因此，爲政、立法若「期於適民」的話，勢必導致國家的覆亡。同時，他也强調國君憑借他的「勢位」，運用「法」，是爲了護持「人主之大利」。雖然「法」的運用是要「救羣生之亂」，可是，終結還是鞏固國君的權力和地位。職是之故，國君運用「法」從事政治的統治工作時，是可以有合理正當的理由要求整體的人民爲了國家與國君的利益，犧牲他所有的一切。

韓非的「法治」學說是融會「勢」、「法」與「術」的觀念於一爐的學說。而「勢」、「法」和「術」的觀念在韓非之前，已由愼到、商鞅和申不害分別提出而且在政治實踐的層面上具體表現。在滙通這三種觀念上，韓非雖然基本上承認它們的有效性，但在接受上，韓非是透過反省與批判的途徑，對於它們，有所承受，也有所改造。對於「勢」，他批判愼到的「勢」爲「自然之勢」，而提出自己的「人爲設造之勢」；對於「法」，他批判商鞅在實施「法」上，缺少分辨「智能」與「勇力」的賞賜途徑；對於「術」，他批判申不害的「術」尙不足於能全面控制「官僚科層」的機構。循經此種反省與批判的途徑，韓非建立起更完善的「法治」學說。

在探討韓非的「法治」學說的意義時，引起我們注意的是有關國君立法、執法與用「術」的問題。就韓非而言，「法」是公諸給民衆而且用文字寫成的法典。「術」則是隱匿地藏之於國君之胸中的、用來「潛御羣臣」的手段。但不論「法」與「術」的義涵是如何，立法、執法與用「術」終究是操之於國君一人之手，就此引發出來的問題則是國君如何能制定健全的「法」？如何能正當切適地運用「術」與客觀地執法以符應「法」的公正性與客觀性？韓非並不認爲居統治勢位的國君必須是一位德性、才智均高超的「聖人」般的人物，同時，基於他對人之情性的瞭解，屬於統治之勢位的國君如果是一位個性人格有缺陷的人，如殘暴、過於仁厚、或寡柔寡斷的人，那麼，儘管有「法」存在，他亦無法適當地運用「法」，更不論制定健全的「法」，他也不可能有效地運用「術」。强調客觀之「法治」的韓非最後必然思考有關國君之「人治」的問題。

關於這個問題，如果我們認爲「韓非子」一書中的「主道」、「揚權」、「解老」等篇章爲韓非所撰。那麼我們可以說韓非是借取老子的「道」與「德」的觀念，來解決這個問題。從思想史的角度來看，韓非接引老子的「道」與「德」的觀念是受到戰國時期源出於齊國的稷下學派所影響。出自稷下學派的「法治」思想家如愼到，把老子的「道」放置在政治的層面上來運用，而有「黃、老之學」的稱號。到韓非，在他的闡釋下，「道」成爲「有國之母」，也就是，「道」是爲國君保有其國家與權勢之位的總原理。在此，韓非從物與理的途徑來說明「道」的意義，而指出就作爲衆物與衆理的總原理，「道」的意義是表現在於它與萬物、萬理俱生，但無一定之位所、無一定之理則或規矩，也不斷地運動，總而言之，「道」的意義在「玄虛」與「周行」。由於它是「玄虛」、是「周行」，故能「盡隨萬物之規矩」，衆物與衆理透過它能彰顯其意義。

能參與或冥想此種「道」之意義的國君，便是一位有「德」的國君，而一位有「德」的國君，他的智慧深邃遠大，這深遽遠大的智慧是得自於他參與或冥想「道」時所形成的無情欲、無巧智之撥弄、寂靜安定，以及魂魄淸朗之所謂「孔竅虛」的人格。具備這種精神人格的國君必能客觀地觀照事理的意義與世勢的流變，而能制定配合事理與世勢之流變的健全的「法」，也纔能客觀地運用「法」。更重要的是，由於國君的此種人格，使他周圍的臣僚不知「其所極」，讓臣僚有莫測高深的感覺而心生恐懼之感。憑藉臣僚的此種恐懼之感覺，這位國君以「形名參同」和「正名」的統治途徑控制臣僚時，更能收到全面控制的效果。

從韓非由「法治」走向「人治」的思想理路當中，可以看出他「法治」思想內含的問題。韓非是試圖以客觀的「法」保證能有效地建立起羣體的秩序。但是，依我們的瞭解，韓非的「法」並不是獨立自政治的行政系統，沒有獨立的立法的機構，也沒有獨立的法庭，最後，他無法更進一步地從客觀的制度的層面，去思考能保證立法與司法之健全的途徑。而把羣體所有的權力賦予國君一人身上，職是之故，他跟儒墨兩家一樣，祇能企望國君有一定的人格精神，這人格精神、或是仁義的道德實踐抑或是有道德良知之心，或者是能「服於道從於理」而有「德」，終究依賴國君一人之治來維繫羣體的安定與秩序。先秦各派的思想家在思索羣體之政治問題時，臨遇著這樣的問題，而客觀的政治和歷史的經驗也無法使他們有選替（alternative）的思考途徑來突破這問題的困境。

參考書目

一、典籍部份：

〔國語〕（新校集注本）（台北，漢京文化事業公司景印，民國72年）

〔左傳〕，（十三經刻本）（台北，藝文印書舘景印，民國60年）

〔尚書今註今譯〕，屈萬里（台北，商務印書舘，民國62年）

〔春秋左傳註〕，楊伯峻（台北，源流出版社景印，民國71年）

〔左傳會箋〕，竹添光鴻（台北，廣文書局景印，民國61年）

〔史記〕（新校集注本）（台北，世界書局景印，民國61年）

〔漢書〕（新校集注本）（台北，世界書局景印，民國61年）

〔四書集注〕，朱熹（台北，世界書局景印，民國62年）

〔荀子集解〕，王先謙（台北，世界書局景印，民國60年）

〔墨子閒詁〕，孫詒讓（台北，商務印書舘景印，民國60年）

「莊子集釋」，郭慶藩（台北，河洛圖書公司景印，民國64年）
「韓非子集釋」，陳奇猷（台北，漢京文化事業公司景印，民國72年）
「商君書校輯」，陳啟天（台北，商務印書館，民國63年）
「愼子」，錢熙祚（台北，世界書局，民國67年）
「全上古三代秦漢三國六朝文」，嚴可均，（台北，宏業書局景印，民國62年）
「荀子新注」（台北，里仁書局景印，民國72年）

二、近人論著：

王叔岷，「論司馬遷述愼到、申不害及韓非之學」，（「史語所集刋」54本1分，民國72年）
王曉波，「韓非思想的歷史研究」，（台北，聯經出版公司，民國72年）
王邦雄，「韓非子的哲學」（台北，東大書局，民國72年）
余英時，「歷史與思想」（台北，聯經出版公司，民國68年）
余英時，「中國知識階層史論（上古篇）」（台北，聯經出版公司，民國69年）
牟崇三，「中國哲學十九講」（台北，學生書局，民國72年）
杜正勝，「周代城邦」（台北，聯經出版公司，民國68年）
杜正勝，「周代封建的建立」（「史語所集刋」，50本3分，民國68年）
杜正勝，「周代封建制度的社會結構」（「史語所集刋」，50本3分，民國68年）

杜正勝，「西周封建的特質」（「食貨月刊」復刊第9卷，第5、6期合刊，民國68年）
杜正勝，「周秦城市的發展與特質」（「史語所集刊」，51本4分，民國69年）
杜正勝，「編戶齊民的出現及其歷史意義」（「史語所集刊」，54本3分，民國72年）
杜正勝，「從肉刑到徒刑」（手稿本）
杜正勝編，「中國上古史論文選集」（台北，華世出版社，民國70年）
李學勤，「殷代地理簡論」（台北，木鐸出版社景印，民國71年）
林毓生，「歷史與人物」（台北，聯經出版公司，民國73年）
沈剛伯，「從古代禮、刑的運用探討法家的來歷」（「大陸雜誌」47卷2期，民國62年，收錄於杜正勝編「中國上古史論文選集」頁1233～頁1245）
任繼愈等，「中國古代哲學論叢」（台北，帛書出版社景印，民國74年）
侯外盧，「中國古代社會史論」（台北，1983年）
徐復觀，「周秦漢政治社會結構之研究」（台北，學生書局，民國64年）
徐復觀，「中國人性論史」（台北，商務印書館，民國66年）
徐復觀，「學術與政治之間」（台北，學生書局，民國62年）
徐道鄰，「中國法制史論集」（台北，志文出版社，民國64年）
屈萬里，「仁字涵義之史的觀察」（民主評論），五卷、2、3期合刊。）

成中英，「戰國時代的儒家思想及其發展㈠」（「史語所集刊」，40本2分，民國58年）
張　亨，「荀子對人的認知及其問題」（「台大文史哲學報」，第20期，民國60年6月）
張舜徽，〔周秦道論發微〕（台北，木鐸出版社景印，民國72年）
張光直，〔中國青銅時代〕（台北，聯經出版公司，民國72年）
韋政通，〔荀子與古代哲學〕（台北，商務印書館，民國67年）
湯一介等，〔中國哲學史〕（北平，中華書局，1980年）
許倬雲，〔西周史〕（台北，聯經出版公司，民國73年）
勞思光，〔中國哲學史〕第一卷，（台北，華世出版社，民國64年）
梁啟超，〔先秦政治思想史〕（上海商務本）
陳　槃，「春秋列國風俗考論」（「史語所集刊」，47本4分，民國65年）
陳　槃，「春秋列國的兼併遷徙與民族混同和落後地區的開發」（「史語所集刊」，49本4分，民國67年）
陳弱水，「內聖外王觀念的原始糾結與儒家政治思想的根本疑難」（「史學評論」，三期，民國70年）
陳弱水，「立法之道——荀、墨、韓三家法律思想要論」收錄於劉岱主編，〔中國文化新論——思想篇㈡〕（台北，聯經出版公司，民國71年）
陳弱水，「追求完美的夢——儒家政治思想的烏托邦性格」，收錄於劉岱主編，〔中國文化新論—

——思想篇(一)」，（台北，聯經出版公司，民國71年）

黃俊傑，「內聖與外王——儒學傳統中道德政治觀念的形成」，收錄於劉岱主編〔中國文化新論——思想篇(二)」（台北，聯經出版公司，民國71年）

瞿同祖，〔中國法律與中國社會〕（台北，星仁書局，民國73年）

蕭公權，〔中國政治思想史〕（台北，聯經出版公司，民國71年）

蕭　璠，〔韓非政治思想試探〕（〔台大歷史學系學報〕第8卷，民國70年）

饒宗頤，「天神觀與思德思想」（〔史語所集刊〕，49本1分，民國67年）

楊　寬，〔古史新探〕（台北，1984年）

顧頡剛，〔史林雜識〕（台北，1983年）

西嶋定生，「中國古代統一國家的特質」，杜正勝中譯，收錄於杜正勝編〔中國上古史論文選集〕（台北，華世書局，民國70年，頁729—頁748）

增淵龍夫，「春秋戰國時代的社會與國家」，收錄於同上書，頁851—頁888）

蔡英文，「韓非思想中的政治價值一元論」（東海大學學報，第25卷，民國73年）

蔡英文，「刑的傳統與韓非的法」（東海大學學報第26卷，民國74年）

蔡英文，「天人之際——傳統思想中的宇宙意識」，收錄於劉岱主編〔中國文化新論——思想編(二)〕（民國71年）

蔡英文，「自由與和諧——個體自由與社會秩序」，收錄於同上書〔思想編(一)〕（民國71年）

三、西文部份：

Quentin Skinner, The Foundation of Modern political Thought,（Cambridge University of Press, 1978）

Quentin Skinner,〔馬基維利〕蔡英文漢譯（台北，聯經出版公司，民國72年）

Aristotle, The Politics, trals by Thomas A Sinclair（Penguin Classics, London, 1979）

Friedrich Nietzsche, On the Genealogy of Morals, trals by Watter Kaufman（Vintage Books, New York, 1967）

Hannah Arendt, ON Revolution（Penguin Books, London, 1981）

G. A. Pocock, Politics, Language and Time（Atleneum, New York, 1973）

Yu-Sheng, Lin（林毓生）,The Crisis of Chinese Consciousness（Wisconsin University of Press, 1979）

Yu-Sheng, Lin（林毓生）,"The Evolution of the Pre-Confucian Meaning of Jen and the Confucian Concept of Moral Autononcy" in